WOLFGANG GÜRLICH

Die steuerrechtliche Behandlung von Vertragsgestaltungen zwischen Angehörigen

Schriften zum Steuerrecht

Band 20

Die steuerrechtliche Behandlung von Vertragsgestaltungen zwischen Angehörigen

Verfassungsrechtliche, methodische und steuerrechtliche Grundlagen

Von

Dr. Wolfgang Görlich

DUNCKER & HUMBLOT / BERLIN

Gedruckt 1979 bei Berliner Buchdruckerei Union GmbH, Berlin 61
Printed in Germany

ISBN 3 428 04530 0

Meinen Eltern

Vorwort

Diese Arbeit wurde angeregt von Herrn Prof. Dr. Harald Weber, Bielefeld. Sie entstand in den Jahren 1977/78 während meiner Tätigkeit am Lehrstuhl für Steuerrecht der Fakultät für Rechtswissenschaften der Universität Bielefeld. Ursprünglich war vorgesehen, eine umfassende Darstellung der steuerrechtlichen Behandlung von Vertragsgestaltungen zwischen Angehörigen zu geben. In einem allgemeinen Teil sollten die Grundlagen und hierauf aufbauend in einem besonderen Teil die Einzelfragen behandelt werden. Es hat sich indessen gezeigt, daß allein der Versuch, die verfassungsrechtlichen, methodischen und steuerrechtlichen Grundlagen darzustellen, den Rahmen einer einzelnen Untersuchung fast schon sprengen würde. Es mußte deshalb auf die Darstellung der Einzelfragen verzichtet werden. Diese Beschränkung erscheint vertretbar, denn es gibt eine unüberschaubare Vielfalt an Stellungnahmen zu Einzelfragen, soweit ersichtlich aber bislang keine zusammenfassende Untersuchung der Grundlagen dieses Problemkreises.

Die Untersuchung entstand in ihrer heutigen Fassung unter der strengen, aber konstruktiven und zielsicheren Kritik von Herrn Prof. Dr. Harald Weber. Hierfür schulde ich ihm Dank. Das Manuskript wurde in außerordentlich mühevoller Kleinarbeit von Frau Klempt betreut.

Berlin, August 1979

Wolfgang Görlich

Inhaltsverzeichnis

1. Teil

Einleitung 17

2. Teil

Art. 6 Abs. 1 GG und die Besteuerung von Ehe und Familie 24

5. *Teil*

Abkürzungsverzeichnis

BT.-Drs.	=	Drucksachen des Deutschen Bundestages
JA	=	Juristische Arbeitsblätter
JbFfSt.	=	Jahrbuch der Fachanwälte für Steuerrecht
StKR	=	Steuerkongreßreport
StLex	=	Steuerlexikon
StuW	=	Steuer und Wirtschaft

Im übrigen wird verwiesen auf Kirchner, Hildebert, Abkürzungsverzeichnis der Rechtsprache, 2. Auflage, Berlin 1968.

1. TEIL

Einleitung

§ 1 Bedeutung des Themas

A. Bedeutung in Wissenschaft und Praxis

Die Rechtsbeziehungen zwischen Angehörigen sind im Familien- und Erbrecht des Bürgerlichen Gesetzbuches geregelt. Die Angehörigen können von den gesetzlichen Regelstatuten durch familien- oder erbrechtliche Vereinbarungen weitgehend abweichen. Die familien- und erbrechtlichen Sonderrechtsbeziehungen können zudem durch allgemein-schuldrechtliche Verträge ergänzt oder ersetzt werden. So regeln Ehegatten oder Familienmitglieder recht häufig ihre vermögensrechtlichen Verhältnisse durch allgemein-schuldrechtliche Verträge. Gebräuchliche Gestaltungsmittel hierzu sind alle Vertragstypen des Bürgerlichen Gesetzbuches, insbesondere Schenkung, Kauf, Darlehen, Miete, Arbeits- und Gesellschaftsverträge. Verträge dieser Art sind geeignet, die Steuerbelastung der Angehörigen zu verringern. Die Finanzverwaltung und die Finanzgerichte begegnen diesen Gestaltungsmöglichkeiten mit Mißtrauen. Im Gegensatz zu Verträgen zwischen fremden Personen werden Verträge zwischen Angehörigen nur unter erschwerten Voraussetzungen steuerrechtlich anerkannt. Die Sprengkraft dieser benachteiligenden Sonderbehandlung liegt auf der Hand. Davon zeugen eine schon Mitte der vierziger Jahre einsetzende Flut von Urteilen des Reichsfinanzhofes[1] sowie die gesamte Rechtsprechung des Bundesfinanzhofes[2]. Auch das Bundesverfassungsgericht hat sich mehrfach mit dem Problem befaßt. Teilweise hat es[3] die Unvereinbarkeit der Recht-

[1] u. a. RStBl. 1935, 135; 1935, 472; 1935, 1060; RFHE 40, 131 = RStBl. 1935, 1099; RStBl. 1937, 924; RFHE 42, 29 = RStBl. 1937, 1113; RFHE 43, 272 = RStBl. 1938, 556; RStBl. 1938, 908; RFHE 44, 193 = RStBl. 1938, 930; RStBl. 1939, 646.

[2] u. a. BFHE 60, 481 = BStBl. III 1955, 184; BFHE 63, 480 = BStBl. III 1956, 380; BFHE 65, 482 = BStBl. III 1957, 419; BFHE 66, 658 = BStBl. III 1958, 254; BFHE 92, 474 = BStBl. II 1968, 671; BFHE 106, 504 = BStBl. II 1973, 5; BFHE 108, 299 = BStBl. II 1973, 287; BFHE 118, 181 = BStBl. II 1976, 328 (zusammenfassendes Urteil); BFHE 119, 421 = BStBl. II 1976, 678; BFHE 125, 254 = BStBl. II 1978, 618.

[3] BVerfGE 13, 318; 16, 241; 29, 104.

sprechung des Bundesfinanzhofes mit dem Grundgesetz festgestellt, teilweise hat es[4] gesetzliche Regelungen für nichtig erklärt, die eine steuerrechtliche Sonderbehandlung von Verträgen zwischen Angehörigen vorsahen.

Im Schrifttum war diese Rechtsprechung Anlaß zu einer Vielzahl von Untersuchungen[5].

Die anhaltend aktuelle praktische Bedeutung der steuerrechtlichen Anerkennung allgemein-schuldrechtlicher Verträge zwischen Angehörigen wird durch die große Zahl der Referate bewiesen, die dieses Thema auf den wichtigsten Steuerfachtagungen der vergangenen Jahre behandelten[6].

Die Deutsche Steuerjuristische Gesellschaft wählte einen Teilausschnitt der Problematik zum alleinigen Generalthema ihrer 2. Jahresarbeitstagung[7]. Das Thema der Tagung lautete: „Die steuerliche Zurechnung von Einkünften; Möglichkeiten und Grenzen der Übertragung von Einkunftsquellen." Hierzu heißt es im Mitgliederrundschreiben Nr. 1/1977: „Der Wissenschaftliche Beirat hält ... eine weitere Besinnung auf die rechtstheoretischen Grundlagen des Themas für erforderlich ..."

Das alles ist Anlaß genug, die Grundlagen der steuerrechtlichen Behandlung von Vertragsgestaltungen zwischen Angehörigen neu zu überdenken.

B. Grundlagen der Problematik

Ausgangspunkt des Streites zwischen dem besteuernden Staat und dem Steuerzahler ist das von der Tradition geprägte Bild von Ehe und

---

4 BVerfGE 13, 290; 13, 331; 16, 203; 18, 97; 26, 321.

5 u. a. *Felix / Heinemann*, Bibliographie, S. 28, 39 (Schrifttumsnachweise 1930 - 1945); *Fenn*, Mitarbeit, ins. S. 79 ff.; *Halmburger*, Familienunternehmen; *Herrmann / Heuer*, EStG, § 4 vor Anm. 52 mit neueren Schrifttumsnachweisen; *Krause*, Gewinnverteilung; *Krollmann*, Familienunternehmen; *Martin*, Arbeits-, Gesellschaftsverträge; *Mittelbach*, Familienunternehmen; *Rosenbaum*, Familienrechtliche Beziehungen; *Ruppe*, Familienverträge; *Schneider*, Beschäftigungsverhältnisse; *Wacke*, Beweislast für Familienunternehmen.

6 Steuerrechtliche Jahresarbeitstagung der Arbeitsgemeinschaft der Fachanwälte für Steuerrecht: *Schmidt*, JbFfSt. 1973/74, 173; *Ebeling*, JbFfSt. 1974/75, 163; *Ahrend*, JbFfSt. 1976/77, 64 (83 ff.); *Kruse*, JbFfSt. 1977/78, 82; Fachkongreß der Steuerberater der Bundesrepublik Deutschland: *Böttcher*, StbJb 1973/74, 117; ders., StbJb 1974/75, 63; ders. 1975/76, 115; *Schmidt*, StBJb 1975/76, 173; *Flume*, StbJb 1976/77, 43; *Meilicke*, StbJb 1976/77, 287, Deutscher Steuerkongreß der Bundeskammer der Steuerbevollmächtigten: *Paulick*, StKR 1974, 129 (148 ff.); *Knobbe-Keuk*, StKR 1975, 205 (218); *Schmidt*, StKR 1977, 66.

7 Veröffentlichung der Vorträge und der Diskussion in Tipke, Übertragung von Einkunftsquellen.

Familie. Als natürlich-sittliches Verhältnis[8], von den Religionen als gottgegebene Institution bewahrt, bestimmen auch heute noch außerrechtliche, sozialethische Bindungen[9] das Leben in Ehe und Familie. Rechtsbeziehungen zwischen Ehegatten und Familienangehörigen erschöpfen sich gemeinhin in dem staatlich vorgegebenen Rahmen der Sonderbeziehungen des Familien- und Erbrechts. Allgemein-schuldrechtliche Beziehungen, wie sie unter Fremden begründet werden, erscheinen in dieser auf außerrechtlichen menschlichen Beziehungen beruhenden Bindung wie Fremdkörper. Gleichwohl steht es heute außer Zweifel, daß sich Angehörige untereinander nach allgemeinem Vertragsrecht wie Fremde verpflichten können. Die Verträge verletzen in aller Regel weder die Grenzen vertraglicher Gestaltungsfreiheit noch die engeren Grundsätze der Eheordnung oder der Eltern-Kind-Beziehung[10]. Es liegt deshalb für den Steuerpflichtigen nahe, auch eine steuerrechtliche Anerkennung der zivilrechtlich wirksamen Vertragsabschlüsse zu fordern.

Mit dieser Forderung wird die allgemeine, grundlegende Problematik des Verhältnisses zwischen Steuerrecht und Zivilrecht berührt. Die Bindung des Steuerrechts an die zivilrechtliche Sachverhaltsbeurteilung war seit Beginn der großen Steuerrechtskodifikationen in den dreißiger Jahren bis Mitte der sechziger Jahre heftig umstritten. Heute hat dieser Streit, soweit es um die grundsätzliche Anerkennung zivilrechtlicher Gestaltungen im Steuerrecht geht, nur noch rechtshistorische Bedeutung[11]. Enthalten die Steuergesetze eine eigene, nicht spezifisch zivilrechtliche Terminologie, besteht auch keine Bindung des Steuerrechts an das Zivilrecht. Schreiben andererseits einzelne Steuergesetze wie das Erb- und Schenkungssteuergesetz ausdrücklich die Maßgeblichkeit der Zivilrechtsordnung vor[12], ist das Steuerrecht an die zivilrechtliche Gestaltung gebunden. Enthalten die Steuergesetze eine zivilrechtliche Terminologie ohne besonderen Hinweis auf die steuerrechtliche Maßgeblichkeit des Zivilrechts oder ist nach einem Steuertatbestand ein Rückgriff auf die zivilrechtlichen Vertragsformen unausgesprochen geboten, muß der steuerrechtliche Sachverhalt im allgemeinen nach zivilrechtlichen Grundsätzen beurteilt werden[13].

---

[8] *Dölle*, Familienrecht, § 2 I.

[9] *Gernhuber*, Familienrecht, § 1 II.

[10] *Hefermehl* in Soergel / Siebert, BGB § 138 Anm. 117 ff.

[11] Zur geschichtlichen Entwicklung Übersicht bei *Kruse*, NJW 1970, 2185 ff.

[12] *Crezelius*, Erbschaft- und Schenkungsteuer in zivilrechtlicher Sicht, passim.

[13] h. M. zum gesamten Problemkreis: BVerfGE 13, 331 (340), 29, 104 (117) st. Rspr.; BFHE 90, 120 (125) = BStBl. III 1962, 310; BFHE 80, 103 (106 ff.) = BStBl. III 1964, 511 (512), m. w. N.; BFHE 120, 165 (166 ff.) = BStBl. II 1977, 78 st. Rspr.; *Blencke*, Gestaltungsfreiheit, S. 23 ff.; *Goetz-Dornbach*, DStR

Offen ist heute allein die Frage, in welchen begründeten Ausnahmefällen das Steuerrecht von dem allgemeinen Grundsatz abgehen und eine vertragliche Gestaltung unbeachtet lassen kann. Das scheint für Verträge unter Fremden in der Regel unproblematisch. Derartige Verträge werden fast immer ohne weitere Schwierigkeiten auch steuerrechtlich anerkannt. Im Gegensatz dazu werden Verträge zwischen Angehörigen von der Finanzverwaltung und der Finanzrechtsprechung in eine nicht klar abgrenzbare Grauzone geschoben. Für die Verträge zwischen Angehörigen gilt der Grundsatz der Anerkennung zivilrechtlicher Gestaltungen allenfalls sehr bedingt. Der Grundsatz scheint hier die Ausnahme zu sein. Betroffen von dieser Sonderbehandlung sind alle jene Verträge, durch die Angehörige ihre Steuerschuld mindern können. Hierzu zählen die vielfältigen Möglichkeiten, Angehörigen Vermögensgegenstände zu übertragen, ihnen derivativ oder originär Einkunftsquellen zu verschaffen. Überträgt beispielsweise der reiche Vater seinem noch vermögenslosen Sohn schon zu Lebzeiten einen Teil seines umfangreichen Vermögens, werden in dreifacher Weise steuerrechtliche Belange betroffen: Im Vergleich zur Besteuerung im Erbfall kann eine vorzeitige Verfügung unter Lebenden über einen Teil des Vermögens erheblich Erbschaft- und Schenkungsteuer sparen helfen; zudem bringt die Aufteilung des Vermögens auf mehrere Angehörige vermögensteuerrechtliche Vorteile, soweit die Angehörigen nicht schon den Vorteil der Haushaltsbesteuerung genießen; schließlich unterliegen die Erträge aus dem Vermögen der geringeren Einkommensprogression des Sohnes anstatt dem Spitzentarif der Eltern. Insgesamt kann so oder durch einen anderen geschickt gestalteten Vertrag (z. B. Arbeitsvertrag) die Steuerbelastung der Familie als Ganzes erheblich gesenkt werden.

Die Finanzverwaltung und die Finanzgerichte zeigen gegenüber solchen steuersparenden Gestaltungen eine durchaus natürliche Zurückhaltung. Fremde würden derartige Verträge niemals schließen. Ihnen fehlt die Übereinstimmung der Interessen, die das „in-einen-Topf-wirtschaften" ermöglicht. Steuergünstige Verträge zwischen Angehörigen geraten hingegen schon auf den ersten Blick in einen doppelten Verdacht: Die Verträge könnten bloße, für die Finanzverwaltung vorgeschobene Attrappen sein, die tatsächlich weder gewollt sind noch vollzogen werden. Die Verträge könnten schließlich auch tatsächlich gewollt sein und vollzogen werden, ihre besondere Gestaltung könnte aber eine mißbräuchliche Steuerumgehung sein.

1977, 3 (4 f.); *v. Groll*, StuW 1977, 197 (202 f.); Überblick zum Meinungsstand: *Maaßen*, Privatrechtsbegriffe, S. 26 ff. m. w. N.; *Paulick*, DStR 1975, 564 (567 ff.); *Spanner* in Festschrift für Wacke, S. 181 ff.; *Tipke*, Steuerrecht, § 1 Ziff. 3.22; ders., JuS 1970, 149 ff.; ders., JZ 1975, 558 (559 f.).

Die engen Beziehungen zwischen Angehörigen erlauben in besonderer Weise einverständlich einen Vertrag nur zum Schein abzuschließen oder aber die fast unbegrenzten Gestaltungsmöglichkeiten des Zivilrechts auszunutzen, Steuerpflichten auszuweichen. Diese besondere Gefahr von Scheingeschäften oder Umgehungsgeschäften ist nicht nur bei Verträgen zwischen Angehörigen gegeben. Die gleiche Ausgangslage, der fehlende Interessengegensatz, zeigt sich bei Rechtsgeschäften zwischen Gesellschaften und ihren beherrschenden Gesellschaftern, namentlich also in konzerngebundenen Unternehmen, aber auch in der Ein-Mann-GmbH. Dieser Problematik entspricht die Frage aus dem Gewerbesteuerrecht, wie der Gewerbeertrag eines Unternehmens auf mehrere Betriebstätten in verschiedenen Gemeinden zu verteilen ist. Im internationalen Bereich wiederholt sich diese Frage der Zurechnung des Gewinnes in gleicher Weise. Zu diesem Gesamtkomplex gehören schließlich auch die Probleme der Konzernverrechnungspreise, der verdeckten Einlage und der verdeckten Gewinnausschüttung. Im internationalen Steuerrecht wird diese Frage unter dem Stichwort des „arm's length"-Prinzip behandelt; in § 1 AStG ist es kodifiziert worden. In allen diesen Fällen fehlt es wie bei Verträgen zwischen Angehörigen an einem natürlichen Interessengegensatz als Regulativ der Vertragsfreiheit.

Die außergewöhnlichen Möglichkeiten zu Scheingeschäften und zur Steuerumgehung haben die Finanzverwaltung und die Finanzgerichte nach besonderen Gegenmaßnahmen suchen lassen. Für die Verträge zwischen Angehörigen „mußten" Schranken gefunden werden, welche die Gefahr der Scheingeschäfte oder der Umgehungsgeschäfte verringern konnten. Ohnehin mußten der Finanzverwaltung und der Finanzrechtsprechung allgemein-schuldrechtliche Verträge zumindest als ungewöhnlich erscheinen, sollten doch die Familienbande in erster Linie durch zwischenmenschliche und nicht durch rechtliche Beziehungen geknüpft sein. So wird die steuerrechtliche Wirksamkeit von Verträgen zwischen Angehörigen in vielfacher Hinsicht bezweifelt: An die Ernsthaftigkeit der Vereinbarungen werden besondere Anforderungen gestellt; die Vertragsbestimmungen müssen in besonderer Weise klar und eindeutig sein; der tatsächliche Vollzug der Verträge muß nachgewiesen werden; schließlich müssen die Verträge einem Fremdvergleich standhalten — die Regelungen müssen wie unter Fremden üblich getroffen worden sein.

Gegen diese Besteuerungspraxis werden rechtliche Bedenken erhoben. Sowohl das Grundrecht des Schutzes der Ehe und Familie (Art. 6 Abs. 1 GG) wie auch das Prinzip einer rechtsstaatlichen Besteuerung scheinen verletzt zu sein. Die vorliegende Untersuchung soll sich mit der Berechtigung dieser Argumente auseinandersetzen. Zwei

Gründe sprechen dagegen, die Problematik an einer Einzelfrage zu erörtern: Die schier unüberschaubare Rechtsprechung der Finanzgerichte zur steuerrechtlichen Behandlung von Verträgen zwischen Angehörigen ähnelt stark der im „common law" bekannten „case-law"-Technik[14]. Die strikte Auslegung des Gesetzeswortlautes wird in den Urteilen zurückgedrängt durch den Rückgriff auf die Entscheidungsgründe älterer Präzedenzfälle. Damit wird auch die Diskussion um die steuerrechtliche Behandlung von Verträgen zwischen Angehörigen im allgemeinen nur an komplizierten und häufig extremen Einzelfällen ohne der notwendigen Besinnung auf die Grundlagen der Besteuerung geführt. Deshalb wird in dieser Untersuchung der umgekehrte Weg beschritten: Es sollen aus dem Verfassungsrecht, aus der Methodenlehre und aus der Abgabenordnung die Grundlagen erarbeitet werden, die allgemein verbindlicher Maßstab für die Anwendung der Einzelsteuergesetze auf die Vertragsgestaltungen zwischen Angehörigen sein müssen.

§ 2 Überblick über den Gang der Untersuchung

Die steuerrechtliche Sonderbehandlung von Vertragsgestaltungen zwischen Angehörigen beruht im wesentlichen auf zwei Grundaussagen: Die besonderen Beziehungen zwischen Angehörigen rechtfertigten ein erhöhtes Mißtrauen gegenüber steuerersparenden Gestaltungen. Das erlaube einen strengeren Maßstab bei der Anerkennung der Verträge. Darüber hinaus sei das Steuerrecht nicht in jeder Hinsicht an die zivilrechtlichen Gegebenheiten gebunden. Gerade bei Verträgen zwischen Angehörigen würden die tatsächlichen wirtschaftlichen Umstände häufig eine abweichende steuerrechtliche Beurteilung verlangen. Damit ergeben sich für diese Untersuchung zwei grundlegende Probleme: Zum einen geht es um die Rechtmäßigkeit eines erhöhten Mißtrauens gegenüber den Angehörigen angesichts des verfassungsrechtlich gebotenen besonderen Schutzes von Ehe und Familie (Art. 6 Abs. 1 GG), zum anderen um das allgemeine Problem der steuerrechtlichen Anerkennung zivilrechtlicher Verträge.

In beiden Problemkreisen müssen jeweils zwei Ebenen der Besteuerung unterschieden werden: Die Steuergesetzgebung und die Anwendung der Steuergesetze. Es sind die Grenzen aufzuzeigen, die dem Steuergesetzgeber bei der gesetzlichen Normierung der steuerrechtlichen Behandlung von Verträgen zwischen Angehörigen gezogen sind.

---

[14] *Tipke,* StuW 1977, 293 (294).

Erst danach kann die Anwendung der Gesetze auf die Angehörigenverträge überprüft werden.

Die Grundlagen zum ersten Problemkreis, die Bedeutung des Grundrechtsschutzes von Ehe und Familie für das Steuerrecht (s. u. II. Teil), hat das Bundesverfassungsgericht in erster Linie aus der verfassungsrechtlichen Kontrolle von Steuergesetzen entwickelt. Die aus Art. 6 Abs. 1 GG gewonnenen Erkenntnisse gelten indessen in gleicher Weise für die Steuerverwaltung und die Steuerrechtsprechung bei der Anwendung der Steuergesetze (Art. 1 Abs. 3 GG).

Der zweite Problemkreis, die Bindung des Steuerrechts an das Zivilrecht (s. u. III. Teil), ist hingegen in erster Linie eine Frage der Anwendung der Steuergesetze. Das unter dem Schlagwort „Einheit der Rechtsordnung" bekannte Problem des Verhältnisses von Zivilrecht und Steuerrecht ist im wesentlichen unter dem Gesichtswinkel zu sehen, inwieweit es die in Art. 20 Abs. 3 GG normierte Bindung an Gesetz und Recht erlaubt, Zivilrechtstatbestände entgegen dem Wortlaut der Steuergesetze aus übergeordneten steuerrechtlich — sprich wirtschaftlichen — Grundsätzen zu vernachlässigen.

Die Ergebnisse der Untersuchung beider Problemkreise sind zu konkretisieren auf die Anwendung der allgemein geltenden Vorschriften der Abgabenordnung über die Bedeutung der zivilrechtlichen Verhältnisse für das Steuerrecht (§§ 39 ff. AO) (s. u. IV. Teil). Der Umfang der Probleme gebietet es, im Rahmen dieser Arbeit auf eine Darstellung der Anwendung aller Ergebnisse auf die Einzelsteuergesetze zu verzichten.

2. TEIL

Art. 6 Abs. 1 GG und die Besteuerung von Ehe und Familie

§ 3 Überblick über den Schutz von Ehe und Familie (Art. 6 Abs. 1 GG)

A. Bedeutung des Art. 6 Abs. 1 GG für die steuerrechtliche Behandlung von Vertragsgestaltungen zwischen Angehörigen

Die verfassungsrechtliche Überprüfung der steuerrechtlichen Sonderbehandlung von Vertragsgestaltungen zwischen Angehörigen kann in einer Frage salopp verkürzt umrissen werden: Erlaubt Art. 6 Abs. 1 GG ein „steuerrechtliches Mißtrauen" gegenüber dem Tatbestand der Ehe oder Familie?

Die Antwort auf diese Frage muß von der Wirkung eines solchen „steuerrechtlichen Mißtrauens" abhängen. Das Mißtrauen kann sich für die Ehe und Familie in mehrfacher Hinsicht belastend auswirken:

Der Gesetzgeber kann steuerrechtliche Sondervorschriften zu Lasten von Ehe und Familie erlassen — sei es, daß Verträge überhaupt nicht anerkannt werden, sei es, daß durch eine widerlegliche Vermutung des Schein- oder des Umgehungsgeschäftes die Anerkennung erschwert wird.

Im Rahmen der Gesetzesanwendung kann das Mißtrauen zu einer einseitigen, die Ehe und Familie belastenden Auslegung des Gesetzes oder der einseitigen Anwendung von Ermessensvorschriften führen.

Nicht dem rechtlichen, sondern dem tatsächlichen Bereich zuzuordnen ist schließlich die Möglichkeit, Verträge wegen fehlenden Nachweises der Besteuerungsgrundlagen deshalb nicht anzuerkennen, weil im Zweifel nach den Grundsätzen der Lebenserfahrung Verträge zwischen Angehörigen nicht geschlossen werden oder ein Mißbrauch beabsichtigt ist. In allen Fällen kommt das Mißtrauen gegenüber Verträgen zwischen Angehörigen in deren Benachteiligung gegenüber den Alleinstehenden zum Ausdruck. Ganz allgemein ist deshalb zu fragen, ob Art. 6 Abs. 1 GG eine Benachteiligung von Ehegatten oder Familienangehörigen im Vergleich zu Ledigen, Verwitweten oder Geschiedenen erlaubt.

B. Schädigungs- und Beeinträchtigungsverbot im System des Grundrechtsschutzes von Ehe und Familie

Art. 6 Abs. 1 GG hat für die Besteuerungspraxis eine außerordentlich vielschichtige, erhebliche Bedeutung. So hat auch die Rechtsprechung des Bundesverfassungsgerichts zu Art. 6 Abs. 1 GG nach dem aus Art. 3 Abs. 1 GG entwickelten Grundsatz der Steuergerechtigkeit einen maßgeblichen Anteil daran, daß Steuergesetze im Vergleich zu anderen Gesetzen überdurchschnittlich oft für verfassungswidrig erklärt wurden[1]. In dieses facettenreiche Grundrecht ist ein etwaiges Schädigungs- und Beeinträchtigungsverbot von Ehe und Familie systematisch einzuordnen.

I. Aussagegehalt des Art. 6 Abs. 1 GG

Art. 6 Abs. 1 GG stellt die Ehe und Familie unter den besonderen Schutz der staatlichen Ordnung. Der Gesetzeswortlaut ist denkbar knapp und unbestimmt. Seine rechtliche Tragweite im Einzelfall bleibt ungewiß[2]. Art. 6 Abs. 1 GG werden heute ganz überwiegend nebeneinander drei Wirkungsweisen zugesprochen[3]. Danach ist Art. 6 Abs. 1 GG zugleich Institutsgarantie, subjektiv-öffentliche Anspruchsgrundlage und wertentscheidende Grundsatznorm.

1. Institutsgarantie

Als Institutsgarantie untersagt Art. 6 Abs. 1 GG dem Staat, den Kernbereich von Ehe und Familie — aber auch nur diesen — durch hoheitliche Maßnahmen zu gefährden[4]. Eine so verstandene Institutsgarantie, die sich auf einen nicht näher bestimmten Ordnungskern beschränkt[5], vermag nur in krassen Ausnahmefällen einen durchsetzbaren Abwehranspruch gegen staatliche Eingriffe zu geben[6]. Erst wenn die Ehe oder die Familie als Einrichtung des Soziallebens in ihrem Bestand überhaupt gefährdet sind, kann die Institutsgarantie ihre Schutzwirkung entfalten. Die Benachteiligung einzelner Ehen und Familien durch

---

1 *Vogel*, JbFfSt. 1970/71, 49 (50, 64).

2 *Pirson* in BK GG Art. 6 Rdnr. 1.

3 BVerfGE 6, 55 (72); 6, 386 (388); 42, 95 (101); 43, 108 (120) st. Rspr.; Übersicht bei *Schmidt-Bleibtreu / Klein*, Steuerrecht, Tz. 164; BFHE 119, 281 (283) = BStBl. II 1976, 654; *Dölle*, Familienrecht, Bd. II, § 3 III; *Gernhuber*, Familienrecht, § 5 I - III; *Maunz* in Maunz / Dürig / Herzog, GG Art. 6 Rdnr. 6, 14; *Pirson* in BK GG Art. 6 Rdnr. 3; *Schmidt-Bleibtreu / Klein*, GG Art. 6 Anm. 1 ff.

4 BVerfGE 6, 55 (72); 10, 59 (66); 15, 328 (330); *Maunz* in Maunz / Dürig / Herzog, GG Art. 6 Rdnr. 17; *Pirson* in BK GG Art. 6 Rdnr. 1; *Scheffler* in Bettermann / Nipperdey / Scheuner, Grundrechte, Bd. IV 1, S. 246 (257).

5 BVerfGE 36, 144 (167).

6 *Gernhuber*, Familienrecht, § 5 I.

staatliche Maßnahmen, welche die Einrichtung der Ehe oder Familie als Ganzes nicht gefährden, kann Art. 6 Abs. 1 GG als Institutsgarantie nicht abwehren. Art. 6 Abs. 1 GG verpflichtet den Staat insoweit nur, von Staats wegen das „Gerüst“ zur Verfügung zu stellen, das den Bestand von Ehe und Familie als Grundelement objektiver Ordnung des Gemeinwesens gewährleistet.

Die relative Wirkungslosigkeit der Institutsgarantie wird heute zudem durch einige Unsicherheiten verstärkt. Es besteht Uneinigkeit darüber, welches im einzelnen die durch die Institutsgarantie geschützten wesentlichen Strukturelemente von Ehe und Familie sind[7].

Unklarheiten bestehen insbesondere auch in der Frage, inwieweit Art. 6 Abs. 1 GG einen bewahrenden Charakter hat und inwieweit die gewandelten Lebensauffassungen für die Auslegung dieses Grundrechtsschutzes maßgeblich sind[8]. Das Bundesverfassungsgericht hat bislang in keiner Entscheidung in Steuersachen die Verletzung der Institutsgarantie von Ehe und Familie bejaht. Es hat vielmehr die unbefriedigende Schutzwirkung der Institutsgarantie zum Anlaß genommen, den Anwendungsbereich von Art. 6 Abs. 1 GG durch grundlegende Aussagen zur Lehre über die Grundrechtsauslegung als wertentscheidende Grundsatznormen zu erweitern[9].

2. *Subjektiv-öffentliche Anspruchsgrundlage*

Entgegen früherer Ansicht[10] wird Art. 6 Abs. 1 GG heute auch als subjektiv-öffentliche Anspruchsgrundlage verstanden[11]. Der Umfang des persönlichen Anspruches aus Art. 6 Abs. 1 GG beschränkt sich indessen nicht auf die Grenzen der objektiven Institutsgarantie. Art. 6 Abs. 1 GG hat durch die wertorientierte Auslegung des Bundesverfassungsgerichts eine wesentliche Erweiterung als subjektiv-öffentliche Anspruchsgrundlage erfahren.

---

[7] *Pirson* in BK GG Art. 6 Rdnr. 11 ff. (Ehe), Rdnr. 19 ff. (Familie).

[8] BVerfGE 36, 146 (163 ff.); *Gernhuber*, Familienrecht, § 5 I; *Lüderitz*, 48. DJT (1970), Bd. I, B 52 ff.; *Pirson* in BK GG Art. 6 Rdnr. 7; *Ramm*, Eherecht, S. 19; *Scheffler* in Bettermann / Nipperdey / Scheuner, Grundrechte, Bd. IV 1, S. 246 (257 ff.).

[9] BVerfGE 6, 55 (72); *Roellecke* in Festgabe 25 Jahre BVerfG, S. 22 (42 f.).

[10] *v. Mangoldt / Klein*, GG, Art. 6 Anm. III 3, später von *Klein* aufgegeben, DÖV 1957, 567 (573 f.); Übersicht bei: *Dölle*, Familienrecht, Bd. I S. 53 und *Scheffler* in Bettermann / Nipperdey / Scheuner, Grundrechte, Bd. IV 1, S. 246 (253).

[11] s. o. Fußnote 3.

3. *Wertentscheidende Grundsatznorm*

Erstmals hat sich das Bundesverfassungsgericht[12] in dem Beschluß zur Ehegattenbesteuerung zur Wirkungsweise des Art. 6 Abs. 1 GG als wertentscheidende Grundsatznorm geäußert. Das Bundesverfassungsgericht beginnt seine Entscheidung mit der Feststellung, eine Schlechterbehandlung von Ehegatten im Steuerrecht könne nicht die Institutsgarantie von Ehe und Familie verletzen[13].

Der unbefriedigende Schutz, den die Garantie der Institute von Ehe und Familie gebe, verlange eine erweiterte Auslegung des Art. 6 Abs. 1 GG. Art. 6 Abs. 1 GG habe eine über den Normkern des Ehe- und Familienrechts hinausgehende Schutzwirkung: Art. 6 Abs. 1 GG sei „eine verbindliche Wertentscheidung für den gesamten Bereich des Ehe und Familie betreffenden privaten und öffentlichen Rechts". Herzuleiten sei diese Auslegung des Art. 6 Abs. 1 GG als wertentscheidende Grundsatznorm aus dem weiten Wortlaut dieser Vorschrift, aus den leitenden Prinzipien des Rechtsstaates und aus der Stellung dieser Norm im Grundrechtsteil der Verfassung. Das Bundesverfassungsgericht[14] sieht sich bei dieser Auslegung des Art. 6 Abs. 1 GG, die weit über den Gehalt der Institutsgarantie hinausgeht, durch die Entstehungsgeschichte des Grundrechts bestätigt. Nach alledem kommt das Bundesverfassungsgericht zu dem Schluß, der weite Begriff des „Schützens" in Art. 6 Abs. 1 GG sei in seinem Wortlaut hinreichend bestimmt, um aus ihm eine zweifelsfreie Aussage für staatliches Handeln abzuleiten: Art. 6 Abs. 1 GG stelle als wertentscheidende Grundsatznorm dem Staat positiv die Aufgabe, Ehe und Familie durch geeignete Maßnahmen zu fördern; negativ verbiete es dem Staat, die Ehe und Familie zu schädigen oder zu beeinträchtigen[15]. Soweit das Schädigungs- und Beeinträchtigungsverbot reiche, habe der einzelne einen persönlichen Schutzanspruch.

Auf diesem Grundsatzbekenntnis des Bundesverfassungsgerichts zur Auslegung von Grundrechten als wertentscheidende Grundsatznorm beruhen alle späteren Entscheidungen zu Art. 6 Abs. 1 GG in Steuersachen. Es fehlen indessen weitere Ausführungen zur Begründung der wertorientierten Grundrechtsauslegung[16]. Die übrige Rechtsprechung[17]

---

[12] BVerfGE 6, 55.

[13] Ebd. S. 72.

[14] Ebd. S. 73 - 76.

[15] Ebd. S. 76.

[16] Zuletzt: BVerfGE 42, 95 (101); 43, 108 (121); 45, 104 (121); *H. Goerlich*, Wertordnung, S. 113 ff. mit umfangreichen weiteren Nachweisen zur Rspr., insbes. S. 114 FN. 504.

[17] BFHE 119, 281 (283) = BStBl. II 1977, 654 (655); BGHZ 61, 165 (169); BSGE 35, 35 (38 f.); BVerwGE 42, 133 (134 f.); 48, 299 (302); FG Hessen, EFG 1976, 607 (608).

folgt der Wertthese des Bundesverfassungsgerichts zu Art. 6 Abs. 1 GG. Nach einhelliger Ansicht der Rechtsprechung ist damit die verfassungsrechtliche Kontrolle der steuerrechtlichen Behandlung von Vertragsgestaltungen zwischen Angehörigen unter dem Gesichtspunkt vorzunehmen, daß Art. 6 Abs. 1 GG als wertentscheidende Grundsatznorm einen persönlichen Abwehranspruch gegen staatliche Schädigungen oder Beeinträchtigungen von Ehe und Familie begründet.

II. Geschützter Personenkreis

Geschützt wird durch das Schädigungs- und Beeinträchtigungsverbot des Art. 6 Abs. 1 GG zum einen die Ehe als Vereinigung von Mann und Frau zu einer grundsätzlich unauflösbaren Lebensgemeinschaft[18]; zum anderen zumindest die Kleinfamilie als umfassende Gemeinschaft von Eltern und Kindern[19]. In dieser Untersuchung unbeantwortet bleiben soll die auch vom Bundesverfassungsgericht[20] offengelassene und im Schrifttum[21] umstrittene Frage, ob sich der Schutz des Art. 6 Abs. 1 GG nur auf die Kleinfamilie beschränkt.

C. Probleme der dogmatischen Begründung des Schädigungs- und Beeinträchtigungsverbotes

Obwohl das Bundesverfassungsgericht[22] seit 1957 in ständiger Rechtsprechung die These von Art. 6 Abs. 1 GG als wertentscheidender Grundsatznorm vertritt, ist diese Wertejudikatur im Schrifttum[23] äußerst umstritten. Hierbei ist nicht die Erkenntnis des Bundesverfassungsgerichts streitig, Art. 6 Abs. 1 GG enthalte einen persönlichen Abwehranspruch gegen staatliche Beeinträchtigungen der Ehe oder Familie. Offen ist vielmehr die dogmatische Begründung dieser Aus-

---

18 *Maunz* in Maunz / Dürig / Herzog, GG Art. 6 Rdnr. 14 f.; *Pirson* in BK GG Art. 6 Rdnr. 11.

19 BVerfGE 10, 59 (66); 18, 97 (105 f.); *Gernhuber*, Familienrecht, § 5 I; *Maunz* in Maunz / Dürig / Herzog, GG Art. 6 Rdnr. 16; *Scheffler* in Bettermann / Nipperdey / Scheuner, Grundrechte, Bd. IV 1, S. 246 (251 ff.).

20 BVerfGE 39, 316 (326).

21 Zustimmend: *Maunz* in Maunz / Dürig / Herzog, GG Art. 6 Rdnr. 16; *Schmidt-Bleibtreu / Klein*, GG Art. 6 Rdnr. 6; ablehnend: *Pirson* in BK GG Art. 6 Rdnr. 21 ff.

22 BVerfGE 6, 55.

23 *Böckenförde*, NJW 1974, 1529 (1534): „... Verhüllungsformel für richterlichen bzw. interpretatorischen Dezisionismus"; ders. NJW 1976, 289 (297 ff.); *Denninger*, JZ 1975, 545 (546, 548); *Forsthoff*, Verfassungsauslegung, S. 19 ff.; *H. Goerlich*, Wertordnung, S. 174 ff., insbes. S. 180 ff.; *Häberle*, JZ 1975, 297 ff. passim; *Hesse*, Verfassungsrecht, § 1 III, 2 I - II; *Isensee*, NJW 1977, 545 (547); *Kirchhof*, Festgabe 25 Jahre BVerfG, S. 51 (67) sehr vorsichtig: „Wertdenken ... erscheint nicht unerläßlich"; *Ossenbühl*, NJW 1976, 2100 (2102); *Roellecke*, Festgabe 25 Jahre BVerfG, S. 22 (37 ff.).

legung. Die Kritik führt zurück auf den Streit über die richtige Methodik der Gesetzesauslegung, insbesondere über die Eigenheiten der Verfassungsauslegung[24].

Eine herrschende positive Ansicht über die Methodik richtiger Verfassungsauslegung ist nicht zu finden. Eine Kritik der Besteuerung von Ehe und Familie kann, will sie praktisch verwendbar sein, den Lösungsansatz nicht auf dem Gebiet der völlig umstrittenen Methodik richtiger Verfassungsauslegung suchen. Jeder Versuch einer Lösung auf dieser Grundlage würde unweigerlich die hier angestrebten Schlußfolgerungen für die Besteuerung von Vertragsgestaltungen zwischen Angehörigen weitgehend entwerten: Für den Steuerrechtler, dem Erkenntnisse über die Besteuerung von Ehe und Familie wegen der ungesicherten methodischen Voraussetzungen ohne Aussagekraft blieben, für den Verfassungsrechtler, dem die hier in erster Linie angestrebte steuerrechtliche Thematik allenfalls am Rande interessieren würde. So muß auch der Lösungsversuch von Hesse[25] unberücksichtigt bleiben, subjektive Abwehrrechte als die Kehrseite einer erweiterten, objektiven Institutsgarantie zu verstehen.

Grundlage der folgenden Untersuchung soll daher die Rechtsprechung des Bundesverfassungsgerichts zu Art. 6 Abs. 1 GG als wertentscheidender Grundsatznorm sein. An dem dabei gefundenen Ergebnis wird das Handeln des Steuergesetzgebers, der Steuerverwaltung und der Steuergerichte zu messen sein.

§ 4 Art. 6 Abs. 1 GG als Schädigungs- und Beeinträchtigungsverbot

Als Schutznorm vor staatlicher Schädigung und Beeinträchtigung von Ehe und Familie kann Art. 6 Abs. 1 GG unter zwei Gesichtswinkeln gesehen werden: Als besonderes Freiheitsrecht (s. u. A) und als besonderer Gleichheitssatz (s. u. B).

A. Art. 6 Abs. 1 GG als besonderes Freiheitsrecht

Als besonderes Freiheitsrecht kann Art. 6 Abs. 1 GG dem einzelnen ein Recht auf Abwehr staatlicher Eingriffe in den Freiraum von Ehe oder Familie geben. Insbesondere kann eine einseitig belastende Be-

[24] *Böckenförde*, NJW 1976, 2089 passim; *Häberle*, JZ 1975, 297 (305); ders., Wesensgehaltgarantie, S. 4, 657; *Hesse*, Verfassungsrecht, § 2; *Ossenbühl*, NJW 1976, 2100.

[25] Verfassungsrecht, § 9 II 3.

steuerung die Freiheit zur Eheschließung oder zur Familiengründung beeinträchtigen, sie kann die Freiheit der persönlichen Gestaltung bestehender Ehen oder Familien beschneiden.

I. Ansicht des Bundesverfassungsgerichts

Die Rechtsprechung des Bundesverfassungsgerichts zu Art. 6 Abs. 1 GG als besonderem Freiheitsrecht ist spärlich. Zu Entscheidungen in Steuersachen hat sich das Bundesverfassungsgericht nur ein einziges Mal — in dem Ehegattenbeschluß[1] — näher mit der Frage befaßt: In dieser Entscheidung ging es um die Frage, ob es mit Art. 6 Abs. 1 GG vereinbar sei, daß die Einkünfte beider Ehegatten bei der Besteuerung so behandelt wurden, als habe sie nur eine einzelne Person erzielt. Wegen des progressiven Einkommensteuertarifs erreichten die Eheleute durch die Zusammenrechnung der Einkünfte damit eine wesentlich höhere Spitzenprogression, als sie für jeden einzelnen als Ledigen gegolten hätten. Das Bundesverfassungsgericht hat die Verfassungswidrigkeit dieser Regelung unter anderem damit begründet, daß Art. 6 Abs. 1 GG auch als Freiheitsrecht verletzt sei. Es sei dem Staat verwehrt, durch steuerrechtliche Vorschriften in den Gestaltungsfreiraum der Ehe einzugreifen. Eine erhöhte Besteuerung des Lohnes der mitarbeitenden Ehefrau könne insbesondere nicht durch die Erwägung gerechtfertigt werden, daß der Ehefrau durch steuerrechtliche Mehrbelastung ein Anreiz geschaffen werden soll, zum Wohle des Familienlebens den Haushalt zu führen. Zwar gesteht das Bundesverfassungsgericht[2] dem Gesetzgeber zu, Steuern nicht nur zur Deckung staatlicher Ausgaben zu erheben, sondern auch andere Zwecke (z. B. Wirtschaftslenkung, Sozialpolitik) zu verfolgen. Die Auswahl dieser Nebenzwecke unterliege jedoch nicht der freien Wertentscheidung des Gesetzgebers. Dieser sei durch die wertentscheidenden Grundsatznormen der Verfassung beschränkt. Leitidee der Verfassung sei die grundsätzliche Begrenztheit aller öffentlichen Gewalt gegenüber dem einzelnen. Art. 6 Abs. 1 GG sei ein Bekenntnis zur Freiheit der besonderen Privatsphäre von Ehe und Familie. Der Gesetzgeber dürfe bestimmte Gestaltungen in dieser privaten Sphäre weder unmittelbar erzwingen noch seine Ziele mittelbar durch steuerrechtliche Benachteiligungen verfolgen[3]. Staatliche Vorstellungen über den Wert einer nicht im Erwerbsleben tätigen Hausfrau für Ehe und Familie dürften nicht dadurch verwirklicht werden, daß die private Entscheidungsfreiheit der Ehegatten durch Sonderbelastungen eingeschränkt würde.

---

1 BVerfGE 6, 55 (79 ff.).

2 Ebd. S. 81.

3 Ebd. S. 82.

Später hat sich das Bundesverfassungsgericht in Steuersachen nie wieder auf Art. 6 Abs. 1 GG als besonderes Freiheitsrecht berufen. Aus anderen Anlässen hatte es[4] hingegen wiederholt auf den Freiheitscharakter des Art. 6 Abs. 1 GG hingewiesen. Das Recht zur freien Eheschließung werde nicht durch die allgemeinen Schranken der Handlungsfreiheit des Art. 2 Abs. 1 GG beschränkt. Die besondere Freiheitsgarantie des Art. 6 Abs. 1 GG fordere vom Staat äußerste Zurückhaltung bei der Aufstellung von Ehehindernissen. Allein einleuchtende Sachgründe, die sich aus dem Wesen der Ehe ergäben, könnten eine Beschränkung erfordern[5].

II. Ansichten im Schrifttum und eigene Stellungnahme

Zu den Aussagen des Bundesverfassungsgerichts über Art. 6 Abs. 1 GG als besonderes Freiheitsrecht hat sich das Schrifttum kaum geäußert. Die wenigen Stellungnahmen sind zustimmend, aber allenfalls kurz und eher als ausfüllende Randnotizen behandelt[6].

Der klaren Aussage des Bundesverfassungsgerichts über das Verbot auch mittelbarer Beeinträchtigungen des Freiraums von Ehe und Familie durch Besteuerung ist wenig hinzuzufügen. Im übrigen ist die Zurückhaltung des Bundesverfassungsgerichts verständlich, Art. 6 Abs. 1 GG als besonderes Freiheitsrecht bei seinen Entscheidungen in Steuersachen als Argumentationsgrundlage zu verwenden. Das Bundesverfassungsgericht hatte nie wieder über einen Fall zu entscheiden, in dem eine steuerrechtliche Benachteiligung von Ehe und Familie durch das Ziel des Gesetzgebers hätte erklärt werden können, auf die Gestaltung der ehelichen oder familiären Verhältnisse Einfluß zu nehmen. Im Vordergrund der Entscheidungen stand jeweils die Überlegung, ob eine steuerrechtliche Benachteiligung von Ehe und Familie im Vergleich zu Alleinstehenden gerechtfertigt, bzw. eine einseitige Förderung von Alleinstehenden gegenüber der Ehe und Familie zu vertreten war. Der Schwerpunkt des Vorwurfs grundrechtswidriger Besteuerung lag damit nicht auf der Verletzung des Freiheitsrechtes, sondern des Gleichheitssatzes. Zwar bietet es sich durchaus an, steuerrechtlich belastende Maßnahmen auch unter dem Gesichtspunkt des freien Zugangs zur Ehe und der freien Familiengründung zu sehen. Mit diesem besonderen Freiheitsrecht kann aber nur schwer genau bestimmt wer-

---

[4] BVerfGE 21, 329 (353); 24, 119 (135); 28, 324 (360); 29, 166 (175); 31, 58 (67 ff.); 36, 146 (161).

[5] BVerfGE 36, 146 (163).

[6] *Hamann / Lenz*, GG Art. 6 Anm. B 2; *F. Klein*, DÖV 1957, 567 (578); *Löwisch*, 52. DJT (1974), D 1 (43 ff.); *Pirson* in BK GG Art. 6 Rdnr. 9; *Ramm*, Eherecht, S. 27; *Rosenbaum*, Familienrecht und Einkommensteuer, S. 15; *Scheffler* in Bettermann / Nipperdey / Scheuner, Grundrechte, Bd. IV 1, S. 246 (254).

den, wann eine steuerrechtliche Beeinträchtigung so nachhaltig wirkt, daß die Freiheit von Ehe und Familie betroffen ist. Regelmäßig wird sich eine beachtliche Beeinträchtigung der Freiheit auf dem Gebiet des Steuerrechts nur dadurch feststellen lassen, daß ein Vergleich zur Steuerbelastung der Alleinstehenden gezogen wird. Das wird besonders deutlich bei der Frage, in welchem Umfang der Staat den Vertragsgestaltungen zwischen Angehörigen mißtrauen darf. Das Maß erlaubten Mißtrauens wird danach zu bestimmen sein, inwieweit sich der besteuernde Staat ganz allgemein den Steuerpflichtigen gegenüber mißtrauisch verhält. Das Recht des Staates, die Ehe und Familie im Steuerrecht zu benachteiligen, wird deshalb hier an Art. 6 Abs. 1 GG als besonderem Gleichheitssatz zu messen sein.

B. Art. 6 Abs. 1 GG als besonderer Gleichheitssatz

I. Problemstellung

Das Bundesverfassungsgericht hat in einer Vielzahl von Entscheidungen die Besteuerung von Ehe und Familie an Art. 6 Abs. 1 GG als besonderem Gleichheitssatz gemessen. Bei den vom Bundesverfassungsgericht überprüften steuerrechtlichen Benachteiligungen können im wesentlichen zwei Fallgruppen unterschieden werden: Benachteiligungen wegen der erhöhten Leistungsfähigkeit der ehelichen oder familiären Lebensgemeinschaft und Benachteiligungen wegen des erhöhten Mißtrauens gegenüber Vertragsgestaltungen zwischen Angehörigen.

Die Rechtsprechung des Bundesverfassungsgerichts zur verfassungsrechtlichen Zulässigkeit steuerrechtlicher Sonderbehandlungen von Vertragsbeziehungen zwischen Angehörigen ist eindeutig: Art. 6 Abs. 1 GG verbiete, zu Lasten von Ehe und Familie eine unwiderlegbare gesetzliche Vermutung des Gestaltungsmißbrauchs dadurch aufzustellen, daß derartige Verträge auf keinen Fall anerkannt werden[7].

Eine andere Ansicht vertritt das Bundesverfassungsgericht für sonstige gesetzliche Bestimmungen zu Lasten der Angehörigen. Diese seien mit Art. 6 Abs. 1 GG zu vereinbaren, wenn sie wegen der besonderen Gefahr der Steuerumgehung aufgestellt würden[8]. Jene grundlegende Aussage hat das Bundesverfassungsgericht an keiner Stelle näher belegt. Sie geht zurück auf die „obiter dictum"-Bemerkung im Beschluß zur Ehegattenbesteuerung[9]. Dort heißt es ohne weitere Begründung:

„Im übrigen würden auch besondere gesetzliche Bestimmungen, die lediglich Umgehungen der Steuerpflicht durch eine vorgeschobene zivilrechtliche

[7] BVerfGE 9, 237 (244 f.); 13, 290 (317); 29, 104 (108).

[8] BVerfGE 6, 55 (83 f.); 9, 237 (245); 13, 290 (316); 13, 318 (327); 18, 257 (269 f.).

[9] BVerfGE 6, 55 (84).

Verteilung der Einkünfte ... zwischen Ehegatten verhindern sollen, niemals eine durch Art. 6 Abs. 1 GG verbotene Benachteiligung der Ehe und Familie darstellen."

Ausgerechnet diese Randbemerkungen sind heute das Axiom der Besteuerungspraxis. Auf den „obiter dictum"-Ausführungen beruht heute im wesentlichen die Rechtfertigung der Sonderbehandlung von Verträgen zwischen Angehörigen.

Die fehlenden Begründungen erschweren die Überprüfung, ob und gegebenenfalls welche sonstigen Bestimmungen zu Lasten von Ehe und Familie noch zu rechtfertigen sind, insbesondere welche gesetzlichen belastenden Maßnahmen wegen der besonderen Gefahr von Schein- und Umgehungsgeschäften noch verfassungsmäßig sind. Als weitere Schwierigkeit kommt hinzu, daß das Bundesverfassungsgericht zwar schon das Problem der Umgehungsgeschäfte angesprochen, bislang aber keine Entscheidung zur Frage der Scheingeschäfte getroffen hat. Das Problem der Scheingeschäfte ist indessen mit dem der Umgehungsgeschäfte weitgehend identisch. Die besondere Gefahr der Verträge zwischen Angehörigen begründet sich für die Besteuerung in beiden Fällen auf den fehlenden Interessengegensatz. Es kann deshalb allgemein gefragt werden, in welchem Ausmaß ein besonderes steuerrechtliches Mißtrauen noch mit Art. 6 Abs. 1 GG vereinbar ist. Weil aber hierzu, insbesondere zur Differenzierung zwischen unwiderleglichen und widerleglichen Vermutungen kaum nähere Ausführungen aufzufinden sind, muß auf die allgemeinen Ausführungen zum Schädigungs- und Beeinträchtigungsverbot zurückgegriffen werden. Recht ausführlich hat sich beispielsweise das Bundesverfassungsgericht zu der Frage geäußert, inwieweit eine steuerrechtliche Mehrbelastung der Ehe und Familie im Vergleich zu Alleinstehenden zu rechtfertigen ist, weil die eheliche oder familiäre Lebensgemeinschaft Ersparnisse durch die gemeinsame Haushaltsführung ermöglicht, die ein erhöhtes Leistungsvermögen begründen.

Das Bundesverfassungsgericht verwendet bei der Überprüfung von steuerrechtlichen Benachteiligungen der Angehörigen eine Reihe von immer wiederkehrenden Argumentationsformeln, die wie in einem Baukastensystem miteinander verknüpft werden. Aus dem Kreis der Benachteiligungen werden zunächst die Fälle ausgesondert, in denen Angehörige nur indirekt durch eine einseitige Förderung der Alleinstehenden benachteiligt werden. Für diese Form der Benachteiligung gelte nicht das strenge Differenzierungsverbot des Art. 6 Abs. 1 GG. Da es sich der Sache nach um eine Förderung handele, habe der Gesetzgeber einen erweiterten Gestaltungsspielraum. Im übrigen kehren zur Rechtfertigung von steuerrechtlichen Benachteiligung der Angehörigen folgende Begriffe immer wieder: Die Gerechtigkeitsvorstellungen der Allgemeinheit, die Natur der Sache und der Zwang zur Typisierung. Alle jene Argumentationsformeln sind einzeln auf ihre Stichhaltigkeit hin zu überprüfen, allerdings stets mit dem Augenmerk auf die hier allein interessierende Frage der verfassungsrechtlichen Zulässigkeit des „steuerrechtlichen Mißtrauens" gegen Angehörige.

II. Einseitige Privilegierung Alleinstehender

Bevor im einzelnen auf die vom Bundesverfassungsgericht verwandten Argumentationsformeln eingegangen werden kann, ist zu klären, welche Formen der Benachteiligung zu dem Kreis der hier zu untersuchenden Beeinträchtigungen zu zählen sind. Zweifelsohne gehören hierzu die schon erwähnten unwiderlegbaren und widerlegbaren gesetzlichen Vermutungen, die einseitig belastende Auslegung von Gesetzen sowie eine auf der Lebenserfahrung beruhende einseitige Tatsachenfeststellung zu Lasten der Angehörigen. Offen bleibt indessen noch, inwieweit indirekte Beeinträchtigungen von Angehörigen durch einsetige Förderung Alleinstehender im gleichen Maße Beeinträchtigungen sind oder ob der Gesetzgeber für diese Formen der Benachteiligung eine erweiterte Gestaltungsfreiheit zusteht. Wäre das richtig, könnte der Gesetzgeber sich durch einfache Gesetzgebungstechniken einen erweiterten Gestaltungsfreiraum verschaffen. Statt die Angehörigen durch verschärfte Vorschriften über den Gestaltungsmißbrauch zu belasten, könnte der Gesetzgeber die Alleinstehenden begünstigen und von den allgemein geltenden strengen Vorschriften über den Gestaltungsmißbrauch befreien.

Es ist auf den ersten Blick wenig verständlich, daß Beeinträchtigungen, die in der Sache gleichwertig sind, nur wegen der unterschiedlichen Techniken verschiedenen Rechtmäßigkeitsmaßstäben unterliegen. Doch wird das Problem der einseitigen Privilegierung von Alleinstehenden weitgehend beherrscht durch die Ansicht des Bundesverfassungsgerichts[10], der Gesetzgeber besitze im Bereich der gewährenden Staatstätigkeit größere Gestaltungsfreiheiten zur Ungleichbehandlung als innerhalb der Eingriffsverwaltung. Diese Aussage zwingt dazu, auf die Rechtsprechung des Bundesverfassungsgerichts zur einseitigen Privilegierung von Alleinstehenden näher einzugehen.

1. Ansicht des Bundesverfassungsgerichts im einzelnen

Das Bundesverfassungsgericht hat selbst schon frühzeitig in der Entscheidung zur Verteilung der Volkswagenaktien[11] den Maßstab für die

---

[10] BVerfGE 17, 210 (216); 21, 1 (6).
[11] BVerfGE 12, 354 (368).

Privilegierung einzelner Gruppen gesetzt: Für die Privilegierung einzelner Gruppen müßten vernünftige Gründe bestehen; die verfassungsrechtliche Legitimität der Art und des Ausmaßes der Förderung, ihres Wirkungsbereiches und der dabei angewandten Mittel müsse von Fall zu Fall geprüft werden.

Derart vernünftige Gründe für eine Privilegierung der Alleinstehenden fand das Bundesverfassungsgericht in dem Beschluß über die Altersfreibeträge[12]. Das Bundesverfassungsgericht verneinte die Grundrechtswidrigkeit eines nur Alleinstehenden gewährten Altersfreibetrag mit der Begründung, Alleinstehende hätten im hohen Alter im Gegensatz zu Ehegatten typischerweise Mehraufwendungen[13]; es könne Art. 6 Abs. 1 GG nicht widersprechen, wenn Unverheirateten Begünstigungen aus sachlichen Gründen zugewandt würden, die bei Eheleuten nicht gegeben seien.

Dieser Gedanke wurde in späteren Entscheidungen erneut aufgegriffen: Es war über die Verfassungsmäßigkeit einer Wohnungsbauprämie zu entscheiden, die der Gesetzgeber Ehegatten nur in der Höhe gemeinsam gewährte, wie sie ein Lediger allein erhielt[14]. Auf der gleichen Linie lag die Frage, ob Ehegatten von einer Ausbildungsbeihilfe für ein Kind ausgeschlossen werden könnten, die ein Lediger, ein Geschiedener oder ein Verwitweter erhielt[15]. In beiden Fällen verneinte das Bundesverfassungsgericht[16] eine Verletzung des Art. 6 Abs. 1 GG. Zwar dürfe angesichts der Wertentscheidung des Art. 6 Abs. 1 GG der Verheiratete im Rahmen einer freiwilligen Förderungsmaßnahme nicht allein wegen seines Ehestandes weniger erhalten als ein Lediger. Das bedeute aber nicht, daß der Verheiratete stets mehr oder „mindestens gleichviel erhalten müßte wie ein Lediger". Einleuchtende Sachgründe für eine verhältnismäßige Schlechterstellung der Ehegatten könnten sich aus der besonderen, durch die eheliche Lebens- und Wirtschaftsgemeinschaft gekennzeichneten Lage rechtfertigen. Eine nach Art. 6 Abs. 1 GG verbotene Diskriminierung liege nur vor, wenn die Maßnahme den Gerechtigkeitsvorstellungen der Gemeinschaft widerstreite. In dem Beschluß zur Wohnungsbauprämie[17] leitet das Bundesverfassungsgericht diese Begründung mit der Überlegung ein, der Gesetzgeber besitze im Bereich der gewährenden Staatstätigkeit größere Gestaltungsfreiheiten als innerhalb der Eingriffsverwaltung. Um diese weite Gestaltungsfreiheit auch in den Fällen zu rechtfertigen,

[12] BVerfGE 14, 34.
[13] BVerfGE 14, 34 (40).
[14] BVerfGE 17, 210.
[15] BVerfGE 22, 100.
[16] BVerfGE 17, 210 (216 f.); 22, 100 (105 f.).
[17] BVerfGE 17, 210 (216).

in denen Angehörige durch eine steuerrechtliche Besserstellung der Alleinstehenden wirtschaftlich benachteiligt werden, verweist das Bundesverfassungsgericht auf eigene, frühere Entscheidungen. An erster angegebener Stelle[18] steht der Satz:

„Bei der Ordnung der Kriegsschadensberücksichtigung sind die Grenzen der Entscheidungsfreiheit des Gesetzgebers ... weitergespannt als bei rein abgabenrechtlichen Normen (vgl. BVerfGE 6, 55 (77) und 11, 50 (60)).“

Bei der wiederum als weitere Quelle angegebenen Entscheidung[19] findet sich die sinngemäße Erkenntnis, der Gesetzgeber habe im weitesten Maße Gestaltungsfreiheit wo er in darreichender Verwaltung (Hausratsentschädigung) tätig werde — ganz im Gegensatz zum Bereich der Steuer —, die einen Eingriff darstelle. Und an der „Urfundstelle“[20] hat das Bundesverfassungsgericht entschieden, der Tatbestand der Eheschließung könne von der darreichenden Verwaltung zum Anlaß genommen werden, Ehegatten steuerrechtliche Vergünstigungen zu gewähren.

Eine weitere Entwicklung zu dieser Problematik brachte in der Zeit nach den Beschlüssen zur Wohnungsbauprämie und zur Ausbildungsbeihilfe die Entscheidung zu den Heiratsklauseln der Waisenrente in der Rentenversicherung[21]. Nach den Vorschriften über die Rentenversicherung verloren in der Ausbildung stehende Waisen mit der Eheschließung auch dann ihre Rentenansprüche, wenn ihr Ehegatte zur Unterhaltsleistung außerstande war. Diese Regelung widersprach nach Ansicht des Bundesverfassungsgerichts Art. 6 Abs. 1 GG[22]. Heiratsklauseln könnten nicht damit begründet werden, daß es sich um „staatliche Leistung der darreichenden Verwaltung“ handele, „deren Gewährung oder Beschränkung in der Gestaltungsfreiheit des Gesetzgebers liege“. Eine Gestaltungsfreiheit könne auch im Rahmen der darreichenden Verwaltung nur für die Frage bestehen, „ob und in welchem Umfang eine Leistung gewährt werden soll“. Der Gesetzgeber dürfe „aber bei der Abgrenzung der Gruppe der Leistungsberechtigten nicht sachwidrig differenzieren“; er sei nicht nur an den allgemeinen Gleichheitssatz, sondern auch an die spezielle Wertentscheidung des Art. 6 Abs. 1 GG gebunden[23].

Demgegenüber anders liest sich ein späterer Beschluß desselben (I.) Senates[24]: „Dem Gesetzgeber gebührt nach der ständigen Recht-

---

[18] BVerfGE 12, 151 (166).
[19] BVerfGE 11, 50 (60).
[20] BVerfGE 6, 55 (77).
[21] BVerfGE 28, 324.
[22] BVerfGE 28, 324 (349).
[23] BVerfGE 28, 324 (349); weiterführend BVerfGE 29, 71 (82).
[24] BVerfGE 29, 337 (339).

sprechung des Bundesverfassungsgerichts im Bereich gewährender Staatstätigkeit weitgehend die Freiheit bei der Abgrenzung des begünstigten Personenkreises ...[25]." Erst in jüngeren Entscheidungen[26] wiederum heißt es, der Gesetzgeber könne bei gewährender Staatstätigkeit weitgehend frei entscheiden, ob und in welchem Umfang Sozialleistungen gewährt würden, bei der Bestimmung des Leistungsempfängers sei er an den allgemeinen Gleichheitssatz gebunden[27].

2. *Ansichten im Schrifttum*

Das Schrifttum enthält sich größtenteils einer Aussage zur Bedeutung des Art. 6 Abs. 1 GG bei einseitigen Förderungen von Alleinstehenden[28] oder es folgt kritiklos der Rechtsprechung des Bundesverfassungsgerichts[29].

Vorbehalte erheben indessen Rupp[30], Fuß[31], Leibholz[32] und Martens[33]. Sie kritisieren weniger die Rechtsprechung des Bundesverfassungsgerichts, als daß sie sie in ihrem Sinne auslegen. Zu Recht habe das Bundesverfassungsgericht in der Entscheidung zu den Heiratsklauseln der Waisenrente betont, es könne keinen unterschiedlichen gesetzgeberischen Gestaltungsfreiraum für ungleiche Begünstigungen und ungleiche Belastungen geben. Sicherlich stehe es dem Gesetzgeber weitgehend frei, ob und aus welchen Anlässen er fördern tätig werden wolle und gegebenenfalls mit welchen Mitteln. Bei der Auswahl der zu fördernden Personengruppe dürfe es aber keine nach Eingriffs- und Förderungsnormen unterschiedliche Gestaltungsfreiheit geben.

3. *Eigene Stellungnahme*

Die verwirrende Darstellung der Ansichten des Bundesverfassungsgerichts zur einseitigen Privilegierung Alleinstehender entspricht in ihrer Tendenz den kaum überschaubaren, oft widersprüchlichen Aussagen des Bundesverfassungsgerichts zur Besteuerung der Angehörigen. Das Bundesverfassungsgericht verwendet mehrere, in schlagwortartigen

---

[25] So auch: BVerfGE 32, 180 (190 f.); 32, 260 (268); 36, 230 (235) nunmehr ständige Rechtsprechung.

[26] BVerfGE 38, 187 (197).

[27] BVerfGE 39, 316 (326); 45, 104 (138).

[28] *Hesse*, Verfassungsrecht, § 12 II, IV; *Maunz*, Staatsrecht, §§ 16, 18; *Dürig* in Maunz / Dürig / Herzog, GG Art. 3 Rdnr. 345; *Wernicke* in BK GG Art. 3.

[29] *Gubelt* in v. Münch, GG Art. 3 Rdnr. 20; *Hamann / Lenz*, GG Art. 3 Anm. B 4 b; *Schmidt-Bleibtreu / Klein*, GG Art. 3 Rdnr. 17.

[30] Festgabe 25 Jahre BVerfG, S. 364 (372 f., 378).

[31] JZ 1962, 566 ff.; 595 (600).

[32] Gleichheit, S. 242 f.

[33] VVDStRL, Bd. 30 (1971), 7 (22).

Sätzen zusammengefaßte Grundsätze aus verschiedenen älteren Entscheidungen, die gleich einem Puzzle-Spiel zu neuen Entscheidungen zusammengefügt werden. So beruft sich das Bundesverfassungsgericht zur Rechtfertigung der größeren Gestaltungsfreiheit bei gewährender Staatstätigkeit auf ältere Entscheidungen, die indessen nur unvollständig die neuen Erkenntnisse stützen. So wird die Aussage im Beschluß zur Ehegattenbesteuerung[34], Art. 6 Abs. 1 GG erlaube, Ehegatten steuerrechtliche Vergünstigungen zu gewähren, als Beleg dafür verwandt, Art. 6 Abs. 1 GG erlaube auch eine einseitige Förderung der Alleinstehenden. Nicht erwähnt, obwohl ausdrücklich darauf verwiesen, wird die Erkenntnis des Beschlusses zur Kriegsschadensberücksichtigung[35], daß der Gesetzgeber bei der Förderung von Kriegsgeschädigten eine erweiterte Gestaltungsfreiheit habe, diese aber im Abgabenrecht nicht gelten könne.

Zu Recht widerspricht das Bundesverfassungsgericht in der Entscheidung zu den Heiratsklauseln[36] der Waisenrente der zuvor und später wieder vertretenen eigenen gegensätzlichen Auffassung, der Gesetzgeber habe im Bereich der gewährenden Staatstätigkeit auch bei der Abgrenzung des begünstigten Personenkreises eine größere Gestaltungsfreiheit als im Bereich der Eingriffsverwaltung. Richtigerweise hat das Bundesverfassungsgericht in den Beschlüssen zur Heiratsklausel zwischen den verschiedenen Phasen einer gewährenden Staatstätigkeit getrennt. Es ist zu unterscheiden zwischen dem Entschluß, einen bestimmten Sachverhalt zum Anlaß einer Förderung zu nehmen, die Mittel der Förderung zu bestimmen und den zu fördernden Personenkreis abzugrenzen.

Bei der Entscheidung über das „ob" der Förderung ist der Gesetzgeber nur in die weiten Schranken des Sozialstaatsprinzipes eingebunden. Bei der Auswahl der Mittel hat er nur die allgemeinen Rechtsstaatsgrundsätze (z. B. Geeignetheit u. a. m.) zu beachten. Bei der Abgrenzung des Personenkreises hingegen hat der Gesetzgeber keinen erweiterten Gestaltungsfreiraum mehr. Er hat alle Personen, welche die Voraussetzungen erfüllen, gleichermaßen zu fördern. Die Richtigkeit dieser These legt das Bundesverfassungsgericht[37] selbst überzeugend dar: Es spiele keine Rolle, ob eine Benachteiligung in eine erhöhte Verpflichtung oder in eine erhöhte Begünstigung der anderen Abgabepflichtigen gekleidet sei. Die Benachteiligung verliere auch dadurch, daß sie in einer Verkürzung der Freibeträge bestehe, nicht den Charakter

[34] BVerfGE 6, 55 (77).
[35] BVerfGE 12, 151 (166).
[36] BVerfGE 28, 324.
[37] BVerfGE 12, 151 (167).

als Akt der Eingriffsverwaltung. Es ist in der Tat nicht einzusehen, wieso ein Ausschluß von staatlicher Förderung leichter zu ertragen sein sollte als eine staatliche Belastung. Schließlich bedeutet jede Besserstellung der einen Person eine Benachteiligung der anderen. Besteht somit im Ergebnis regelmäßig zwischen einer einseitigen Belastung oder einer einseitigen Förderung kein Unterschied, dann muß auch die Gestaltungsfreiheit des Gesetzgebers bei der Auswahl des zu fördernden Personenkreises im gleichen Maße beschränkt sein. Nach alledem kann es nicht darauf ankommen, ob eine steuerrechtliche Benachteiligung die Angehörigen unmittelbar oder nur indirekt über die einseitige Förderung der Alleinstehenden trifft. Diese Erkenntnis gilt auch für ein einseitig „steuerrechtliches Mißtrauen" gegenüber Angehörigen. Unabhängig davon, ob die Angehörigen erhöhten Nachweispflichten oder die Alleinstehenden verringerten Nachweispflichten unterworfen werden, ist der besteuernde Staat im gleichen Maße an die Wertentscheidung des Art. 6 Abs. 1 GG gebunden.

III. Gerechtigkeitsvorstellungen der Allgemeinheit

Ohne im einzelnen näher auf die Bedeutung des Art. 6 Abs. 1 GG als besonderer Gleichheitssatz einzugehen, rechtfertigt das Bundesverfassungsgericht[38] wiederholt eine steuerrechtliche Benachteiligung von Ehe und Familie mit den Gerechtigkeitsvorstellungen der Allgemeinheit. Eine durch den besonderen Gleichheitssatz des Art. 6 Abs. 1 GG verbotene Benachteiligung von Ehe und Familie liege erst dann vor, wenn die Ungleichbehandlung den Gerechtigkeitsvorstellungen der Allgemeinheit widerspreche.

Diese Aussage des Bundesverfassungsgerichts zu den Gerechtigkeitsvorstellungen der Allgemeinheit läßt die boshafte Bemerkung Isensees[39] über den Verfassungsprozeß als „Wert-Roulette" verständlich werden. H. Goerlich[40] hält die Gerechtigkeitsvorstellungen der Allgemeinheit in der ihnen zugedachten Rolle als entscheidungstragende Erkenntnis für ungeeignet, das rechtsstaatliche Gebot zur rationalen Urteilsbegründung zu erfüllen.

Es kann sich an dieser Stelle erübrigen, auf die Bedeutung des besonderen Gleichheitssatzes des Art. 6 Abs. 1 GG näher einzugehen, sofern diese Gerechtigkeitsvorstellungen in keiner Hinsicht ein Sachargument für eine wie auch immer geartete Ungleichbehandlung sein können. Die Gerechtigkeitsvorstellungen der Allgemeinheit sind ein offener, objektiv nicht eingrenzbarer Begriff. Ein Urteil auf dieser Grundlage erlaubt in großem Maße beliebige Entscheidungen. Der

---

[38] BVerfGE 17, 210 (216); 23, 74 (79 ff.); 23, 258 (264).

[39] NJW 1977, 454 (457).

[40] Wertordnung, S. 64, 135.

Ausdruck Gerechtigkeitsvorstellungen der Allgemeinheit ist irreführend. Er verdeckt, daß letztlich allein die Wertvorstellungen des Gerichtes, nicht die der Allgemeinheit den Ausschlag geben. Denn es kann nur der Richter sein, der nach seinen persönlichen Erkenntnissen (und Vorurteilen) darüber befindet, was die Allgemeinheit noch für gerecht hält. Der Bezug auf die Gerechtigkeitsvorstellungen der Allgemeinheit lenkt ab von dem Gebot der Bindung an Gesetz und Recht (Art. 20 Abs. 3 GG). Die von allen Rechtsphilosophen zu allen Zeiten immer wiederholte Frage nach der Gerechtigkeit[41] kann nicht unabhängig von dem gesetzten Recht, dem Gesetz beantwortet werden. Zwar ist das gesetzte Recht nicht die einzige Quelle des Rechts[42], aber es setzt Eckdaten. Gerade hierin liegt der Sinn der wertorientierten Auslegung der Verfassung. Die Wertentscheidungen des Verfassungsgebers, niedergelegt in der Verfassung, bestimmen verbindlich, welche der vielfältigen möglichen gerechten Entscheidungen in diesem Staat die relativ gerechten sein sollen. Jene Beziehungen zwischen Gerechtigkeit und Gesetz scheinen vom Bundesverfassungsgericht umgekehrt zu werden. Nach seiner Ansicht ist Art. 6 Abs. 1 GG erst dann verletzt, wenn Maßnahmen den Gerechtigkeitsvorstellungen der Allgemeinheit widersprechen. Nicht Art. 6 Abs. 1 GG würde damit konkretisieren, was in diesem Staat nach dem Willen des Verfassungsgebers gerecht sein soll, sondern die Gerechtigkeitsvorstellungen der Allgemeinheit würden letztlich den Inhalt des Art. 6 Abs. 1 GG bestimmen. Wäre das richtig, dann wäre Art. 6 Abs. 1 GG überflüssig.

Art. 6 Abs. 1 GG verlangt indessen mehr als nur die Berücksichtigung der Gerechtigkeitsvorstellungen der Allgemeinheit. Es wird der Allgemeinheit durch Art. 6 Abs. 1 GG zwingend auferlegt, die Ehe und Familie notfalls auch über jene allgemeinen Gerechtigkeitsvorstellungen hinaus zu schützen. Art. 6 Abs. 1 GG konkretisiert, was in diesem Staat die relative Gerechtigkeit ist. Nicht die Gerechtigkeitsvorstellungen der Allgemeinheit bestimmen den Gehalt von Art. 6 Abs. 1 GG, sondern Art. 6 Abs. 1 GG bestimmt das Maß der Gerechtigkeit, das die Allgemeinheit zu beachten hat. Das Argument von den Gerechtigkeitsvorstellungen ist damit insoweit untauglich, als es anstelle von Art. 6 Abs. 1 GG als reduzierte Schutzformel von Ehe und Familie gebraucht wird. Keinesfalls können hierdurch steuerrechtliche Benachteiligungen von Ehe und Familie gerechtfertigt werden. Insbesondere verbietet es sich deshalb, ein einseitig „steuerrechtliches Mißtrauen" zu Lasten der Angehörigen über die Gerechtigkeitsthese als sachgerecht zu erklären und hieraus die verfassungsrechtliche Zulässigkeit zu befürworten.

---

[41] Statt vieler: *Kelsen*, Gerechtigkeit, passim, m. w. N.; zur Gerechtigkeit im Steuerrecht statt vieler: *Vogel*, DStZ-A 1977, 1 (6 ff.) m. w. N.

[42] *Kirchhof*, Festgabe 25 Jahre BVerfG, S. 50 (53 ff.).

IV. Natur der Sache

Das Bundesverfassungsgericht verwendet die These von der Natur der Sache wie schon die Argumentation mit den Gerechtigkeitsvorstellungen der Allgemeinheit dazu, um die Verfassungsmäßigkeit von Ungleichbehandlungen im Steuerrecht zum Nachteil von Ehe und Familie zu überprüfen. Auch hier fragt es sich, ob die Argumentation mit der Natur der Sache überhaupt — oder zumindestens für die hier untersuchte Problematik — geeignet sein kann, eine benachteiligende Ungleichbehandlung der Ehe und Familie zu rechtfertigen.

1. Ansicht des Bundesverfassungsgerichts

In dem Beschluß zur Ehegattenbesteuerung begründet das Bundesverfassungsgericht[43] das Verbot der Benachteiligung der Ehe wie folgt: Art. 6 Abs. 1 GG verbiete als wertentscheidende Grundsatznorm zwar nicht, mit dem Tatbestand der Eheschließung wirtschaftliche Rechtsfolgen zu verknüpfen. Erlaubt seien sicherlich wirtschaftliche Rechtsfolgen begünstigender Art. Unbedenklich seien auch solche wirtschaftlich benachteiligenden Rechtsfolgen, die sich aus der Natur der Sache, dem Wesen von Ehe und Familie ergeben. Dieses gelte beispielsweise für die traditionellen Bereiche des Familienrechts oder auch für die staatliche Fürsorgeverwaltung, die Teile der traditionellen Pflichten der Großfamilie übernommen habe. Ganz offensichtlich aber ließen sich für den Bereich des Abgabenrechts[44] wirtschaftlich nachteilige Rechtsfolgen für Angehörige nicht damit rechtfertigen, dieses liege in der Natur der Sache. Das Steuerrecht könne allenfalls eine steuerrechtliche Besserstellung der Ehegatten begründen. Die höhere sittliche Bewertung des Status der Ehe sei nicht mit einer steuerrechtlichen Benachteiligung zu vereinbaren.

In späteren Entscheidungen wiederholt das Bundesverfassungsgericht[45] ausdrücklich: Im Abgabenrecht liegt die Anknüpfung an den Ehestand nicht in der Natur der Sache; durch Steuernormen dürfe allenfalls eine Besserstellung der Ehe und Familie begründet werden. Anknüpfungspunkt für eine steuerrechtliche Mehrbelastung dürfen, so bekräftigt das Bundesverfassungsgericht[46], allein wirtschaftliche Lebenssachverhalte, nicht aber Ehe- oder Familienbeziehungen sein. In einem jüngeren Beschluß zur Sonderausgabenpauschale begründet das Bundesverfassungsgericht[47] die Vereinbarkeit einer Steuernorm mit Art. 6

---

[43] BVerfGE 6, 55 (76).

[44] Ebd. S. 79.

[45] BVerfGE 12, 151 (169); 13, 290 (303); 19, 226 (230 f.); 26, 321 (325).

[46] BVerfGE 18, 97 (107); ebenso für Sozialversicherungsrecht BVerfGE 28, 104 (112).

[47] BVerfGE 32, 260 (268).

Abs. 1 GG wie folgt: Der Gesetzgeber dürfe auch durch Steuergesetze Verheiratete im Ergebnis schlechterstellen als Ledige, wenn sich hierzu einleuchtende Sachgründe aus der Lebens- und Wirtschaftsgemeinschaft ergeben, die typischerweise zwischen Ehegatten bestehe. Dabei stützt sich das Bundesverfassungsgericht auf die Entscheidung zur Wohnungsbauprämie[48]. In ihr heißt es sinngemäß, eine wirtschaftliche Benachteiligung der Ehegatten durch das Steuerrecht sei hinzunehmen, wenn durch einseitige Förderungsmaßnahmen zugunsten von Alleinstehenden der Tatsache Rechnung getragen werde, daß Ehegatten typischerweise bestimmte Ausgaben nicht erwüchsen[49]. Hierbei verweist das Bundesverfassungsgericht[50] über eine Kette von Zitaten auf die Ausführungen in dem Beschluß zur Ehegattenbesteuerung[51], wonach die Ehe Anknüpfungspunkt für wirtschaftliche Rechtsfolgen sein könne, soweit sie der Natur des geregelten Lebensverhältnisses angemessen seien. Weder im Beschluß zur Sonderausgabenpauschale[52] noch in dem Beschluß zur Wohnungsbauprämie[53] werden die Folgerungen des Beschlusses zur Ehegattenbesteuerung erwähnt, wonach zwar wirtschaftlich nachteilige Rechtsfolgen für Ehegatten aus der Natur der Sache gerechtfertigt sein könnten — so beispielsweise im Familien- und Fürsorgerecht —, daß dieses aber ganz offensichtlich nicht für das Abgabenrecht gelte. Im Beschluß zur Wohnungsbauprämie wird die Begründung einer „aus der Natur der Sache gerechtfertigten“ steuerrechtlichen Benachteiligung von Ehe und Familie durch den Hinweis auf die unter Angehörigen typischerweise bestehende Lebens- und Wirtschaftsgemeinschaft und den damit verbundenen leistungssteigernden Haushaltsersparnissen bekräftigt. Dem ist nochmals der Beschluß zur Ehegattenbesteuerung[54] gegenüberzustellen: Eine angeblich höhere Leistungsfähigkeit der Ehegatten durch die Ersparnisse gemeinsamer Haushaltsführung dürfe nicht allein zu einer Benachteiligung derjenigen Haushaltsgemeinschaften führen, die ehelich seien.

2. *Stellungnahme*

Die Argumentation des Bundesverfassungsgerichts mit der Natur der Sache ist zum Teil im Schrifttum[55] auf herbe Kritik gestoßen. Die Kri-

[48] BVerfGE 17, 210 (217).

[49] So auch BVerfGE 14, 34 (40 ff.).

[50] BVerfGE 17, 210 (219).

[51] BVerfGE 6, 55 (77).

[52] BVerfGE 32, 260.

[53] BVerfGE 17, 210.

[54] BVerfGE 6, 55 (78).

[55] u. a. *Dreier*, Natur der Sache, S. 79 ff., 127; *Dürig* in Maunz / Dürig / Herzog, GG Art. 3 Rdnr. 311 („Kurzschluß“) m. w. N.; *Rupp*, Festgabe 25 Jahre BVerfG, S. 346 (372) („Leerformel“); *Schmidt*, JZ 1967, 402 passim m. w. N.; *Seißer*, Gleichheitssatz, S. 47 ff.

tik gilt der grundsätzlichen Verwendung dieser Argumentationsformel in Gerichtsentscheidungen[56]. Nicht untersucht wird hingegen die Berechtigung dieser Formel für die steuerrechtliche Mehrbelastung von Ehe und Familie. Selbst wenn aber den grundsätzlichen Bedenken gegen die ohnehin nur als Hilfsbegründung verwandte These von der Natur der Sache nicht gefolgt wird, bleibt immer noch die Frage offen, ob aus ihr eine benachteiligende Ungleichbehandlung von Ehe und Familie gerechtfertigt werden kann. Die Ansichten des Bundesverfassungsgerichts zur Natur der Sache sind widersprüchlich. Auffallend ist die Methode. Kommt das Bundesverfassungsgericht zu dem Ergebnis, eine steuerrechtliche Mehrbelastung von Ehe und Familie sei verfassungswidrig, dann wird diese Schlußfolgerung mit der Ansicht untermauert, abgabenrechtliche, nachteilige Bestimmungen zu Lasten von Ehe und Familie ließen sich nicht aus der Natur des geregelten Lebenssachverhaltes begründen. Wird hingegen die Verfassungsmäßigkeit einer steuerrechtlichen Benachteiligung von Ehe und Familie durch eine einseitige Förderung der Alleinstehenden befürwortet[57], dann wird gegensätzlich argumentiert: Auch im Steuerrecht könne die Ehe und Familie ein Anknüpfungspunkt für wirtschaftlich nachteilige Rechtsfolgen sein.

Indessen kann die Berechtigung einer steuerrechtlichen Benachteiligung von Ehe und Familie aus der Natur der Sache nicht davon abhängen, ob die Benachteiligung durch einseitige Mehrbelastung von Ehe und Familie oder durch einseitige Förderung der Alleinstehenden erreicht wird. Es widerspricht der Logik, zu unterschiedlichen Erkenntnissen über die Natur der Sache zu gelangen je nach dem, ob Steuergesetze die Ehe und Familie zum positiven Tatbestandsmerkmal einer Mehrbelastung oder zum negativen Tatbestandsmerkmal einer Förderung bestimmen. In jedem Fall bleibt eine Benachteiligung. Entweder können Ehe und Familie grundsätzlich aus der Natur der Sache gerechtfertigte Tatbestandsmerkmale im Abgabenrecht sein oder nicht; entweder kann die Ehe beispielsweise ein erhöhtes Leistungsvermögen bzw. geringere Aufwendungen für den Lebensbedarf begründen oder nicht. Das Bundesverfassungsgericht gelang zu seinen widersprüchlichen Ansichten durch eine Kette von Verweisungen auf ältere Urteile, von denen jeweils nur bruchstückhaft Aussagen übernommen werden. So ging das Bundesverfassungsgericht[58] ursprünglich von zwei Fallmöglichkeiten erlaubter Verwendung der Tatbestandsmerkmale Ehe und Familie als Anknüpfungspunkte für wirtschaftliche Rechtsfolgen aus:

---

[56] Seit BVerfGE 1, 14 (52) st. Rspr.

[57] BVerfGE 14, 34 (40 f.) (Altersfreibetrag); 17, 210 (217) (Wohnungsbauprämie); 32, 260 (268) (Sonderausgabenpauschale).

[58] BVerfGE 6, 55 (76).

1. Begünstigung von Ehe und Familie (z. B. durch Steuervergünstigungen),
2. Regelungen, soweit sie der Natur der Sache entsprechen (z. B. Familienrecht, nicht aber Steuerrecht).

Diesen Grundsatz wiederholt das Bundesverfassungsgericht[59] später in gekürzter abgewandelter Form: Ehe und Familie können Tatbestandsmerkmal wirtschaftlicher Rechtsfolgen sein, soweit dies der Natur der Sache entspreche. Diese gekürzte Fassung dient schließlich zum Beleg der Richtigkeit der Erkenntnis[60], Ehe und Familie könnten in belastenden Steuernormen gesetzliche Tatbestandsmerkmale sein, da sie auch Anknüpfungspunkte für wirtschaftliche Rechtsfolgen sein könnten.

Eine richtige Antwort auf die Frage nach der Berechtigung des Argumentes der Natur der Sache bei der Besteuerung von Ehe und Familie muß von dem Zweck der belastenden Steuernorm ausgehen. Erst dann kann entschieden werden, ob sich die Benachteiligung als natürliche Folge der ehelichen oder familiären Beziehung ergibt. Dementsprechend können der Ehe und Familie nur dann höhere Steuerlasten auferlegt werden, sei es durch eine Begünstigung der Alleinstehenden oder sei es die Benachteiligung der Angehörigen, wenn durch die konkrete Besteuerung dem Prinzip der Besteuerung nach Leistungsfähigkeit Rechnung getragen werden soll und der Tatbestand der Ehe oder Familie ein erhöhtes Leistungsvermögen begründet. Entsprechend kann ein besonderes steuerrechtliches Mißtrauen den Angehörigen gegenüber aus der Natur der Sache nur dann gerechtfertigt werden, wenn die Gründe des Mißtrauens untrennbar mit dem Wesen von Ehe und Familie verbunden sind.

Nun begründet sich in der Tat das steuerrechtliche Mißtrauen gegenüber den Verträgen zwischen Angehörigen gerade auf die ehelichen oder familiären Beziehungen, die das „In-einen-Topf-Wirtschaften" ermöglicht. Indessen ist scharf zu trennen zwischen den Wesensmerkmalen von Ehe und Familie und den akzidentiellen, typischen Merkmalen der Ehe und Familie.

Das Mißtrauen gegenüber den Verträgen zwischen Angehörigen hat letztlich seine Ursache in dem fehlenden wirtschaftlichen Interessengegensatz in Ehe und Familie. Es gibt indessen darüber hinaus eine Reihe anderer Fälle[61], in denen zwischen Vertragsparteien dieser Interessengegensatz gleichermaßen fehlt. Schon daran zeigt sich, daß dieses

[59] BVerfGE 9, 237 (247 f.).
[60] BVerfGE 17, 210 (219).
[61] s. o. § 1 B.

Mißtrauen nicht aus dem Wesen der Ehe oder Familie zu begründen ist, sondern auf einen Umstand, der für Angehörige nur typischerweise gegeben ist. Noch deutlicher wird die Unterscheidung zwischen typischen, akzidentiellen Umständen und Wesensmerkmalen bei der steuerrechtlichen Mehrbelastung der Angehörigen aus Gründen der erhöhten Leistungsfähigkeit. Eine erhöhte Leistungsfähigkeit und damit ein Recht zu einer erhöhten Besteuerung kann zu Lasten der Ehegatten aus der Tatsache abgeleitet werden, daß diese jeder für sich durch die Ersparnisse der gemeinsamen Haushaltsführung geringere Aufwendungen für die Lebenshaltung haben als Alleinstehende. Doch auch diese Haushaltsersparnisse sind keine Wesensmerkmale der Ehe, sondern die einer Wirtschafts- und Unterhaltsgemeinschaft. Die außerehelichen Wirtschaftsgemeinschaften können die Ersparnisse in gleicher Weise erzielen. Damit ist die vom Bundesverfassungsgericht[62] vertretene Auffassung richtig, Anknüpfungspunkt einer steuerrechtlichen Mehrbelastung könnten nur wirtschaftliche Sachverhalte, nicht aber Ehe und Familie sein. In gleicher Weise kann der Anknüpfungspunkt eines „steuerrechtlichen Mißtrauens" nur der Tatbestand des fehlenden Interessengegensatzes, nicht aber der von Ehe und Familie sein. Aus der Natur der Sache läßt sich damit eine steuerrechtliche Benachteiligung wegen des erhöhten Mißtrauens gegenüber Angehörigen nicht rechtfertigen. Offenbleiben muß hier aber noch die Frage, ob die in der Ehe und Familie typischen, akzidentiellen Merkmale eines fehlenden Interessengegensatzes es rechtfertigen, mit dem Argument zulässiger Typisierung den Tatbestand von Ehe und Familie mit steuerrechtlichen Nachteilen zu verbinden. Auf diese Frage muß auch derjenige verwiesen werden, der den Begriff von der Natur der Sache nicht in der dargestellten, engen Weise versteht, sondern typische Erscheinungen in Ehe und Familie mit dem Wesen, der Natur der Ehe und Familie gleichsetzt.

V. Typisierende Benachteiligungen

Die Ausführungen zu den Gerechtigkeitsvorstellungen der Allgemeinheit und zur Natur der Sache haben gezeigt, daß diese Argumentationsformeln auf keinen Fall sachgerechte Gesichtspunkte einer steuerrechtlichen Benachteiligung und damit eines besonderen „steuerrechtlichen Mißtrauens" gegenüber Angehörigen sein können. Insoweit ist es unerheblich, welche Bedeutung Art. 6 Abs. 1 GG als besonderem Gleichheitssatz zukommt und wie sich dieser besondere Gleichheitssatz zu dem allgemeinen Gleichheitssatz des Art. 3 Abs. 1 GG verhält. Mehr Gewicht kann indessen das Argument vom Zwang zur Typisierung

---

[62] BVerfGE 18, 97 (107); 28, 104 (112).

haben. Das Bundesverfassungsgericht[63] hat wiederholt die Ansicht vertreten, auch das besondere Gleichheitsgebot des Art. 6 Abs. 1 GG lasse eine typisierende Benachteiligung von Ehe und Familie zu. Mit der Typisierung sind jene Fallgruppen umschrieben, in denen sich der Gesetzgeber darauf beschränkt, nur die typischen, nach dem Normzweck des Gesetzes zu treffenden Personengruppen zu belasten. Es wird dabei in Kauf genommen, daß andere nach dem Gesetzeszweck zu belastende Gruppen nicht erfaßt werden, oder daß nicht alle Angehörigen der als typisch normierten Personengruppe auch tatsächlich die als typisch angesehenen Voraussetzungen erfüllen. So fragt es sich hier, ob der Gefahr von Schein- und Umgehungsgeschäften dadurch begegnet werden darf, daß allein die Angehörigen als typische Personengruppe besonderen Vorschriften unterworfen werden, obwohl eine solche Gefahr bei allen Personen ohne Interessengegensatz (z. B. Freundschaften, Konzerne) gleichermaßen besteht und obwohl sicher viele Angehörigen steuerehrlich sind. Die Frage nach der zulässigen Typisierung zu Lasten von Ehe und Familie ist damit das Kernproblem der Auslegung des Art. 6 Abs. 1 GG als besonderer Gleichheitssatz. Daneben kann die Argumentation mit der Natur der Sache und mit den Gerechtigkeitsvorstellungen der Allgemeinheit nur eine untergeordnete Bedeutung haben.

Die Eigenart des besonderen Gleichheitssatzes des Art. 6 Abs. 1 GG im Vergleich zum allgemeinen Gleichheitssatz des Art. 3 Abs. 1 GG muß sich in einer unterschiedlichen Fragestellung zeigen: Für Art. 3 Abs. 1 GG ist es entscheidend, ob eine typisierende Ungleichbehandlung oder Gleichbehandlung noch als sachgerecht angesehen werden können. Hingegen muß es für Art. 6 Abs. 1 GG darauf ankommen, ob eine typisierende Ungleichbehandlung oder eine typisierende Gleichbehandlung zu Lasten der besonders geschützten Gruppen von Ehe und Familie überhaupt zulässig sind und gegebenenfalls in welchem Ausmaße.

1. Ansicht des Bundesverfassungsgerichts

a) Verhältnis des besonderen Gleichheitssatzes des Art. 6 Abs. 1 GG zum allgemeinen Gleichheitssatz des Art. 3 Abs. 1 GG

Der Inhalt und die Wirkungsweise des Art. 6 Abs. 1 GG als besonderer Gleichheitssatz im Verhältnis zu Art. 3 Abs. 1 GG als allgemeiner Gleichheitssatz werden in dem Beschluß zur Ehegattenbesteuerung[64]

[63] BVerfGE 17, 1 (23); 17, 210 (221); 19, 101 (116); 22, 163 (169); 28, 324 (356); 29, 57 (67).

[64] BVerfGE 6, 55 (71).

nur angedeutet. Erst später nimmt das Bundesverfassungsgericht[65] näher zu dem Konkurrenzproblem Stellung. Demnach präge Art. 6 Abs. 1 GG wie alle besonderen Wertentscheidungen des Grundgesetzes den Gleichheitssatz nach bestimmten Richtungen aus. Der allgemeine Ermessensspielraum des Gesetzgebers, nach Art. 3 Abs. 1 GG selbst zu bestimmen, was gleich und ungleich sein solle, sei eingeschränkt. Es seien diejenigen Unterscheidungen verfassungswidrig, die dem im Wertsystem ausgedrückten Willen des Verfassungsgebers widersprächen, einem bestimmten Lebensbereich oder einem bestimmten Lebensverhältnis besonderen Schutz angedeihen zu lassen[66]. In diesem Sinne sei Art. 6 Abs. 1 GG stets dann alleiniger Prüfungsmaßstab für die Gleich- oder Ungleichbehandlung von Alleinstehenden gegenüber Angehörigen, wenn eine Steuernorm an den Tatbestand von Ehe oder Familie anknüpfe. In diesem Bereich schließe die spezielle Vorschrift des Art. 6 Abs. 1 GG die allgemeine des Art. 3 Abs. 1 GG aus[67]. Gleichwohl könne Art. 3 Abs. 1 GG wegen der stärkeren Beziehung zum Sachverhalt die geeignetere Prüfungsnorm sein; in diesen Fällen sei jedenfalls die Wertentscheidung des Art. 6 Abs. 1 GG im Rahmen der Auslegung des Art. 3 Abs. 1 GG konkretisierend zu berücksichtigen[68]. Führe hingegen eine Besteuerung ohne Rücksicht auf eheliche oder familiäre Bindungen zu wirtschaftlich nachteiligen Folgen für die Angehörigen, komme eine Verletzung des Art. 6 Abs. 1 GG jedenfalls als Benachteiligungsverbot nicht in Betracht[69].

Neben diesem Grobraster über das Verhältnis von Art. 6 Abs. 1 GG zu Art. 3 Abs. 1 GG enthalten die Entscheidungen des Bundesverfassungsgerichts wenig Einzelheiten über eine klare Abgrenzung zwischen dem allgemeinen und dem besonderen Gleichheitssatz. Unter anderen beruft sich aber das Bundesverfassungsgericht[70] auf seinen allgemeinen Grundsatz, daß solche Regelungen hinzunehmen seien, die nur in bestimmten Ausnahmefällen die unbeabsichtigte Nebenfolge hätten, sich als Beschwer der Ehe auszuwirken. Das gelte insbesondere dann, wenn ein mittelbarer Nachteil offenbar durch die gesetzlichen Bestimmungen nicht erstrebt war und die Ehegatten nicht allgemein oder in einer beachtlichen und rechtlich selbständig erfaßbaren Gruppe treffe[71]. Indessen werde aber die Verfassungswidrigkeit einer Regelung nicht dadurch ausgeschlossen, daß diese sich nur in einer geringen Zahl von

---

[65] BVerfGE 9, 237 (243); 13, 293 (298 f.); 18, 257 (269).

[66] BVerfGE 17, 210 (217); 35, 79 (114).

[67] BVerfGE 28, 324 (347).

[68] BVerfGE 13, 290 (298); 18, 257 (269).

[69] BVerfGE 28, 104 (112).

[70] BVerfGE 6, 55 (77).

[71] BVerfGE 12, 151 (176); 15, 328 (334).

Fällen belastend auswirke[72], z. B. nur begüterte Familien treffe[73]. Auch sei allein die Tatsache der Benachteiligung entscheidend, nicht aber, mit welchen Mitteln der Staat eingreife[74]. Hinzunehmen seien gesetzliche Benachteiligungen aber dann, wenn im Zusammenhang mit der benachteiligenden Norm dem betroffenen Personenkreis Vergünstigungen zugestanden würden, welche die Regelung insgesamt eheneutral machten[75].

b) Typisierende Maßnahmen zur Verhinderung der Steuerumgehung

Das Bundesverfassungsgericht hat sich mehrfach mit typisierenden Regelungen zur Verhinderung von Steuerumgehungen befaßt und zwar sowohl unter dem Gesichtspunkt des allgemeinen Gleichheitssatzes (s. u. aa) als auch unter dem Gesichtspunkt des besonderen Gleichheitssatzes des Art. 6 Abs. 1 GG (s. u. bb). Hierbei wird die Zulässigkeit der Typisierung an einer Reihe von Gesichtspunkten geprüft: Qualität, Quantität und Praktikabilität der typisierenden Regelung.

aa) Maßstab des allgemeinen Gleichheitssatzes

Eine typisierende benachteiligende Regelung zur Verhinderung der Steuerumgehung hat das Bundesverfassungsgericht[76] im Rahmen des allgemeinen Gleichheitssatzes des Art. 3 Abs. 1 GG wie folgt befürwortet:

„Die Verhinderung von Steuerumgehungen ist ein legitimes Ziel der Rechtsprechung in Steuersachen (BVerfGE 13,290(316)). Praktikabilitätserwägungen und verwaltungstechnische Gesichtspunkte können im Rahmen der Mißbrauchsbekämpfung bei der Prüfung der Steuergerechtigkeit (Art. 3 Abs. 1 GG) durchaus von Bedeutung sein (BVerfGE 6,55(83 f.); 13,290(316)). Es ist nicht sachfremd, in diesem Bereich auf die allgemeinen steuerrechtlichen Grundsätze der Steuerklarheit abzustellen. Ist die Mißbrauchsgefahr in einem Kreis tatsächlicher Gestaltungsformen erfahrungsgemäß größer als vor einem anderen Kreis, so verbietet Art. 3 Abs. 1 GG nicht, zwischen diesen verschiedenen Sachverhalten zu differenzieren. Daher ist es nicht willkürlich, in dem dem Mißbrauch mehr ausgesetzten Bereich schärfere rechtliche Anforderungen zu stellen, wenn diese an die tatsächlichen Verschiedenheiten anknüpfen und geeignet sind, der Mißbrauchsgefahr vorzubeugen.“

bb) Maßstab des besonderen Gleichheitssatzes

Zur Steuerumgehung durch Ehegatten und Familienangehörige hat das Bundesverfassungsgericht wiederholt Stellung genommen: Danach

---

[72] BVerfGE 23, 74 (83).

[73] BVerfGE 18, 97 (107).

[74] BVerfGE 13, 290 (299); 15, 328 (330 f.); 16, 203 (210).

[75] BVerfGE 11, 50 (59); 12, 151 (167 f.); 12, 180 (191); 15, 228 (333).

[76] BVerfGE 22, 156 (161).

sei es mit Art. 6 Abs. 1 GG nicht zu vereinbaren, eine unwiderlegbare gesetzliche Vermutung der Steuerumgehungsabsicht zu Lasten von Ehe und Familie typisierend zu normieren[77]. Das Bundesverfassungsgericht[78] sieht zwar die Gefahr einer Steuerumgehung, doch warnt es ausdrücklich davor, diese Möglichkeit bei Verträgen zwischen Angehörigen zu überschätzen. Wörtlich hat es[79] ausgeführt:

„Auch die Absicht des Gesetzgebers, Steuerumgehungen zu verhindern und die Finanzämter davon zu befreien, im Einzelfall das Vorliegen eines Umgehungstatbestandes nachzuweisen, kann nicht als ausreichender Grund für die benachteiligende Regelung anerkannt werden.

Es mag zutreffen, daß die Gefahr von Steuerumgehunden bei Ehegatten wegen deren gemeinsamen wirtschaftlichen Interessen größer ist als bei nicht miteinander verheirateten Personen. Erwägungen dieser Art vermögen indessen die getroffene Regelung verfassungsrechtlich nicht zu legitimieren. Zwar können Praktikabilitätserwägungen von Bedeutung sein, wenn ein Steuergesetz nur am Maßstabe des Art. 3 Abs. 1 GG zu prüfen ist. Die Praktikabilität muß jedoch hinter der besonderen Wertentscheidung des Art. 6 Abs. 1 GG zurücktreten, die hier den gesetzgeberischen Gestaltungsfreiraum des Art. 3 Abs. 1 GG einschränkt. Der Vorrang verfassungsrechtlicher Wertentscheidungen verbietet es, Zweckmäßigkeitserwägungen unter Verletzung solcher Wertentscheidungen voranzustellen (BVerfGE 6,55(83 f.); 13,290(316 f.)). Aus diesem Grunde geht es nicht an, in jedem Fall eine Steuerumgehungsabsicht der Ehegatten unwiderlegbar zu vermuten. Vielmehr bestehen andere rechtliche Möglichkeiten — neue gesetzliche Regelungen oder jedenfalls die Anwendung der bestehenden Vorschriften (§§ 5 und 6 Abs. 1 und 2 StAnpG) —, um Steuerumgehungen zu bekämpfen[80]."

Das Bundesverfassungsgericht unterstützt seine Auffassung mit dem Hinweis, die Gefahr von Steuerumgehungen sei kaum geringer bei bloßen Freundschaftsverhältnissen, gemeinsamen wirtschaftlichen Interessen oder tatsächlichen Abhängigkeitsverhältnissen[81].

Diesen Ausführungen gegenüberzustellen ist nochmals die schon zitierte[82] Auffassung des Bundesverfassungsgerichts[83], der Gesetzgeber sei nicht gehindert, zu Lasten von Ehe und Familie besondere gesetzliche Bestimmungen zu normieren, die lediglich die Umgehung der Steuerpflicht durch eine vorgeschobene zivilrechtliche Verteilung der Einkünfte zwischen Ehegatten verhindern sollen.

---

77 BVerfGE 9, 237 (244 f.); 13, 290 (317); 29, 104 (108).
78 BVerfGE 9, 237 (244); 13, 290 (317).
79 BVerfGE 26, 321 (326 f.).
80 Vgl. auch BVerfGE 9, 237 (244 f.); 13, 290 (317); 29, 104 (118).
81 BVerfGE 16, 206 (209 f.).
82 s. o. § 4 B Fußnoten 8, 9.
83 BVerfGE 6, 55 (84).

2. *Ansichten im Schrifttum*

Im Schrifttum ist keine Untersuchung ersichtlich, die sich mit der Rechtsprechung des Bundesverfassungsgerichts zu Art. 6 Abs. 1 GG als besonderem Gleichheitssatz und dessen Bedeutung für das Steuerrecht umfassend kritisch auseinandergesetzt hat. Im allgemeinen wird die Rechtsprechung des Bundesversassungsgerichts ohne weitere Prüfung wiedergegeben[84]. Soweit kritische Stellungnahmen vorliegen, befassen sie sich nur mit einzelnen Urteilen, ohne die Rechtsprechung des Bundesverfassungsgerichts im Zusammenhang zu würdigen[85].

Das verfassungsrechtliche Schrifttum begnügt sich mit allgemeinen Aussagen zu Art. 6 Abs. 1 GG, ohne konkrete eigene Antworten auf die steuerrechtliche Problematik zu geben; das steuerrechtliche Schrifttum argumentiert am konkreten Einzelfall allein mit Normen des Steuerrechts, ohne grundlegend auf Art. 6 Abs. 1 GG einzugehen[86].

Das Schrifttum gibt somit für eine umfassende Analyse der Bedeutung des Art. 6 Abs. 1 GG für die Besteuerung der Ehe und Familie wenig her. Allenfalls zur Erörterung von Einzelheiten kann deshalb auf das Schrifttum zurückgegriffen werden.

3. *Stellungnahme*

Jede Form der gesetzgeberischen Typisierung ist zunächst am allgemeinen Gleichheitssatz des Art. 3 Abs. 1 GG zu messen. Der Gleichheitssatz bestimmt, inwieweit der Gesetzgeber tatsächlich unterschiedliche Lebenssachverhalte einheitlich regeln und inwieweit er bei tatsächlich gleichen Lebenssachverhältnissen nur die typischen Gruppen in eine Regelung einbeziehen darf. Für die Besonderheit benachteiligender Typisierungen zu Lasten von Ehe und Familie stellt sich diese Frage erneut, aber speziell mit Rücksicht auf den in Art. 6 Abs. 1 GG angeordneten besonderen Schutz von Ehe und Familie.

a) Anwendungsbereich des Art. 6 Abs. 1 GG

Den Ausführungen des Bundesverfassungsgerichts zum Anwendungsbereich des Art. 6 Abs. 1 GG im Verhältnis zu Art. 3 Abs. 1 GG ist nichts hinzuzufügen. Es ist im Ergebnis unerheblich, ob Art. 6 Abs. 1

---

84 *Hamann / Lenz*, GG Art. 6 B 3 b; *Maunz* in Maunz / Dürig / Herzog, GG Art. 6 Rdnr. 21; *E.-V. v. Münch*, in v. Münch, GG Art. 6 Rdnr. 12; *Scheffler* in Bettermann / Nipperdey / Scheuner, Grundrechte, Bd. IV 1, 246 (319 ff.); *Schmidt-Bleibtreu / Klein*, GG Art. 6 Rdnr. 7.

85 So notwendigerweise für die erste Entscheidung über die Ehegattenbesteuerung: *Bachoff*, JZ 1957, 273; *Böttcher / Grass*, Ehegattenbesteuerung, S. 21 m. w. N.; *Klein*, DÖV 1957, 567.

86 u. a. *Tipke*, StuW 1972, 55.

GG alleinige Prüfungsnorm ist, ob Art. 6 Abs. 1 GG in Verbindung mit Art. 3 Abs. 1 GG zu prüfen ist oder ob im Einzelfall Art. 3 Abs. 1 GG wegen der stärkeren Beziehungen zum Sachverhalt allein anzuwendende Norm ist, bei deren Auslegung die Wertentscheidung des Art. 6 Abs. 1 GG zu berücksichtigen ist. Die richterliche Entscheidung muß letztlich stets die Besonderheit der Wertentscheidung des Art. 6 Abs. 1 GG beachten.

Indessen ist der Anwendungsbereich des Art. 6 Abs. 1 GG beschränkt. Der besondere Gleichheitssatz zum Schutz von Ehe und Familie kommt als Prüfungsmaßstab nur für solche Regelungen in Betracht, die eine Schlechterstellung von Angehörigen gegenüber Alleinstehenden enthalten. Wie das Bundesverfassungsgericht[87] zu Recht festgestellt hat, kann aus Art. 6 Abs. 1 GG nichts hergeleitet werden für die Berechtigung einer Gleich- oder Ungleichbehandlung zwischen verschiedenen Ehen oder zwischen verschiedenen Familien sowie für einen Vergleich zwischen Ehe und Familie.

Wirkt eine allgemeine Regelung auch für Angehörige wie für Nichtangehörige benachteiligend — sind also Ehe und Familie keine steuerrechtlichen Tatbestandsmerkmale — kann Art. 6 Abs. 1 GG nur noch verletzt sein, wenn mit dieser Gleichbehandlung ein zwingendes Förderungsgebot zugunsten von Ehe und Familie übergangen würde.

Damit bleiben nach Art. 6 Abs. 1 GG nur noch die Fälle zu prüfen, in denen der Gesetzgeber die Ehe oder die Familie zu gesetzlichen Tatbestandsmerkmalen erhoben hat. Hier sind zwei Fälle gleichbedeutend: Ehe und Familie können typisierend positiv normierte Tatbestandsvoraussetzungen einer Mehrbelastung oder eines Ausschlusses oder Beschränkung von Förderungen sein; Ehe und Familie können typisierend negativ normierte Tatbestandsvoraussetzungen des Ausschlusses oder der Beschränkung von Mehrbelastungen oder der alleinigen Förderung von Angehörigen sein.

b) Allgemeine Überlegungen zum Verhältnis von Art. 6 Abs. 1 GG zu Art. 3 Abs. 1 GG

Das Bundesverfassungsgericht[88] hat den Weg einer inhaltlichen Bestimmung des Art. 6 Abs. 1 GG durch den Hinweis vorgezeichnet, alle besonderen Wertentscheidungen der Verfassung prägten den allgemeinen Gleichheitssatz und schränkten den allgemeinen Ermessensspielraum ein[89]. Soll überhaupt dem Schutz von Ehe und Familie eine besondere Bedeutung als Gleichheitssatz zukommen — und daran be-

---

[87] BVerfGE 21, 1 (5).

[88] BVerfGE 9, 237 (243); s. o. § 4 B V 1.

[89] Weitere Nachweise: *Rupp*, Festgabe 25 Jahre BVerfG, S. 364 (368); *Seißer*, Gleichheitssatz, S. 144 ff.

stehen wegen der verfassungsrechtlichen Normierung keine Zweifel —, dann darf es nicht ausreichen, eine Typisierung zu Lasten von Ehe und Familie allein an den aus dem allgemeinen Gleichheitssatz gewonnenen Erkenntnissen zu messen. Die Bedeutung des Art. 6 Abs. 1 GG als besonderer Gleichheitssatz verlangt besondere, engere Ermessensgrenzen für den Gesetzgeber. Ehegatten und Familienangehörige bilden eine verfassungsrechtlich besonders geschützte Gruppe. Ihr gegenüber ist die Berechtigung einer Gleich- oder Ungleichbehandlung immer gesondert zu prüfen.

Zwei Wege bieten sich an, den Inhalt des Art. 6 Abs. 1 GG näher zu bestimmen. Ausgehend von dem Bedeutungsgehalt des allgemeinen Gleichheitssatzes kann die Besonderheit des Art. 6 Abs. 1 GG herausgekehrt werden. Art. 6 Abs. 1 GG kann aber auch über einen Vergleich mit anderen besonderen Gleichheitsgeboten ausgelegt werden.

In Anlehnung an den kategorischen Gleichheitssatz des Art. 3 Abs. 2, 3 GG läge es nahe, jede Form der Benachteiligung der Angehörigen zu verbieten. Doch auch Art. 3 Abs. 2, 3 GG verlangt die Gleichbehandlung nicht in dieser Absolutheit[90]. Es besteht beispielsweise kein Zwang, die natürlichen Unterschiede zwischen Mann und Frau zu ignorieren. So können diejenigen rechtlichen Unterschiede beibehalten werden, die als Konsequenz der letztlich unvergleichbaren Lebenssituation zu verstehen sind (z. B. biologische Unterschiede). In diesem Sinne kann eine Ungleichbehandlung aus der Natur der Sache, nicht aber mit dem Zwang zur Typisierung gerechtfertigt werden. Die besonderen Gleichheitsgebote des Art. 3 Abs. 2, 3 GG begründen letztlich eine Argumentationslaststeigerung[91]. Während Art. 3 Abs. 1 GG mit Ausnahme der recht seltenen Fälle der Willkür Ungleichbehandlungen zuläßt, erlaubt Art. 3 Abs. 2, 3 GG nur ganz ausnahmsweise eine Ungleichbehandlung, wenn die Gleichbehandlung willkürlich wäre[92]. Eine derartige Steigerung der Argumentationslast, wie sie Art. 3 Abs. 2, 3 GG enthält, gilt im Grundsatz auch für Art. 6 Abs. 1 GG. Fraglich bleibt, und das läßt sich nur aus Art. 6 Obs. 1 GG herleiten, ob der besondere Schutz von Ehe und Familie ein Differenzierungsge- und verbot in gleicher Strenge wie Art. 3 Abs. 2, 3 GG enthält. Damit wäre jede Typisierung zu Lasten von Ehe und Familie verfassungswidrig. Steuerrechtliche Sondervorschriften zur Bekämpfung der Scheingeschäfte oder der Steuerumgehung dürften deshalb nicht allein die Ehe und Familie treffen, sondern müßten zwingend auf alle vergleichbaren Lebenssachverhalte erweitert werden.

---

[90] *Dürig* in Maunz / Dürig / Herzog, GG Art. 3 Abs. 1 Rdnr. 262.

[91] *Dürig* in Maunz / Dürig / Herzog, GG Art. 3 Abs. 1 Rdnr. 269.

[92] *Dürig* in Maunz / Dürig / Herzog, GG Art. 3 Abs. 1 Rdnr. 269; *Schmidt-Bleibtreu / Klein,* GG Art. 3 Abs. 1 Rdnr. 36 ff.

Die Auslegung des besonderen Gleichheitssatzes des Art. 6 Abs. 1 GG setzt damit in jedem Falle Kenntnisse der Wirkungsweise des allgemeinen Gleichheitssatzes voraus. Die gesteigerte Argumentationslast kann nicht unabhängig von der einfachen Argumentationslast bestimmt werden. Im folgenden soll deshalb versucht werden, ausgehend von der Bedeutung des allgemeinen Gleichheitssatzes des Art. 3 Abs. 1 GG darzulegen, wo und warum Art. 6 Abs. 1 GG gegenüber dem allgemeinen Gleichheitssatz den staatlichen Gestaltungsspielraum einschränkt.

c) Bedeutung des allgemeinen Gleichheitssatzes

aa) Willkürgrenze

Der allgemeine Gleichheitssatz des Art. 3 Abs. 1 GG verbietet nur, wesentlich Gleiches willkürlich ungleich, wesentlich Ungleiches willkürlich gleich zu behandeln. Die Grenzen der Willkür sind überschritten, wenn eine Maßnahme ohne zureichende, objektiv sachliche Gründe getroffen wurde. Eine derart willkürliche Unsachlichkeit ist nicht schon dann gegeben, wenn die Regelung unter einem bestimmten Gesichtspunkt oder in einzelnen Fällen unsachlich ist. Unsachlich ist eine Regelung allein, wenn sie unter keinerlei Sachgesichtspunkten vertretbar ist. Im Einzelfall sachwidrige Folgen eines Gesetzes können durch andere, wichtigere Sachgerechtigkeiten aufgewogen werden[93].

bb) Typisierung

Wichtigstes Argument für die Sachgerechtigkeit einer im Einzelfall unbillig wirkenden Regelung ist das der notwendigen Typisierung. Jede gesetzliche Regelung muß verallgemeinern. Das führt im Einzelfall zu unvermeidbaren Härten[94]. Der Gesetzgeber kann nicht die gesamte Breite möglicher Lebenssachverhalte individuell gerecht normieren. Er kann nur die grundsätzlichen Unterschiede beachten. Welche Ungerechtigkeiten im konkreten Fall noch in Kauf zu nehmen sind, ist eine Wertungsfrage zwischen notwendiger Einzelfallgerechtigkeit und dem Zwang zu allgemein-verbindlichen Normen. Das aktuelle Steuerrecht zeigt eindringlich, wie der Versuch, die Gerechtigkeit des Einzelfalles durch eine Vielzahl individueller Sondervorschriften zu wahren, zu weitgehend unübersichtlichen Gesetzen und damit wieder zu Ungerechtigkeiten führt. Denn nur der Sachkenner vermag noch persönliche Vorteile aus den Steuergesetzen zu ziehen[95].

---

[93] Umfangreiche Nachweise der Rspr. des BVerfG bei: *Leibholz / Rinck*, GG Art. 3 Anm. 2; *Maunz* in Maunz / Dürig / Herzog, GG Art. 20 Rdnr. 117 ff.

[94] BVerfGE 11, 245 (254); 13, 21 (29); 29, 265 (275 ff.).

[95] Vgl. Steuerreformvorschläge des Finanzministers von Rheinland-Pfalz Gaddum, FAZ Nr. 134, vom 28. Juni 1978, S. 11.

Für eine Verallgemeinerung durch Gesetz gibt es zwei Ansatzpunkte: Eine Norm kann als zu umfassende Regelung auch Ausnahmefälle treffen, die nach dem Normzweck des Gesetzes nicht erfaßt werden dürfen; eine Norm kann sich als zu enge Regelung damit begnügen, nur die typischen Personengruppen zu treffen, obwohl nach dem Normzweck auch Randgruppen hätten erfaßt werden müssen. Denkbar ist auch ein Zusammentreffen beider Erscheinungen in einer Norm.

cc) Verfassungsmäßige Typisierungen im einzelnen

Eine gesetzlich vorgesehene, im Einzelfall ungerecht wirkende Gleich- oder Ungleichbehandlung kann demnach durch den Zwang zur Verallgemeinerung sachgerecht sein.

Kompensation: Unbedenklich sind im Einzelfall ungerechte Benachteiligungen, wenn diese im gleichen Regelungszusammenhang für den betroffenen Personenkreis durch andere Vorteile wieder ausgeglichen werden[96].

Quantität und Qualität: Ungerechtigkeiten sind hinzunehmen, wenn nur eine verhältnismäßig kleine Zahl von Personen betroffen werden und das Gewicht der Benachteiligung nicht zu erheblich ist[97]. Allein wegen der geringen Anzahl betroffener Personen kann hingegen nicht die Verfassungswidrigkeit einer Norm ausgeschlossen werden[98].

Bloße nicht beabsichtigte Nebenfolge: Bedenklich ist hingegen die Erkenntnis des Bundesverfassungsgerichts[99], diejenige Regelung verstoße nicht gegen Art. 3 Abs. 1 GG, deren nachteilige Rechtsfolgen sich als bloße nicht beabsichtigte Nebenfolgen einer im übrigen unbedenklichen Regelung erwiesen[100]. Nach der eigenen Rechtsprechung des Bundesverfassungsgerichts[101] ist es unerheblich, ob der Gesetzgeber die nachteiligen Folgen gesehen und gewollt hat. Ein Gesetz kann nicht deshalb verfassungsmäßig sein, weil der Gesetzgeber nachlässig ohne die notwendige Vorausschau Regelung mit unerwünschten Nebenfolgen normiert hat[102]. Auch der objektive Bezug auf bloße Nebenfolgen führt nicht weiter. Soweit Nebenfolgen durch andere Haupt- oder Nebenfolgen ausgeglichen werden, handelt es sich um die Frage zulässiger Kompensation. Fehlt ein solcher Nachteilsausgleich, dann sind belastende Nebenfolgen auch verfassungswidrig, wenn es sich um eine fernerliegende Folge handelt. In diesem Sinne hält das Bundes-

---

96 BVerfGE 11, 50 (59); 32, 260 (269) st. Rspr.

97 BVerfGE 13, 331 (341); 26, 265 (275 f.) st. Rspr.

98 BVerfGE 18, 97 (106); 23, 24 (83).

99 BVerfGE 12, 151 (176); 15, 328 (334).

100 So auch: BVerfGE 6, 55 (77); 11, 50 (58 ff.); 12, 151 (166, 168 f.).

101 BVerfGE 2, 266 (281); 4, 7 (25); 12, 151 (169).

102 *Brinkmann*, GG Art. 3 I 3 a m. w. N.; *Seißer*, Gleichheitssatz, S. 42 f.

verfassungsgericht[103] völlig zu Recht auch die Regelung für verfassungswidrig, welche die Betroffenen dem Gesetzeswortlaut nach gleichstellt, die aber in der praktischen Anwendung zu Ungleichheiten führt. Nicht der Wortlaut des Gesetzes, sondern die praktischen Folgen sind entscheidend. Es kann keinen Unterschied machen, ob sich eine Benachteiligung unmittelbar aus dem Gesetz ergibt oder mittelbar erst als weitere Folge bemerkbar wird. Somit bringt der Gedanke der unerwünschten Nebenfolge keine neuen Erkenntnisse. Mit ihm ist eine Typisierung nicht zu rechtfertigen.

Gestaltungsfreiheit bei gewährender Staatstätigkeit: Nach der Ansicht des Bundesverfassungsgerichts[104] darf der Gesetzgeber bei gewährender Staatstätigkeit in erweitertem Umfang typisieren[105]. Die Unterscheidung zwischen dem Ermessensspielraum bei gewährender Staatstätigkeit und bei Eingriffen ist oben[106] abgelehnt worden. Es bleibt im Ergebnis gleich, ob die Angehörigen durch strengere Mißbrauchsvorschriften allein aus dem großen Kreis aller Personen ohne Interessengegensatz unmittelbar schlechter gestellt werden oder ob der Kreis der durch mildere Mißbrauchsvorschriften begünstigten Personen so weit gefaßt ist, daß bis auf die Angehörigen alle anderen Personengruppen ohne Interessengegensatz an der Vergünstigung teilhaben. In jedem Fall bleibt eine Beeinträchtigung von Ehe und Familie. Der Charakter einer Förderungsnorm verkehrt sich für die ausgeschlossenen Personen zu einer Benachteiligung[107].

Praktikabilität: Wichtigster Gesichtspunkt einer sachgerechten Typisierung ist die Praktikabilität einer Norm[108]. Der Gesetzgeber kann aus tatsächlichen Gründen den gesetzlichen Tatbestand nur bis zu einem gewissen Punkt differenziert gestalten. Darüber hinaus beeinträchtigt ein zu differenziertes Gesetz dessen Verständlichkeit und damit den Anspruch des Staatsbürgers auf Rechtsschutz. Letztlich müssen Gesetze aufgrund der tatbestandlichen Regelung auch durchführbar sein. Die Tatbestände sind faßbar und bestimmt zu wählen.

dd) Schlußfolgerungen für zulässige Typisierungen nach Art. 3 Abs. 1 GG

Art. 3 Abs. 1 GG läßt keine einheitliche verbindliche Allgemeinaussage über verfassungsmäßige Typisierungen zu. Die Entscheidung kann

---

[103] BVerfGE 8, 51 (64); 24, 300 (308).

[104] BVerfGE 17; 210 (216); s. o. § 4 B II 1.

[105] Kritisch *Rupp*, Festgabe 25 Jahre BVerfG, S. 346 (377) m. w. N. aus der Rechtsprechung des BVerfG.

[106] s. o. § 4 B II 3.

[107] *Rupp*, Festgabe 25 Jahre BVerfG, S. 364 (378 f.).

[108] BVerfGE 17, 237 (254).

nur im Einzelfall aus der Abwägung der einzelnen Faktoren getroffen werden. Der Zwang zu typisierenden Normen und praktikablen Regelungen sind abzuwägen gegen die Quantität und die Qualität der Ungleichbehandlung. Je stärker und für je mehr Personen eine Regelung nachteilig wirkt, um so mehr treten die Sachargumente notwendiger Typisierung und Praktikabilität zurück. Insgesamt dürfen die einzelnen Sachgesichtspunkte einer zulässigen Typisierung eine bestimmte Reizschwelle nicht überschreiten. So erlaubt ein Höchstmaß an notwendiger Praktikabilität ein Mehr an qualitativen oder quantitativen Härten im Einzelfall. Diese Reizschwelle ist abstrakt nicht bestimmbar. Sie wird im Einzelfall durch die richterlichen Wertungen konkretisiert. Die richterlichen Wertungen müssen rational nachvollzielbar sein. Das verbietet eine Beschränkung auf Leerformeln wie beispielsweise die Gerechtigkeitsvorstellungen der Allgemeinheit oder die Argumente mit der Natur der Sache. Die Pflicht zur rationalen Urteilsentscheidung verlangt für Art. 3 Abs. 1 GG eine genaue Begründung, warum etwa dem Gesichtspunkt der Praktikabilität im entschiedenen Fall eine so überragende Bedeutung zukommt, warum ein Mehr an quantitativer oder qualitativer Ungerechtigkeit im Einzelfall in Kauf genommen werden muß. Bei diesen Begründungen dürfen besondere Wertentscheidungen des Grundgesetzes nicht außer acht gelassen werden.

ee) Besonderheit des Steuerrechts

Für die Frage zulässiger Typisierung im Steuerrecht scheinen andere Maßstäbe zu gelten. Das Bundesverfassungsgericht[109] hat die Ansicht vertreten, der Rahmen des gesetzgeberischen Ermessens sei für das Abgabenrecht enger gesteckt. Steuergesetze enthielten regelmäßig einen empfindlichen Eingriff in die Vermögens- und Rechtssphäre des Steuerpflichtigen. Das Abgabenrecht habe damit in besonderer Weise dem Gedanken einer möglichst gleichen Belastung besonders sorgfältig Rechnung zu tragen. Im direkten Zusammenhang damit weist das Bundesverfassungsgericht[110] auf einen zweiten Grundsatz hin: Das Steuerrecht sei gerade einer jener Massenvorgänge, die der Praktikabilität wegen typisiert werden müßten. Im Steuerrecht dürften deshalb weitgehend die Besonderheiten „nicht nur des einzelnen Falles“, sondern die ganzer Gruppen vernachlässigt werden. Ungleiche wirtschaftliche Belastungen seien bei Steuergesetzen hinzunehmen und unvermeidbar. Mit diesen widersprüchlichen Begründungen hat das Bundesverfassungsgericht die jeweils sich widerstreitenden Argumente für sich ver-

---

[109] BVerfGE 21, 12 (27); 35, 334 (335).

[110] BVerfGE 21, 12 (27); vgl. auch BVerfGE 13, 331 (341); 21, 54 (69); 23, 327 (346); 24, 174 (183); 26, 265 (275 f.).

stärkt. Eine besondere Gewichtung der einen oder der anderen Seite ist daraus nicht erkennbar. Das zeigt schon die Position, die das Bundesverfassungsgericht[111] im Anschluß an die gegenseitige Gewichtung bezieht:

„Die steuerrechtlichen Vorteile müssen im rechten (?) Verhältnis zu der mit der Typisierung notwendig (?) verbundenen Ungleichheit der steuerrechtlichen Belastung stehen ... Nur geringfügige oder nur in besonderen Fällen auftretende Ungleichheiten sind unbeachtlich[112]."

Die Ausführungen des Bundesverfassungsgerichts lassen weder auf einen besonders weiten noch auf einen besonders engen Ermessensspielraum bei Typisierungen im Steuerrecht schließen. Sicherlich kommt der Praktikabilität von Steuernormen eine hohe Bedeutung zu. Doch in gleichem Maße ist die wirtschaftliche Mehrbelastung der Ungleichbehandlung sorgfältig zu prüfen. Hieraus kann für den Einzelfall kein besonderer Gestaltungsfreiraum für das Steuerrecht abgeleitet werden.

ff) Typisierende allgemeine Regelungen gegen Steuerumgehung

Das Bundesverfassungsgericht[113] vertritt zu Recht die Ansicht, daß es nicht gegen Art. 3 Abs. 1 GG verstößt, wenn vorbeugend gegen die Steuerumgehung typisierend jene Gruppen besonders erfaßt werden, in denen die Mißbrauchsgefahr erfahrungsgemäß größer ist. Im Steuerrecht ist zwischen dem Gebot der Steuergerechtigkeit und der Gefahr abzuwägen, durch typisierende Regelungen nur die wesentlichen Problemgruppen zu treffen und dabei auch steuerehrliche Personen pauschal mitzubelasten. Das Ziel der Steuergerechtigkeit erlaubt es, bestimmten Personengruppen besondere Nachweispflichten aufzuerlegen. Das ist leichter zu ertragen, als einer Vielzahl von Personen die Möglichkeit zu geben, sich der gerechten Steuerbelastung zu entziehen. Natürlich muß sich die typisierende Regelung im Rahmen der nach Art. 3 Abs. 1 GG aufgestellten Voraussetzungen erlaubter Typisierung halten. Das notwendige Maß an Praktikabilität, Quantität und Qualität der Ungleichbehandlung muß in einem erträglichen Verhältnis zueinander stehen. Wird dieses Verhältnis beachtet, verstoßen typisierene Regelungen zur Bekämpfung der Steuerumgehung nicht gegen Art. 3 Abs. 1 GG. Welcher Art die gesetzlichen Maßnahmen zum Kampf gegen die Steuerumgehung sein dürfen, mag für die allgemeine, nicht auf Ehe und Familie bezogene Frage dahinstehen. Hier kann es allein darauf ankommen, ob Art. 6 Abs. 1 GG eine besondere Typisierung zu Lasten von Ehe und Familie überhaupt und gegebenenfalls in welchem Umfang erlaubt.

---

[111] BVerfGE 21, 12 (27).

[112] Hervorhebungen nur hier.

[113] BVerfGE 22, 156 (161).

d) Bedeutung des besonderen Gleichheitssatzes im einzelnen

Die Darstellung der Wirkungsweise des allgemeinen Gleichheitssatzes des Art. 3 Abs. 1 GG hat gezeigt, daß eine Ungleichbehandlung erst ab einer bestimmten Reizschwelle zur Verfassungswidrigkeit führt. Art. 6 Abs. 1 GG als besonderer Gleichheitssatz verschiebt diese Reizschwelle notwendigerweise zugunsten von Ehe und Familie. Daran hat das Bundesverfassungsgericht[114] zu Recht keine Zweifel gelassen. Die entscheidende Frage ist, um wieviel enger jene Grenzen nach Art. 6 Abs. 1 GG zu stecken sind und ob diese besondere Schutznorm zugunsten der Ehe und Familie dem Gesetzgeber überhaupt noch einen Ermessensspielraum läßt. Die einzelnen Gesichtspunkte erlaubter Typisierung nach Art. 3 Abs. 1 GG sind daher erneut und nach der Wertentscheidung des Art. 6 Abs. 1 GG zu gewichten.

aa) Quantität

Unter dem Gesichtspunkt der Quantität verstoßen einseitig zu Lasten von Ehe und Familie typisierende Steuernormen zur Bekämpfung der Steuerumgehung und der Scheingeschäfte schon dann gegen Art. 6 Abs. 1 GG, wenn der besondere Gleichheitssatz jede Typisierung zu Lasten der Angehörigen verbietet. Das Bundesverfassungsgericht hat sich zu diesem Fragenkomplex bislang nicht geäußert. Hingegen hat es[115] wiederholt die Ansicht vertreten, der Gesetzgeber dürfe die typischerweise zwischen Ehegatten und Familienangehörigen bestehende Lebens- und Wirtschaftsgemeinschaft wegen der durch sie erwirtschafteten Haushaltsersparnis zum Anlaß nehmen, Angehörige nach dem Prinzip der Besteuerung nach Leistungsfähigkeit höheren Steuerlasten zu unterwerfen. Das steht im Widerspruch zu der Erkenntnis in dem Beschluß zur Ehegattenbesteuerung[116], es dürften belastende Rechtsfolgen nicht allein an die Lebensgemeinschaften geknüpft werden, die ehelich seien.

Die Beantwortung der Frage, ob Art. 6 Abs. 1 GG überhaupt Typisierungen zu Lasten der Angehörigen erlaubt, kann möglicherweise hier offen bleiben. Das kann dann geschehen, wenn — unter Berücksichtigung der Wertentscheidung des Art. 6 Abs. 1 GG — eine Typisierung allein zu Lasten der Angehörigen schon deshalb auszuscheiden hat, weil durch eine derart einseitige Maßnahme eine bedeutende Anzahl von Personen nicht erfaßt würden, die sachlich mit in den Kreis der betroffenen Personen gehören. Gerade für typisierende Normen zur Bekämpfung von Steuerumgehungen hat das Bundesverfassungsgericht auf die große Anzahl anderer Personengruppen hingewiesen,

[114] BVerfGE 9, 237 (243); s. o. § 4 B V 1 a.
[115] BVerfGE 17, 210 (221); s. o. § 4 B V 1 b.
[116] BVerfGE 6, 55 (78).

die gleichermaßen durch den fehlenden Interessengegensatz geprägt[117] und in gleicher Weise für Steuerumgehungen anfällig sind. Ein solcher Interessengegensatz fehlt bei allen Personen, die zueinander in einem tatsächlichen oder rechtlichen Abhängigkeitsverhältnis stehen. Zu den rechtlichen Abhängigkeitsverhältnissen zählen die Gesellschaft-Gesellschafterbeziehungen im Konzern, der Organschaft oder der Ein-Mann-GmbH; andererseits zu den tatsächlichen Abhängigkeitsverhältnissen können wirtschaftliche Interessenverknüpfungen, faktische Konzerne, aber auch Freundschaftsverhältnisse gerechnet werden. Diese große Zahl der interessenverbundenen Personen schließt eine einseitig typisierende Belastung von Ehe und Familie schon unter dem Gesichtspunkt der Quantität der Benachteiligung aus. Eine derart einseitige Belastung läßt schon Bedenken wegen eines Verstoßes gegen den allgemeinen Gleichheitssatz des Art. 3 Abs. 1 aufkommen. Jedenfalls aber verbietet Art. 6 Abs. 1 GG bei dieser Sachlage, gerade die durch die Verfassung besonders geschützten Personengruppen allein von vielen möglichen zu belasten. Eine andere Auffassung widerspräche dem erkennbaren Normzweck des Verfassungsgebers, die Ehe und Familie als „Keimzelle jeder menschlichen Gesellschaft, deren Bedeutung mit keiner anderen menschlichen Bindung verglichen werden kann"[118] zu schützen. Die höhere sittliche Bewertung der Ehe und Familie kann schlechthin nicht mit dieser einseitig benachteiligenden steuerrechtlichen Typisierung in Einklang gebracht werden. Mithin kann es für diese Untersuchung offenbleiben, ob Art. 6 Abs. 1 GG tatsächlich ein kategorisches Gleichheitsgebot enthält. Jedenfalls verstößt eine Typisierung zur Bekämpfung der Steuerumgehung gegen Art. 6 Abs. 1 GG. Art. 6 Abs. 1 verbietet zwingend, allein die Angehörigen aus der großen Gruppe aller interessenverbundenen Personen zu treffen.

bb) Praktikabilität

Das aus dem Gesichtspunkt der Quantität hergeleitete strikte Verbot der typisierenden Benachteiligung der Angehörigen zur Bekämpfung von Schein- und Umgehungsgeschäften ist möglicherweise wegen des überragenden Stellenwertes, den hier Praktikabilitätserwägungen einnehmen können, einzuschränken. Allerdings hat das Bundesverfassungsgericht[119] stets die Ansicht vertreten, die Wertentscheidung des Art. 6 Abs. 1 GG verbiete es, Zweckmäßigkeitserwägungen gegenüber dem Schutz von Ehe und Familie den Vorzug zu geben. Die leicht faßbaren Tatbestandsmerkmale der Ehe und der Familie verleiten den Gesetzgeber dazu, einseitig zu Lasten der Angehörigen typisierende

---

117 BVerfGE 16, 206 (209 f.); s. o. § 4 B V 3 b bb.

118 BVerfGE 6, 55 (72); 24, 119 (149).

119 BVerfGE 26, 321 (326 f.); s. o. § 4 B V 1 b bb.

Tatbestandsmerkmale zu schaffen. Es ist aus der Sicht des Gesetzgebers vorteilhafter, durch zu enge Tatbestandsmerkmale den Normzweck des Gesetzes zumindest teilweise dadurch zu erreichen, daß die Ehe und die Familie als zwei der wesentlichen und typischen Gruppen erfaßt werden. Da erscheint die Alternativlösung wenig attraktiv, mit einem zu weiten Tatbestandsmerkmal wie das des „fehlenden Interessengegensatzes" in der praktischen Anwendung Abgrenzungsschwierigkeiten hervorzurufen.

Art. 6 Abs. 1 GG verbietet schlechthin solche Praktikabilitätserwägungen. Das Grundgesetz hat nicht den verwaltungstechnischen Gründen und den Praktikabilitätserwägungen einen besonderen Rang eingeräumt. Allein die Ehe und die Familie genießen den besonderen verfassungsrechtlichen Schutz. Das Bundesverfassungsgericht folgt damit zu Recht seiner ständigen Rechtsprechung, Praktikabilitätserwägungen hätten hinter Art. 6 Abs. 1 GG zurückzutreten. Damit sind Praktikabilitätserwägungen nicht geeignet, das aus dem Merkmal der Quantität hergeleitete Verbot der einseitigen Typisierung zu Lasten von Ehe und Familie abzuschwächen.

cc) Qualität

Verbietet sich damit schon aus den Gesichtspunkten der Quantität und der Praktikabilität, den Angehörigen ein einseitig „steuerrechtliches Mißtrauen" entgegenzubringen, dann kann der Qualität des Eingriffes als kumulatives Merkmal kaum noch Bedeutung zukommen. Das Bundesverfassungsgericht[120] mißt jedoch gerade der unterschiedlichen Qualität der typisierenden Beeinträchtigung das entscheidende Gewicht zu. Unwiderlegbare Vermutungen der Steuerumgehung zu Lasten der Angehörigen seien ein zu schwerwiegender Eingriff und verstießen damit gegen Art. 6 Abs. 1 GG; steuerrechtliche Mißbrauchsnormen anderer Qualität, wie beispielsweise widerlegbare Vermutungen, könnten hingegen niemals eine durch Art. 6 Abs. 1 GG verbotene Benachteiligung der Ehe und Familie sein.

Es fragt sich, ob dieser Trennung des Bundesverfassungsgerichts zwischen den schwerwiegenden, verfassungswidrigen Typisierungen und den weniger schwerwiegenden, nach Art. 6 Abs. 1 GG zulässigen Typisierungen nicht schon unabhängig von den zu den Merkmalen der Quantität und der Praktikabilität gefundenen Ergebnissen widersprochen werden muß. Das Bundesverfassungsgericht gibt keine weitere Begründung für seine Ansicht, die Qualität der Ungleichbehandlung sei ausschlaggebendes Merkmal erlaubter und verbotener Typisierung. Das mag für die Fälle verständlich sein, in denen sich das Bundesverfassungsgericht nur „obiter dictum" mit dieser Frage befaßt hat.

[120] BVerfGE 6, 55 (84); 26, 321 (326); s. o. § 4 B V 1 b bb.

Wacke[121] vermutet ironisch, das Bundesverfassungsgericht habe die zusätzlichen Ausführungen „gewissermaßen zur Beruhigung der unterlegenen Verwaltungsbehörde" gemacht. Es müsse deshalb offen bleiben, wie das Bundesverfassungsgericht in einem konkreten Fall nach ausführlicher Überlegung beschließen würde, wenn die Frage entscheidungserheblich ist.

Das Bundesverfassungsgericht[122] hat allerdings schon in mehreren Fällen eine Verfassungsbeschwerde zu dem gleichartigen Problem der Scheingeschäfte wegen offensichtlicher Unbegründetheit nicht zur Entscheidung angenommen. Auch diese Beschlüsse enthalten nur die kurze Feststellung, es könnten an den Nachweis der Ernsthaftigkeit der Vereinbarung und der Durchführung von Ehegattenverträgen „strenge" und „besondere" Anforderungen gestellt werden.

Bei der Entscheidung über die Verfassungswidrigkeit unwiderlegbarer Vermutungen war für das Bundesverfassungsgericht ein entscheidender Gesichtspunkt, daß diese Form der Benachteiligung alle Angehörigen, also auch die Steuerehrlichen treffen muß. Es darf nach der Ansicht des Verfassungsgerichts[123] nicht übersehen werden, daß die Zahl der Mißbrauchsfälle bei Angehörigen nicht augenfällig hoch sind. Einschränkend muß die Überzeugung des Bundesverfassungsgerichts aber vor dem Hintergrund gesehen werden, daß erst die kurz zuvor ergangenen Entscheidungen zur gemeinsamen Veranlagung von Ehegatten und Kindern die wesentlichen Gestaltungsmöglichkeiten zur Steuerumgehung eröffnet haben. Doch auch als in der Praxis die Gestaltungsmöglichkeiten hinreichend bekannt gewesen sein mußten, warnt das Bundesverfassungsgericht[124] noch davor, die Gefahr des Mißbrauchs im Bereich von Ehe und Familie zu überschätzen. Das Bundesverfassungsgericht sah damit zu Recht den Normzweck der unwiderlegbaren Mißbrauchsklausel, die Gewährleistung der Steuergerechtigkeit, durch die Art der Sonderregelung selbst gefährdet. Für die vielen steuerehrlichen Angehörigen kehrt sich die durch eine unwiderlegbare Mißbrauchsklausel angestrebte Steuergerechtigkeit in Steuerungerechtigkeit um. Eine widerlegbare Vermutung hingegen ist ein geringerer Eingriff, der steuerehrlichen Angehörigen die Möglichkeit läßt, ihre Besteuerungsgrundlagen nachzuweisen. Indessen ist es fraglich, ob eine widerlegbare Vermutung ein um so viel geringerer Eingriff ist, daß eine typisierende Regelung unter dem Gesichtspunkt

---

121 Beweislast, S. 18.

122 Beschluß vom 8. Juni 1967, 1 BvR, 186/67, DB 1967, 1347; Beschluß vom 23. Dezember 1969, 1 BvR, 769/69, DB 1970, 757; Beschluß vom 3. August 1976, 1 BvR, 216/76, HFR 1976, 536.

123 BVerfGE 9, 237 (244).

124 BVerfGE 18, 97 (110).

der Qualität der Ungleichbehandlung gerechtfertigt sein könnte. Auch eine widerlegbare Vermutung enthält einiges Gewicht. Durch sie wird die objektive Beweislast umgekehrt. Die widerlegbare Vermutung eines Scheingeschäftes ginge zum Nachteil der Angehörigen, wenn der Vertragsabschluß nicht mit an Sicherheit grenzender Wahrscheinlichkeit festgestellt werden könnte. Soweit allerdings die Angehörigen nach den allgemein geltenden Grundsätzen des Steuerverfahrensrechts ohnehin die objektive Beweisfeststellungslast zu tragen haben, würde sich damit keine Änderung ergeben. Der von der Beweisfeststellungslast betroffene Steuerpflichtige hat nämlich seinerseits das Risiko zu tragen, daß die Besteuerungsgrundlagen nicht mit an Sicherheit grenzender Wahrscheinlichkeit feststellbar sind. Nachteilig würde sich indessen auf jeden Fall eine Regelung auf den Angehörigen auswirken, nach der für Verträge zwischen Fremden die positive widerlegbare Vermutung gelten würde, diese Verträge seien tatsächlich gewollt. Eine derartige Klausel würde für Angehörige besonders schwer wiegen. Während Fremde von besonderen Nachweispflichten entbunden wären, Zweifelsfälle zu ihren Gunsten entschieden werden müßten, hätten Angehörige die zusätzliche Bürde zu tragen, obwohl gerade sie durch die Beweisnot häufiger als Fremde betroffen sind. Der erhöhte Vertrauenstatbestand unter Angehörigen wird nicht selten der Anlaß sein, daß beispielsweise auf eine schriftliche Abfassung der mündlichen Vertragsabsprachen verzichtet wird. Durch die Folgen der Beweisnot wird auch das erhebliche Gewicht widerlegbarer Vermutungen der Steuerumgehung offensichtlich.

Das Bundesverfassungsgericht[125] verweist zur Begründung der Verfassungswidrigkeit unwiderlegbarer Vermutungen darauf, daß derart einseitig typisierende Belastungen zur Bekämpfung der Steuerumgehung schon deshalb unnötig seien, weil die Abgabenordnung (§ 42 AO, früher § 6 StAnpG) eine allgemeine Mißbrauchsklausel enthält. Diese reiche aus, um auch dem Steuermißbrauch bei Verträgen zwischen Angehörigen zu begegnen.

Diese Überlegungen müssen entsprechend für Scheingeschäfte gelten, die in § 41 Abs. 1 AO allgemein geregelt sind. Wenn dieses Argument gegen besondere Mißbrauchs- oder Scheingeschäftsnormen für unwiderlegbare Vermutungen gilt, dann muß es auch für widerlegbare Vermutungen oder andere besondere Regelungen zur Bekämpfung der besonderen Gefahr der Verträge zwischen Angehörigen anwendbar sein. Jede besondere Bestimmung kann mit diesem Argument als überflüssig angesehen werden.

[125] BVerfGE 26, 321 (326 f.).

Nach alledem mag besonderen Verdachtsklauseln gegenüber Verträgen zwischen Angehörigen ein geringeres Gewicht als unwiderlegbare Vermutungen zukommen. Eine derartige Regelung mag auch noch nicht gegen Art. 3 Abs. 1 GG verstoßen. Als kumulatives Merkmal neben der Quantität der Unleichbehandlung und dem Gewicht von Praktikabilitätserwägungen kann die geringere Qualität der Benachteiligung die Typisierung noch rechtfertigen. Das gilt indessen nicht für Art. 6 Abs. 1 GG. Das erhebliche Gewicht widerlegbarer Vermutungen oder anderer denkbarer Sonderbestimmungen zu Lasten der Angehörigen schließt es aus, eine derartige Typisierung als qualitativ unbedeutende Benachteiligung hinzunehmen. Das gilt erst recht bei der geringen Bedeutung, die der Qualität als kumulatives Merkmal neben der Quantität der Benachteiligung angesichts des Art. 6 Abs. 1 GG hier zukommen kann. Damit verstoßen alle besonderen gesetzlichen Regelungen, jeder einseitige Verdacht zu Lasten der steuerrechtlichen Anerkennung von Verträgen zwischen Angehörigen gegen Art. 6 Abs. 1 GG. Die besondere Wertentscheidung zugunsten der Ehe und der Familie verbietet es, wegen der erhöhten Gefahr von Schein- und Umgehungsgeschäften bei Verträgen zwischen interessenverbundenen Personen aus dem großen Kreis der zu erfassenden Personen allein den Angehörigen ein gesteigertes „steuerrechtliches Mißtrauen“ entgegenzubringen.

Der Gesetzgeber ist damit auf allgemeine Gesetze angewiesen. Bestimmte Tatbestandsmerkmale wie der fehlende Interessengegensatz, nicht aber die Tatbestandsmerkmale der Ehe oder der Familie können damit Gegenstand einer verschärften Mißbrauchs- oder Scheingeschäftsregelungen sein. Art. 6 Abs. 1 GG zwingt hingegen den Gesetzgeber nicht die Angehörigen von solchen allgemein geltenden auch verschärften Schein- oder Mißbrauchsklauseln auszunehmen, die für alle interessenverbundenen Personen gelten. Sicherlich gebietet die Wertentscheidung zugunsten von Ehe und Familie, den Angehörigen als verfassungsrechtlich hervorgehobene Gruppe besondere Aufmerksamkeit zu schenken. Das kann aber nicht so weit gehen, daß Angehörige von Regelungen ausgenommen werden, die auf Tatbestandsvoraussetzungen beruhen, wie sie auch in der Ehe und Familie gegeben sind.

Für die Anwendung der Steuergesetze ist die Wertentscheidung des Art. 6 Abs. 1 GG entsprechend zu beachten. Weder dürfen die Gesetze einseitig zu Lasten der Angehörigen ausgelegt werden noch dürfen Ermessensentscheidungen einseitig getroffen werden. Gleichermaßen dürfen nicht einseitig zu Lasten der Angehörigen auf der Lebenserfahrung beruhende einseitige Vermutungen für ein Scheingeschäft oder für ein Umgehungsgeschäft aufgestellt werden. Eine andere Frage ist es hingegen, ob es die Steuergesetze erlauben, den fehlenden Interessengegensatz allgemein bei der Besteuerung zu berücksichtigen. Die Antwort hierauf muß sich ergeben aus der verfassungsrechtlichen Bindung an Gesetz und Recht sowie aus den gesetzlichen Vorschriften der Abgabenordnung.

3. TEIL

Verfassungsrechtliche und methodische Grundlagen der steuerrechtlichen Behandlung von Vertragsgestaltungen im allgemeinen

Mit dem aus Art. 6 Abs. 1 GG hergeleiteten Verbot eines einseitigen „steuerrechtlichen Mißtrauens gegenüber Verträgen zwischen Angehörigen ist ein erstes Teilergebnis dieser Untersuchung gewonnen. Es bleibt indessen ein weiteres Problem.

Der Gesetzgeber ist durch Art. 6 Abs. 1 GG nicht gehindert, besonders enge Vorschriften für die steuerrechtliche Anerkennung von Verträgen zwischen allen Personen ohne Interessengegensatz zu erlassen. So verwehrt es Art. 6 Abs. 1 GG nicht, Steuergesetze zu schaffen, die abweichend vom Zivilrecht ein steuerrechtliches Scheingeschäft bei Vertragsschlüssen zwischen interessenverbundenen Personen stets oder auch nur widerleglich vermuten. Gleichermaßen könnte eine besondere Mißbrauchsklausel für alle Personen ohne Interessengegensatz geschaffen werden. Entsprechendes gilt für die Finanzverwaltung und die Finanzrechtsprechung. Zwar untersagt Art. 6 Abs. 1 GG, Verträge zwischen Angehörigen durch einseitige Auslegung der Steuergesetze nicht anzuerkennen. Doch bleibt nach Art. 6 Abs. 1 GG die Möglichkeit, allgemein die Verträge aller interessenverbundenen Personen durch einseitige Auslegung der Steuergesetze nicht anzuerkennen oder „prima facie“ von der tatsächlichen Vermutung für ein Scheingeschäft oder für eine Steuerumgehung auszugehen.

Für den Gesetzgeber fragt es sich, inwieweit er überhaupt bei der Steuergesetzgebung an das Zivilrecht gebunden ist, inwieweit er zivilrechtliche Tatbestände im Steuerrecht übergehen oder abweichend behandeln darf. Wählt der Gesetzgeber die Ordnungsstruktur des Zivilrechts als Grundlage der Besteuerung, werden unter anderem also auch Vertragsabschlüsse Grundlage der Besteuerung, dann ergibt sich die weitere Frage, ob der Gesetzgeber dann für bestimmte Personengruppen (z. B. Personen ohne Interessengegensatz) Ausnahmetatbestände der steuerrechtlichen Nichtanerkennung der Verträge schaffen darf.

Diese Überlegung gilt wiederum entsprechend für die gesetzesanwendenden Gewalten. Fraglich ist, ob es erlaubt sein kann, Steuergesetze, die an die zivilrechtliche Ordnungsstruktur anknüpfen und die Beachtung zivilrechtlicher Verträge gebieten, für interessenverbundene Personen einschränkend auszulegen oder überhaupt nicht anzuwenden.

Dieser gesamte Fragenkomplex, das Problem der Beziehung zwischen Zivilrecht und Steuerrecht, ist unter dem Schlagwort der Einheit der Rechtsordnung bekannt.

§ 5 Einheit der Rechtsordnung

A. Bindung des Gesetzgebers

Die Bindung des Steuergesetzgebers an das Zivilrecht ist das geringere Problem. Es steht heute außer Zweifel, daß eine wie auch immer geartete Forderung nach der Einheit der Rechtsordnung den Gesetzgeber kaum zu binden vermag, Steuertatbestände nach dem Zivilrecht zu bestimmen. Die Bindung des Gesetzgebers an die verfassungsmäßige Ordnung[1] läßt dem Gesetzgeber einen weiten Entscheidungsspielraum zur Tatbestandsbildung. Auch die weiten Willkürgrenzen des Art. 3 Abs. 1 GG vermögen keinen Zwang für den Steuergesetzgeber zu errichten, Steuertatbestände zivilrechtlich zu formulieren. Der Gesetzgeber ist weitgehend frei, unabhängig vom Zivilrecht eine eigene steuerrechtliche Terminologie zu entwickeln. Erst wenn der Gesetzgeber in bestimmten Einzelsteuergesetzen die Ordnungsstruktur des Zivilrechts zur Besteuerungsgrundlage erklärt hat, ist er stärker an die von ihm geschaffene Systematik gebunden. Abweichungen von der selbst statuierten Sachgesetzlichkeit sind nur „dann hinreichend sachlich gerechtfertigt", wenn sie aus besonderen „überzeugenden Gründen" nach dem Gesetzeszweck notwendig sind[2].

Es bleibt beispielsweise dem Steuergesetzgeber unbenommen, Personengesellschaften und Kapitalgesellschaften trotz ihrer zivilrechtlich unterschiedlichen Qualifikation gleich zu behandeln. Hat sich der Gesetzgeber aber dazu entschieden, die Kapitalgesellschaften auch steuerrechtlich als selbständige Personen anzuerkennen, dann kann er nur in Ausnahmefällen die Rechtspersönlichkeit der Kapitalgesellschaft steuerrechtlich übergehen. Hingegen gibt es keine vorgegebene

---

[1] BVerfGE 1, 18 Leitsatz 17; *Hamann / Lenz,* GG Art. 20 Anm. 9 a bb; *v. Mangoldt / Klein,* GG Art. 20 Anm. V 4 c; *Spanner,* DÖV 1975, 641.

[2] BVerfGE 13, 331 (340); 26, 327 (334 f.); 29, 104 (117) st. Rspr.

Einheit der Rechtsordnung als zwingende Parallelität von Zivilgesetz und Steuergesetz[3]. Die Einheit der Rechtsordnung kann gegenüber dem Gesetzgeber allenfalls eine rechtspolitische Forderung sein[4].

Hat sich der Gesetzgeber im Steuerrecht für eine Anbindung an das Zivilrecht entschieden, dann entsteht hierdurch eine Selbstbindung. Der Grundsatz der steuerlichen Anerkennung von Verträgen darf nur noch aus überzeugenden Gründen durchbrochen werden. Eines solchen Grundes bedurfte es bei der Normierung der steuerrechtlichen Unbeachtlichkeit von Scheingeschäften (§ 41 AO) nicht. Diese Regelung entspricht § 117 BGB. Offensichtlich sachlich ist auch die steuerrechtliche Nichtbeachtung zivilrechtlich mißbräuchlicher Gestaltungsformen zur Steuerumgehung (§ 42 AO). Darüber hinaus kann der fehlende Interessengegensatz der Vertragsparteien ein sachgerechter Grund sein, für diesen Personenkreis verschärfte Vorschriften zu schaffen. Bei diesen Personen besteht eine erhöhte Gefahr von Manipulationen. Es ist indessen zweifelhaft, ob der Gesetzgeber diese erhöhte Gefahr zum Anlaß nehmen darf, Verträge zwischen interessenverbundenen Personen im vornherein von jeder steuerrechtlichen Anerkennung auszuschließen. Die durch das Bekenntnis zur Zivilrechtsordnung statuierte Selbstbindung des Gesetzgebers verlangt, steuerrechtliche Ausnahmetatbestände nur im erforderlichen — sprich sachgerechten — Umfang zu erlassen. Die vollständige Versagung der steuerrechtlichen Anerkennung dieser Verträge wäre unverhältnismäßig; der Zweck der Sondernorm, die Steuergerechtigkeit zu wahren, wäre gefährdet. Es wäre nicht sachgerecht, durch eine derart krasse Regelung die vielen Fälle „steuerehrlicher Vertragsabschlüsse" von der steuerrechtlichen Anerkennung unterschiedslos auszunehmen. In diesen Fällen reichen zur Wahrung der Steuergerechtigkeit verschärfte Vorschriften wie widerlegbare Vermutungen zu Lasten aller interessenverbundenen Personen. Es werden die Interessen des Fiskus wie die der ehrlichen Steuerpflichtigen gewahrt. Sachgerecht sind damit nur erhöhte steuerrechtliche Anforderungen, die bei erhöhter Gefahr von Steuermanipulation die steuerrechtliche Anerkennung der Verträge erschweren, sie aber nicht ausschließen.

---

[3] *Klein / Orlopp*, AO § 4 Anm. 7 f.; *Littmann*, EStG § 2 Rdnr. 5; *Maaßen*, Privatrechtsbegriffe, S. 39 ff.; *Tipke / Kruse*, RAO § 1 StAnpG Rdnr. 17.

[4] *Weber*, Unternehmensbesteuerung, S. 15 f., 58 ff.

B. Bindung der vollziehenden Gewalt und der Rechtsprechung

I. Privatrechtsbegriffe im Steuerrecht und Gesetzesbindung

Der Kern der Problematik um die Anerkennung zivilrechtlicher Verträge liegt in der Anwendung der steuerrechtlichen Vorschriften. Bis auf wenige Ausnahmen enthalten die Steuergesetze keine Sondervorschriften für die steuerrechtliche Behandlung von Verträgen zwischen interessenabhängigen Personen. Demnach müßten solche Verträge von der Finanzverwaltung und der Finanzrechtsprechung unterschiedlos anerkannt werden, sofern die Einzelsteuergesetze die Beachtung der zivilrechtlichen Gestaltung verlangen und weder ein Scheingeschäft noch ein Umgehungsgeschäft vorliegt. Doch die in diesen Verträgen liegende Gefahr von Manipulationen läßt die gesetzesanwendenden Gewalten auch ohne besondere gesetzliche Ermächtigung nach Abwehrmöglichkeiten suchen. Mehrere Möglichkeiten liegen nahe. Es könnten die allgemein geltenden Vorschriften der Abgabenordnung für Scheingeschäfte und Umgehungsgeschäfte einschränkend zu Lasten der interssenverbundenen Personen ausgelegt werden; es könnte von der tatsächlichen Vermutung ausgegangen werden, Verträge zwischen interessenverbundenen Personen seien „prima facie" Schein- oder Umgehungsgeschäfte. Doch auch die Einzelsteuergesetze bieten sich zu einer einschränkenden Auslegung an. Statt die materiell-rechtlichen Voraussetzungen eines Schein- oder eines Umgehungsgeschäftes zu prüfen, könnte der Standpunkt vertreten werden, den zivilrechtlichen Tatbestandsmerkmalen der Einzelsteuergesetze, die dem Wortlaut nach eine Beachtung der Verträge fordern, sei nur eine untergeordnete Bedeutung zuzumessen. Das steuerrechtliche Gebot der Anerkennung der zivilrechtlichen Verträge sei nur eine Regel, die — namentlich für interessenverbundene Personen — Ausnahmen zulasse. Als dogmatische Begründung für ein derartiges Abweichen vom Gesetzeswortlaut bietet sich die zweckorientierte Auslegung der Steuergesetze an: Das Steuerrecht verlange wegen seines wirtschaftlichen Zweckes, Verträge nicht nach ihrer zivilrechtlichen Hülle, sondern nach ihrem wirtschaftlichen Gehalt zu beurteilen; das rechtfertige notfalls, Verträge über einen Analogieschluß, eine Restriktion oder sogar zur Vermeidung sinnwidriger Ergebnisse durch eine Auslegung gegen den Wortlaut und Sinn des Gesetzes steuerrechtlich nicht anzuerkennen.

Diese, hier zunächst als Hypothese dargestellten denkmöglichen Wege, der Gefahr der Steuermanipulation zu begegnen, sind vielfach angewandte Mittel der Besteuerungspraxis. Hierauf beruht eine der grundlegenden Streitfragen des Steuerrechts. Die auch historisch zu begründende Verwendung von Zivilrechtsbegriffen in Steuernormen wirft die Frage auf, ob die so entstandene sprachliche Identität von

Zivil- und von Steuergesetzen auch inhaltlich besteht. Eine derart gleichmäßige Gesetzesauslegung ist unproblematisch, soweit in dem Steuergesetz die Identität positiv oder negativ klargestellt wird[5].

Umstritten war hingegen stets die Auslegung der zivilrechtlichen Begriffe im Steuerrecht, deren inhaltliche steuerrechtliche Bedeutung an keiner Stelle erläutert wurde.

Die Rechtsprechung des Bundesfinanzhofes[6] scheint eindeutig:

„Die Steuerrechtsprechung hat in immer zunehmendem Maße im Interesse der Einheit der Rechtsordnung die bürgerlich-rechtlich wirksame Gestaltung der Rechtsverhältnisse anerkannt, sofern nicht vom steuerrechtlichen Standpunkt eine Sonderbehandlung erforderlich schien."

Die Problematik der Aussage liegt in dem „Sofern-Satz". So unbestritten der Grundsatz der Anerkennung zivilrechtlicher Gestaltungen im Steuerrecht ist, so unterschiedlich sind die Meinungen darüber, wann im Einzelfall bei der steuerrechtlichen Beurteilung von Zivilrechtsgestaltungen abgewichen werden kann. Auch hier wird der Grundsatz der Einheit der Rechtsordnung bemüht: Zivilrechtsbegriffe sollten auch im Steuerrecht inhaltlich gleich ausgelegt werden. Die Lösung dieses Fragenkomplexes der Auslegung zivilrechtlicher Begriffe im Steuerrecht, insbesondere also der Frage, inwieweit durch eine differenzierte Auslegung der Steuergesetze für Verträge zwischen interessenverbundenen Personen von dem Grundsatz der Bindung des Steuerrechts an das Zivilrecht abgewichen werden darf, kann sich allein aus der Klärung der verfassungsrechtlichen Bindung der vollziehenden Gewalt an Gesetz und Recht (Art. 20 Abs. 3 GG) ergeben. Aus diesem verfassungsrechtlichen Gebot der Bindung an Gesetz und Recht müssen sich die Grundsätze rechtsstaatlicher Gesetzesanwendung ableiten lassen. Der gesamte Streitstand läßt sich in einer Anzahl von Schlagworten zusammenfassen: Wirtschaftliche Betrachtungsweise, eigenständige Gesetzesauslegung des Steuerrechts, Maßgeblichkeit des Zivilrechts, Indizwirkung der Privatrechtsbegriffe, Gesetzesauslegung und Rechtsfortbildung, Rechtsstaatsprinzip, Gesetzmäßigkeit der Verwaltung, Analogieverbot und Tatbestandsmäßigkeit des Steuerrechts, Auslegung gegen den Wortlaut des Gesetzes, Steuergerechtigkeit und Rechtssicherheit.

Die Meinungsvielfalt der Lösungsversuche ist nicht überschaubar, die theoretischen Positionen sind nicht immer klar zu erkennen und zu trennen[7]. Beispielhaft seien nur die Grundsätze des Bundesfinanzhofes zur Auslegung von Steuergesetzen genannt: Die Rechtsprechung könne

---

[5] *Spanner*, Festschrift für Wacke, S. 181 f.

[6] BFHE 87, 387 (392) = BStBl. III 1967, 175 (177); st. Rspr.

[7] *Maaßen*, Privatrechtsbegriffe, S. 26 ff. mit dem Versuch einer Übersicht.

Gesetzeslücken rechtsfortbildend schließen[8]; Rechtsfortbildung sei nur mit Einschränkungen zulässig[9]; eine Analogie zugunsten des Steuerpflichtigen sei möglich[10]; zu Lasten des Steuerpflichtigen sei eine Analogie nur unter größter Zurückhaltung erlaubt[11]. Vom Gesetzeswortlaut sei abzuweichen, wenn die herkömmlichen Auslegungsmethoden offensichtlich zu völlig sinnwidrigen Ergebnissen führen würden und ausgeschlossen sei, daß der Gesetzgeber diese Ergebnisse in Kauf nehmen wollte[12].

Die Reaktion des Schrifttums reicht von strikter Ablehnung der Analogie im Steuerrecht[13] bis zu ihrer Anerkennung[14]. Für Maaßen[15] erübrigt es sich, auf die umstrittenen Möglichkeiten der Rechtsfortbildung einzugehen. Seiner Ansicht nach sind die Privatrechtsbegriffe der Steuergesetze ohnehin schon dem Wortlaut nach im Sinne der wirtschaftlichen Zwecksetzung des Steuerrechts auslegbar.

Die gesamte Meinungsvielfalt samt ihrer unterschiedlichen Terminologie kann unmöglich nachvollzogen werden. Deshalb soll an dieser Stelle der Versuch unternommen werden, aufbauend auf die verfassungsrechtliche Bindung der vollziehenden Gewalt und der Rechtsprechung ein Gerüst für die Anwendung der Steuergesetze zu erarbeiten. Mit diesem Gerüst soll aufgezeigt werden, ob und gegebenenfalls wie die Finanzverwaltung und die Finanzrechtsprechung bei der Anwendung allgemein geltender Steuergesetze die besondere Gefahr des Steuermißbrauchs bei Verträgen zwischen interessenabhängigen Personen berücksichtigen dürfen. Letztlich geht es bei dieser Frage nach der Gesetzesbindung im Steuerrecht um die Grenzen der Gesetzesauslegung, um die Möglichkeiten der Analogie und der Restriktion sowie um die Rechtsfortbildung entgegen dem Gesetzeszweck und -wortlaut.

---

[8] BFHE 106, 355 (357) = BStBl. II 1972, 866 (867); BFHE 110, 3 (6) = BStBl. II 1973, 782 (784).

[9] BFHE 99, 469 (474) = BStBl. II 1970, 747 (749); BFHE 105, 15 (18 ff.) = BStBl. II 1972, 455 (457).

[10] BFHE 111, 329 (332 ff.) = BStBl. II 1974, 295 (297 f.).

[11] BFHE 113, 357 (359) = BStBl. II 1975, 12 (13); nach BFHE 112, 402 (407) = BStBl. II 1974, 599 (600) Analogie wohl gar nicht zulässig.

[12] BFHE 69, 202 (204) = BStBl. III 1959, 338 (339); BFHE 74, 431 (433 f.) = BStBl. III 1962, 162; BFHE 74, 499 (502 f.) = BStBl. III 1962, 187 (188); BFHE 81, 222 (224) = BStBl. III 1965, 82; BFHE 113, 357 (359) = BStBl. II 1975, 12 (13).

[13] *Tipke,* StuW 1972, 264 (265 ff.) mit umfassenden weiteren Nachweisen S. 268 f.

[14] *Klein / Orlopp,* AO § 4 Anm. 9; *Paulick,* Steuerrecht, Rdnr. 290; *Leingärtner,* FR 1979, 105 (113).

[15] Privatrechtsbegriffe, S. 238.

II. Ansatz der Problemlösung

Zwei Erscheinungsbilder in der jüngsten Entwicklung der Rechtswissenschaft erschweren klare Aussagen zur verfassungsrechtlich gebotenen Anwendung der Steuergesetze. Das Verhältnis der staatlichen Gewalten untereinander und damit die Rolle der gesetzesgebundenen Gewalten bei der Anwendung von Gesetzen wird in zunehmendem Maße problematisiert[16]. Die klassische Dreiteilung der Gewalten mit relativ klarer Aufgabenverteilung ist in den Augen vieler[17] blasse Theorie, die den Gegebenheiten des modernen Rechtsstaates nicht gerecht werden kann. Ansatzpunkt pragmatischer Überlegungen zur Aufgabenverteilung unter den Gewalten ist die These, der Gesetzgeber könne seine Aufgabe zur Normsetzung bei der Fülle der zu regelnden Lebenssachverhalte und der Kompliziertheit des modernen Staates nicht mehr allein gerecht werden[18]. Die notwendige Selbstbeschränkung des Gesetzgebers, der Zwang zur größeren Bürgernähe und die bessere Sachkunde der Verwaltung verlange eine eigene Normsetzungsbefugnis der vollziehenden Gewalt. Dieser Ausgangspunkt läßt die Lehre von der Bindung an Gesetz und Recht, die Lehre über die Schranken zulässiger Gesetzesanwendung in einem neuen Licht erscheinen.

Zur gleichen Abwehr von strikter Gesetzesgebundenheit gelangen auf ganz anderem Wege die Kritiker der klassischen juristischen Methodenlehre[19]. Neuere hermeneutische Forschungen sollen die herrschende Methodik der Rechtsanwendung als ein in der Theorie verharrendes praxisfernes Konzept ablösen. Die klassische Methodologie täusche eine objektive Rechtsfindung vor, die nie erreicht werden könne. Diese neueren Auslegungslehren führen allesamt zu einer weiteren Lösung von der relativ strengen Begrifflichkeit der klassischen Methodologie, sie ermöglichen in größerem Maße, bei der Auslegung von Gesetzen von dem normierten Tatbestand abzuweichen.

Beide modernen Entwicklungstendenzen können sich ergänzen. Noch sind sie zu sehr im Fluß, um aus ihnen klare Konturen gewinnen zu können. Das erschwert die folgende Untersuchung. Ausgangspunkt der Untersuchung müssen notwendigerweise die klassischen Lehren sein.

---

[16] Zuletzt mit Überblick: *Papier*, Verwaltungsgerichtsbarkeit im demokratischen Rechtsstaat, S. 7 ff.

[17] *Frowein*, DÖV 1977, 555; *Kirchhof*, Mittelbares Einwirken, S. 1 f.; ders., StuW 1975, 357 (359 ff.); *Kisker*, NJW 1977, 1313 ff.; *Plassmann*, JZ 1977, 587 ff.; *Redeker*, NJW 1972, 409 ff.; *Vogel*, VVDStRL 24 (1966); 125 (144 ff.).

[18] Enquête-Kommission für die Reform des Verfassungsrechts, Schlußbericht, BT.-Drs. VII/5924, S. 89.

[19] *Esser*, Vorverständnis, passim; *Hesse*, Grundzüge, § 2; *Kaufmann*, JZ 1975, 337; *Maaßen*, Privatrechtsbegriffe, passim; *Radbruch*, Einführung, S. 166; *Rottleuthner*, Richterliches Handeln, passim.

Die neueren Entwicklungen sind nachzuzeichnen, um den Standort der Diskussion um die Anerkennung zivilrechtlicher Verträge im Steuerrecht zu bestimmen, die Augen für neue Gesichtspunkte zumindest zu sensibilisieren. Die Grundlage aller Ausführungen muß indessen Art. 20 Abs. 3 GG bleiben.

§ 6 Grundsätze der Rechtsanwendung

Die Finanzverwaltung und die Finanzrechtsprechung haben bei der Anwendung von Steuergesetzen die Prinzipien des Rechtsstaats als Teil der verfasungsmäßigen Ordnung zu beachten[1] (Art. 20 Abs. 3 GG). Zu der Frage der Gesetzesgebundenheit der Verwaltung und der Rechtsprechung werden folgende verfassungsrechtliche Grundsätze genannt: Die materielle Gerechtigkeit und die formelle Rechtssicherheit[2], die Gewährung von Grundrechten[3], das Prinzip der Gewaltenteilung[4] und die Gesetzmäßigkeit der Verwaltung. Der für diese Untersuchung zunächst einschlägige Grundsatz der Gesetzmäßigkeit[5] unterteilt sich in die Lehre vom Vorrang des Gesetzes (s. u. A) und in die wieder streitig gewordene Lehre vom Vorbehalt des Gesetzes (s. u. B).

A. Vorrang des Gesetzes

I. Verbot der Gesetzesanwendung „contra legem"

Art. 20 Abs. 3 GG gebietet den Vorrang des Gesetzes. Jede Verwaltungstätigkeit, jede Rechtsprechung mit Ausnahme des Bundesverfassungsgerichts hat den in Form eines Gesetzes geäußerten Staatswillen zu beachten. Ein Gesetz geht jeder anderen Art staatlicher Willensbildung vor. Es ist Richtschnur und Grenze[6].

Die vollziehende Gewalt kann Gesetze nicht durch allgemeine Verwaltungsvorschriften außer Kraft setzen, sie abändern, entgegenstehende Verwaltungsakte oder widersprechende, niederrangige Rechtsnormen erlassen[7].

---

[1] BVerfGE 1, 14 ff., Leitsatz 28; 2, 380 (403); 20, 323 (331); 25, 269 (290) st. Rspr.

[2] BVerfGE 7, 89 (92); 35, 41 (47); *Maunz / Dürig* in Maunz / Dürig / Herzog, GG Art. 20, Rdnr. 59 ff.

[3] *Maunz / Dürig* in Maunz / Dürig / Herzog, GG, Art. 20, Rdnr. 70.

[4] *Maunz / Dürig* in Maunz / Dürig / Herzog, GG, Art. 20, Rdnr. 74.

[5] Zum Begriff: *Maunz / Dürig* in Maunz / Dürig / Herzog, GG, Art. 20, Rdnr. 124 und Fn. 7; *Papier*, Gesetzesvorbehalt, S. 1 und Fn. 1.

[6] BVerfGE 8, 155 (169); *Mayer*, Verwaltungsrecht, S. 68.

[7] *Leibholz / Rinck*, GG, Vorbem. Art. 70 - 82, Rdnr. 2.

Für die Finanzverwaltung folgt daraus konkret: Es dürfen dem einfachen Gesetz nicht widersprechen: Rechtsverordnungen, wie die zu größeren Steuergesetzen ergangenen Durchführungsverordnungen (EStDV, LStDV, KStDV u. a. m.), Richtlinien[8], Erlasse, Verfügungen oder Steuerverwaltungsakte. Der Vorrang des Gesetzes verlangt damit, Verträge zwischen interessenverbundenen Personen steuerrechtlich anzuerkennen, sofern ein Steuergesetz dieses gebietet. Anders ausgedrückt: Der Vorrang des Gesetzes untersagt, entgegen dem in der Form eines Gesetzes geäußerten Staatswillen zu verwalten und Recht zu sprechen[9]. Das Verbot, „contra legem" zu verwalten und Recht zu sprechen sagt wenig Konkretes aus. Offen bleibt, wann die Anwendung der Gesetze im Einzelfall das Vorrangprinzip verletzt, welche Rechtsfolgen noch von dem normierten Staatswillen gedeckt sind und welche ihn mißachten. Eine Antwort hierauf gibt die Lehre über die Methodik der Rechtsfindung.

II. Methodenlehre im Steuerrecht

Die Lehre über die Auslegung der Gesetze ist kein starres, unveränderliches System. Sie ist und war stets ein Spiegel der geistigen Grundhaltung der geschichtlichen Epochen. Die Methodenlehre wurde verstanden als allgemeines philosophisches Problem, zum Teil mit besonderer rechtsphilosophischer Fragestellung. Nie gab es für Einzelgesetze eine besondere Auslegungslehre. Eine Ausnahme bietet die jüngste Vergangenheit im Steuerrecht. Seit der Einführung der Reichsabgabenordnung im Jahr 1919 bis zur grundsätzlichen Neukodifizierung 1977 gab es für das Steuerrecht kraft ausdrücklicher gesetzlicher Normierung (vormals § 4 RAO 1919, zuletzt § 1 Abs. 2, 3 StAnpG) eine vermeintlich besondere Auslegungslehre des Steuerrechts: die wirtschaftliche Betrachtungsweise. Nach der wirtschaftlichen Betrachtungsweise waren bei der Auslegung sowohl die Volksanschauung wie der Zweck und die wirtschaftliche Bedeutung der Steuergesetze und die Entwicklung der Verhältnisse zu berücksichtigen.

---

[8] In diesem Zusammenhang ist der Streit über den Stellenwert der Richtlinien unerheblich, zum Meinungsstand: *Vogel*, VVDStRL 24 (1966), 125 (156 ff.).

[9] BVerfGE 8, 28 (34); 18, 97 (111); st. Rspr.

1. Entwicklung der wirtschaftlichen Betrachtungsweise

a) Kodifizierung und Streichung der wirtschaftlichen Betrachtungsweise

Die Kodifizierung der wirtschaftlichen Betrachtungsweise im Jahre 1919 berührt unmittelbar den Streit um das Verhältnis von Zivilrecht und Steuerrecht. Die ungeheuren Verpflichtungen des Staates nach dem verlorenen 1. Weltkrieg sollten durch Steuererhöhungen finanziert werden. Diese Pläne lösten in verstärktem Maße eine Flucht in steuersparende zivilrechtliche Gestaltungsformen aus. Weder die Gesetzgebungstechnik noch die Finanzverwaltung schienen diesem Ansturm gewachsen[10].

In dieser Situation wurde das Instrument der wirtschaftlichen Betrachtungsweise geschaffen, das gegen die Flucht aus Steuertatbeständen durch formelle Änderung der zivilrechtlichen Verhältnisse helfen sollte. Die Finanzverwaltung und die Finanzrechtsprechung sollten aus der engen Bindung an den Gesetzeswortlaut befreit werden. Die zivilrechtliche Gestaltung sollte zugunsten einer am wirtschaftlichen Ergebnis der Gestaltung orientierten Besteuerung vernachlässigt werden können. Der gesetzliche Steuertatbestand wurde als unvollkommener Ausdruck des gesetzgeberischen Willens zu einer im Zweifel zu vernachlässigenden Größe herabgestuft. Dieser Wandel ging einher mit einer allgemeinen Abkehr von der Begriffs- zur Interessenjurisprudenz, dem Aufkommen der rechtssoziologischen Schule und der Freirechtsbewegung[11].

Die Auslegung nach wirtschaftlichen Gesichtspunkten wurde in der nationalsozialistischen Zeit zu einem pro-fiskalischen Hilfsmittel der Steuererhebung. Erst in der Nachkriegszeit setzte ein Tendenzumschwung ein. Er fand mit der Neufassung der Abgabeordnung 1977 ein vorläufiges Ende. Entgegen dem ursprünglichen Entwurf zur Abgabenordnung[12] wurde in der Endfassung auf eine Kodifizierung der alten Auslegungsregel der wirtschaftlichen Betrachtungsweise verzichtet: Es handele sich bei der wirtschaftlichen Betrachtungsweise um eine allgemein geltende Auslegungsregel, die im Steuerrecht ebensowenig der Kodifizierung bedürfe wie im übrigen Recht[13].

---

[10] *Ball*, Steuerrecht (1924), S. 64 ff.; *Hensel*, Festgabe für Zitelmann, S. 217 (242); zum geschichtlichen Überblick aus dem neueren Schrifttum: *C. H. Esser*, Entwicklung, passim; *Gassner*, Anwendung von Steuergesetzen, S. 17, 131 Fn. 80; *Kruse*, NJW 1970, 2185 (2186).

[11] *Larenz*, Methodenlehre, S. 50 ff.

[12] § 3 Abs. 2 EAO 74 BT.-Drs. VII/79.

[13] Bericht und Antrag des Finanzausschusses, BT.-Drs. VII/4292 S. 15.

Der Gesetzgeber folgte damit der immer wieder im Schrifttum[14] geäußerten Ansicht, die wirtschaftliche Betrachtungsweise sei keine Sonderauslegungsregel des Steuerrechts. Diese Kritik war nicht nur dem neueren Schrifttum vorbehalten[15].

Nach ganz herrschender Meinung steht der Begriff der wirtschaftlichen Betrachtungsweise nur für den Hinweis auf die allgemein gebotene Auslegung der Gesetze nach dem ihnen innewohnenden Zweck, der bei Steuergesetzen eben ein wirtschaftlicher ist. So verstanden ist die wirtschaftliche Betrachtungsweise nichts anderes als die Konkretisierung eines der Mittel der allgemeinen Methodik der Rechtsfindung, nämlich die teleologische Auslegung. Es war danach nur logisch, § 1 Abs. 2, 3 StAnpG als deklaratorische Vorschrift zu streichen. Indessen wurde damit von Gesetzes wegen endgültige Klarheit über die Bedeutung der wirtschaftlichen Betrachtungsweise geschaffen. In der Vergangenheit wurde die wirtschatfliche Betrachtungsweise zum Teil nicht als allgemein gültige Auslegungsregel, sondern als besondere steuerrechtliche Ermächtigungsgrundlage zu einer vom Wortlaut des Gesetzes abweichenden Auslegung verstanden[16].

Aufgrund der Streichung des § 1 Abs. 2, 3 StAnpG ist diese Ansicht heute nicht mehr haltbar.

b) Zukunft der wirtschaftlichen Betrachtungsweise

Der Begriff der wirtschaftlichen Betrachtungsweise im Steuerrecht wird sich gleichwohl weiterhin halten. Das zeigt der Einführungserlaß des Bundesministers der Finanzen zur AO 1977, wo es zu § 4 AO heißt[17]:

„Bei der Auslegung von Steuergesetzen gelten wie bisher die allgemeinen Auslegungsregeln und damit auch die wirtschaftliche Betrachtungsweise, so wie sie ihren Niederschlag in der Rechtsprechung gefunden hat (vgl. BVerfG, BStBl. 1962 I S. 506).“

Das Bundesministerium der Finanzen geht in diesem Erlaß von falschen Voraussetzungen aus. Gerade nach der Rechtsprechung des Bundesfinanzhofes wurde die wirtschatfliche Betrachtungsweise nicht im-

---

[14] *Flume*, DB 1968, 1865; *Gassner*, Anwendung von Gesetzen, S. 120 ff., Fn. 27; S. 133 m. w. N. Fn. 91; *Goetz-Dornbach*, DStR 1977, 3; *Kruse*, Steuerrecht AT, § 9 m. w. N., vgl. aber JbFfSt. 1975/76, S. 35 (41 ff.); *Paulick*, DB 1968, 1867 (1870); *Pawlowski*, BB 1977, 253; *Tipke*, Steuerrecht, § 8 Ziff. 3; *Schumann*, St Lex, Sachgebiet 2, §§ 3 - 15 AO 1977 S. 3.

[15] Nachweise bei *Gassner*, Anwendung von Steuergesetzen, S. 132 Fn. 89.

[16] *Spanner* in Hübschmann / Hepp / Spitaler, AO § 1 StAnpG Anm. 11; zweideutig der BFH: BFHE 74, 331 (335) = BStBl. III 1962, 127 (128); BFHE 106, 504 (509) (GrS 4/71) = BStBl. II 1973, 5 (7), richtigstellend: *L. Schmidt*, FR 1974, 485, 529 (530 f.); zuletzt BFHE 109, 47 (51) = BStBl. II 1973, 489 (491); w. N. bei *Goetz-Dornbach*, DStR 1977, 3 (5).

[17] BStBl. I 1976, 576.

mer als allgemeine Auslegungsregel angewandt. Auch die angeführte Entscheidung des Bundesverfassungsgerichts[18] enthält entgegen der Behauptung des Einführungserlasses keine Aussage zum Stellenwert der wirtschaftlichen Betrachtungsweise in der juristischen Methodenlehre. In der angegebenen Entscheidung wird allein die oben schon[19] zitierte Erkenntnis wiedergegeben, der Gesetzgeber habe die Ordnungsstrukturen des Zivilrechts stets da zu beachten, wo er die Zivilrechtsordnung grundsätzlich in einem Steuergesetz zum Anknüpfungspunkt erklärt hat. An keiner Stelle hat sich das Bundesverfassungsgericht mit der in § 1 StAnpG formierten wirtschaftlichen Betrachtungs weise eingehend befaßt[20]. Allein in einer Entscheidung[21] wird die wirtschaftliche Betrachtungsweise andeutungsweise als rechtsmethodischer Ansatz einer teleologischen Auslegung verstanden. Im übrigen geht das Bundesverfassungsgericht[22] ohne weitere Rechtfertigung von der im Steuerrecht gebotenen wirtschaftlichen Betrachtungsweise aus. Unabhängig von der fragwürdigen Verweisung in dem Einführungserlaß auf die angeblich feststehende Rechtsprechung steht damit fest, daß es keine besondere gesetzliche Ermächtigungsgrundlage für eine besondere „steuerliche" Auslegungslehre von der wirtschaftlichen Betrachtungsweise gibt. Ohnehin kann die wirtschaftliche Betrachtungsweise kein Gegensatz zu einer rechtlichen Betrachtungsweise sein. Damit sollte auch endgültig jene gängige Unterscheidung zwischen einer sogenannten „steuerlichen" und einer zivilrechtlichen Beurteilung von Sachverhalten aufgegeben werden. Es kann keine „steuerliche", sondern nur eine steuerrechtliche Beurteilung eines Sachverhaltes geben.

Mit dieser Erkenntnis über die wirtschaftliche Betrachtungsweise ist für die Auslegung des verfassungsrechtlichen Gebotes vom Vorrang des Gesetzes noch nicht viel gewonnen. Fehlt eine gesetzliche Ermächtigungsgrundlage für eine Auslegung nach wirtschatflichen Gesichtspunkten, so könnte die wirtschaftliche Betrachtungsweise dennoch ein anerkanntes Mittel der Auslegung von Steuergesetzen sein. Dieses könnte das Ergebnis einer aus der allgemeinen Methodenlehre herzuleitenden besonderen Auslegungsregel des Steuerrechts sein. Darauf deutet möglicherweise die Tatsache hin, daß die wirtschaftliche Betrachtungsweise im Steuerrecht nach der Streichung des § 1 Abs. 2, 3 StAnpG nicht nur vermutlich[23], sondern, wie es sich schon gezeigt hat[24], sicherlich weiterhin die Besteuerungspraxis beherrschen wird.

---

[18] BVerfGE 13, 331 (358 f.).

[19] s. o. § 5 A.

[20] Nachweise bei: *Schmidt-Bleibtreu / Klein*, VerfR, Tz. 204.

[21] BVerfGE 25, 309 (312 f.).

[22] BVerfGE 18, 224 (232 f.); 22, 156 (161); 25, 309 (313); 26, 327 (336 ff.).

[23] *Goetz-Dornbach*, DStR 1977, 33.

2. *Einheit der Methodenlehre*

Eine aus der Methodenlehre gewonnene besondere Auslegung der Steuergesetze nach wirtschaftlichen Gesichtspunkten könnte die Bindung der gesetzesausführenden Gewalten für den Bereich des Steuerrechts lockern. Indessen fragt es sich, ob die wirtschaftliche Betrachtungsweise nicht nur ein Bestandteil der allgemeinen Methodenlehre ist, ob es überhaupt für Teilrechtsgebiete besondere Auslegungsregeln geben kann.

Schon ein empirischer Überblick über die Rechtsprechung und das Schrifttum zeigt, daß die wirtschaftliche Betrachtungsweise nie allein auf das Steuerrecht beschränkt war, nie also eine Sonderauslegungslehre des Steuerrechts darstellte. Die Auslegung von Gesetzen nach den Grundsätzen methodischer Rechtsfindung[25] hat in den verschiedensten Teilrechtsgebieten sehr frühzeitig schon zu einer im Einzelfall notwendigen wirtschaftlichen Betrachtungsweise geführt. So hat das Reichsgericht[26] im Jahre 1890 zwischen formalem und materiellem Eigentum unterschieden, als er dem Sicherungsnehmer in der Einzelzwangsvollstreckung Dritter gegen den Sicherungsgeber die Drittwiderspruchsklage nach § 771 ZPO einräumte[27].

Gleichermaßen gewährte das Reichsgericht[28] dem Treuhänder im Konkurs des Treugebers an dem Treugut nur eine abgesonderte Befriedigung (§ 48 KO), denn das fiduziarische Eigentum stehe „wirtschaftlich" anstelle des Pfandrechtes. Diese Rechtsprechung erging zu einer Zeit, als der Fiskus meinte, die Begriffsjurisprudenz mit der besonderen wirtschaftlichen Betrachtungsweise des Steuerrechts bekämpfen zu müssen[29].

---

24 BFHE 121, 516 (518 f.) = BStBl. II 1977, 406 (407); *Klein / Orlopp*, AO § 39 Rdnr. 1; *Tipke / Kruse*, AO §§ 39 ff. 1 insbes. u. a. § 39 Rdnr. 1, § 41 Rdnr. 24.

25 Überblick bei *Maaßen*, Privatrechtsbegriffe, S. 60 f., m. w. N.

26 JW 1890, 373 (374).

27 So auch RGZ 79, 121 (122).

28 JW 1905, 1910, 29 (30); RGZ 24, 45.

29 Andere Beispiele der wirtschaftlichen Betrachtungsweise: Tatsächlicher Vermögensbegriff der §§ 419, 1365: RG JW 1928, 1345; RGZ 134, 121 (126); 160, 7 (13); Wirtschaftlicher Übertragungstatbestand: BGHZ 33, 123 (130); Wirtschaftlicher Schadensbegriff: BGHZ 40, 345 (347, 349); 45, 212 (215); Wirtschaftlicher Erfolg einer Regelung: RGZ 139, 205 (208); BGH LM Nr. 2 zu § 6 AbzG; Wirtschaftlicher Darlehensbegriff: BGHZ 24, 372 (374); *Rittner*, Wirtschaftliche Betrachtungsweise, S. 16 ff. m. w. N.; *Teichmann*, Wirtschaftliche Betrachtungsweise, passim.

Auch im Strafrecht[30], im Handels- und Gesellschaftsrecht[31] und im Wettbewerbsrecht[32] ist die wirtschaftliche oder tatsächliche Betrachtungsweise bekannt. Schon die Rechtswirklichkeit widerspricht damit der These, allein das Steuerrecht habe die besondere Auslegungsregel der wirtschaftlichen Betrachtungsweise.

Eine gesetzesspezifische Auslegungslehre widerspräche auch der Verfassung. Art. 20 Abs. 3 GG verlangt einheitlich eine Bindung an das Gesetz ohne Unterschied der darin geregelten Materie[33]. Die Methodik der Rechtsfindung kann sich nicht je nach Rechtsgebiet unterscheiden. Die Gesetzmäßigkeit der Verwaltung und der Rechtsprechung und die aus dem Grundsatz der Rechtsstaatlichkeit abgeleiteten Prinzipien gelten einheitlich für jedes Teilrechtsgebiet. Eine Abkehr von einer einheitlichen Methodik der Rechtsanwendung hieße, Gesetze unterschiedlich anzuwenden, die Rechtsstaatlichkeit der Beliebigkeit preiszugeben[34]. Eine ganz andere Frage ist es hingegen, ob für belastende und begünstigende Gesetze eine Gesetzesgebundenheit gleicher Qualität besteht.

Die wirtschaftliche Betrachtungsweise ist damit nur ein Baustein einer allgemein gültigen Methodenlehre. Nur eine solch allgemein gültige Methodenlehre kann den Grundsatz vom Vorrang des Gesetzes konkretisieren. Nur diese allgemein gültige Methodologie der Rechtsfindung vermag eine Antwort darauf zu geben, in welchem Umfang die gesetzesanwendenden Gewalten durch die Verfassung an den Wortlaut des Gesetzes gebunden sind, insbesondere inwieweit bei der steuerrechtlichen Beurteilung von Verträgen der fehlende Interessengegensatz zwischen Vertragspartnern als ungeschriebenes Tatbestandsmerkmal berücksichtigt werden kann.

III. Allgemeine Methodenlehren

1. Klassische Methodenlehre

Die klassische Methodik der Rechtsfindung befaßt sich mit dem Vorgang, Gesetze auf einen Lebenssachverhalt anzuwenden. Dieser Vorgang wird als Syllogismus der Rechtsfolgebestimmung bezeichnet[35]. Rechtsnormen setzen Rechtsfolgen, wenn der zu beurteilende Lebens-

---

[30] *Bruhns*, JZ 1958, 461 m. w. N.

[31] BGHZ 59, 87 (92); 61, 380 (384) m. w. N.; BGH NJW 1974, 1130 (1131).

[32] BGHZ 33, 259 (264); 65, 269 (273); *Teichmann* in Festschrift für Bartholomeyczik, S. 377, passim.

[33] *Gassner*, Anwendung von Steuergesetzen, S. 131; *Paulick*, Steuerrecht, Rdnr. 313 ff.

[34] *Goetz-Dornbach*, DStR 1977, 3 (8 f.).

[35] *Larenz*, Methodenlehre, S. 255.

sachverhalt und die abstrakt gesetzlichen Tatbestandsvoraussetzungen sich decken. Der Sachverhalt und die abstrakten Tatbestandsvoraussetzungen sind festzustellen und zu vergleichen.

a) Sachverhaltsermittlung

Die Feststellung des objektiven Sachverhaltes[36] ist im wesentlichen eine Tatfrage und wirft verfahrensrechtliche Probleme (z. B. Nachweis der Besteuerungsgrundlagen) auf. Der Sachverhalt ist objektiv zu ermitteln. Für die Besonderheit der Ermittlung von Besteuerungsgrundlagen bestand früher der Streit über eine Komponente der wirtschaftlichen Betrachtungsweise, über die sogenannte Sachverhaltsermittlung nach wirtschaftlichen Gesichtspunkten. Nach überwiegender Meinung[37] ist diese auf den früheren § 1 Abs. 3 StAnpG zurückgehende Form der wirtschaftlichen Betrachtungsweise entweder überflüssig oder verfassungswidrig. Aus diesem Grunde war § 1 Abs. 3 StAnpG schon im Entwurf zur Abgabenordnung 1974[38] nicht mehr aufgenommen worden. Diese besondere Form einer wirtschatflichen Sachverhaltsermittlung kann deshalb vernachlässigt werden. Der Schwerpunkt der klassischen Methodologie ist vielmehr die Auslegung der Tatbestandsmerkmale.

b) Auslegung der Tatbestandsmerkmale

Die Auslegung der Tatbestandsmerkmale wirft erhebliche Probleme auf. Tatbestandsmerkmale sind abstrakte Begriffe. Ihr Sinngehalt ist häufig mehrdeutig. Nur selten wird ein Konsens über einen einheitlich allgemeinen oder juristischen Sprachgebrauch bestehen. Ohnehin kann ein Rechtssatz nie vollständig den gemeinten Sinn wiedergeben[39].

Mit der Methodik der Rechtsanwendung wird versucht, durch einheitliche Mittel und Wege der Gesetzesauslegung, den Sinngehalt von Tatbestandsmerkmalen möglichst objektiv und allgemein verbindlich zu bestimmen. Es sollen die Grenzen aufgezeigt werden, in denen die Anordnung einer Rechtsfolge (z. B. Besteuerung) nicht mehr durch den möglichen Sinngehalt des Gesetzes und auch nicht mehr durch den gesetzgeberischen Willen gedeckt wird. Eine Bestimmung der Aus-

---

[36] *Larenz*, Methodenlehre, S. 262 ff., 294 f.

[37] Zur Problematik: *Goetz-Dornbach*, DStR 1977, 3 (9) m. w. N. zur Rspr. des BFH; *Gassner*, Auslegung von Steuergesetzen, S. 38; *Kruse*, Steuerrecht, § 9 III m. w. N.; *Papier*, Gesetzesvorbehalt, S. 201; *Tipke*, Steuerrecht, § 8 Ziff. 4 m. w. N.; a. A. *Maaßen*, Privatrechtsbegriffe, S. 53, insbes. Fn. 217 ff. m. w. N.

[38] BT.-Drs. VI/1982 S. 100.

[39] *Kirchhof* in Festschrift 25 Jahre BVerfG, S. 51 (52); *Paulick*, Steuerrecht, Rdnr. 272; *Rönitz*, FR 1977, 512 (513).

legungsmittel und der Grenzen der Auslegung muß zeigen, wo die wirtschaftliche Betrachtungsweise bei der Rechtsfindung heute noch einen gerechtfertigten Platz hat. Daraus wird sich ergeben, in welchem Umfang die Steuerverwaltung und die Steuerrechtsprechung an die Steuergesetze gebunden sind und wie der fehlende Interessengegensatz bei der steuerrechtlichen Behandlung von Verträgen berücksichtigt werden kann, wenn im Gestz hierzu keine näheren Bestimmungen getroffen worden sind.

aa) Auslegungsgesichtspunkte

Die klassische Methodologie bedient sich einer Reihe von Auslegungsgesichtspunkten[40]. Ausgangspunkt einer methodischen Beurteilung ist der aus dem allgemeinen Sprachgebrauch zu entnehmende Wortsinn des gesetzlichen Tatbestandsmerkmals (grammatisch-philosophische Auslegung)[41]. Weiterer Gesichtspunkt bei fehlender Eindeutigkeit ist der Bedeutungszusammenhang des Gesetzes (formal-systematische Auslegung)[42]. Ergibt auch dieses Kriterium keine eindeutigen Anhaltspunkte für die Auslegung eines Gesetzes, so ist von den verschiedensten Auslegungsmöglichkeiten diejenige vorzuziehen, die der Regelungsabsicht des Gesetzgebers am ehesten entspricht (historisch-teleologische Auslegung)[43]. Bringt auch eine Besinnung auf den gesetzgeberischen Willen keine Klarheit, verbleibt der Rückgriff auf die Verfassung (verfassungskonforme Auslegung)[44] oder auf so umstrittene Hilfsmittel der Auslegung wie die Natur der Sache und die Prinzipien der Rechtsordnung (objektiv-teleologische Auslegung).

Ausschlaggebender Gesichtspunkt der Auslegung ist in den häufigsten Fällen der Zweck des Gesetzes. In diesem Zusammenhang kommt der wirtschaftlichen Betrachtungsweise Bedeutung zu. Soweit den Steuergesetzen wirtschaftliche Zweckerwägungen zugrunde liegen, ist die

---

[40] BVerfGE 1, 299 (312); 11, 126 (131); 16, 246 (252); 35, 263 (279); 41, 314 (323); BGHZ 46, 74 (79 ff.); 62, 340 (346 ff.); BFHE 97, 147 (149 f.) = BStBl. II 1969, 736 (737); BFHE 108, 65 (67 ff.) = BStBl. II 1973, 182 (183); FG Schleswig-Holstein, EFG 1977, 340 rk.; *Kruse*, Steuerrecht, § 8 II 3; *Larenz*, Methodenlehre, S. 307 ff.; *Rönitz*, FR 1977, 512 (513); *Spanner*, DStZ 1975, 401 (402 ff.); *Tipke*, Steuerrecht, § 8 Ziff. 2.

[41] BVerfGE 13, 261 (268); BFHE 81, 233 (224) = BStBl. III 1965, 82 (84); BFHE 104, 460 (463) = BStBl. II 1972, 388 (389); BFHE 108, 65 (67) = BStBl. II 1973, 182 (183).

[42] BVerfGE 38, 154 (164); BFHE 80, 266 (268) = BStBl. III 1964, 569 (570); BFHE 94, 60 (63) = BStBl. II 1969, 154 (155); BFHE 113, 306 (308) = BStBl. II 1974, 770 (771).

[43] BVerfGE 42, 1 (18); BGHZ 67, 339 (341); BFHE 80, 438 (442) = BStBl. III 1964, 631 (632); BFHE 111, 257 (261) = BStBl. II 1974, 215 (216); *Larenz*, Methodenlehre, S. 315 ff.

[44] BVerfGE 35, 263 (278); 38, 154 (165); BFHE 84, 508 (516 = BStBl. III 1966, 186 (189).

wirtschaftliche Betrachtungsweise eine zutreffende Konkretisierung des Zweckgedankens. Gleichwohl ist die wirtschaftliche Betrachtungsweise als eigener Begriff unbrauchbar und überflüssig. Mit Steuergesetzen werden eine Vielzahl unterschiedlicher Zwecke verfolgt. Neben dem eigentlichen Zweck, den Aufwand des staatlichen Gemeinwesens zu decken, gibt es eine Reihe von Steuerlenkungsnormen, mit der politische Zielvorstellungen anderer Art verwirklicht werden sollen (z. B. Struktur-, Familien-, Energiepolitik). Das Gebot einer einheitlichen wirtschaftlichen Betrachtungsweise im Steuerrecht kann diese Unterschiede nicht berücksichtigen. Die wirtschaftliche Betrachtungsweise ist eine unterstellende Vereinfachung der rechtsmethodisch gebotenen Auslegung von Steuergesetzen. Der Begriff ist nicht geeignet, die möglichen unterschiedlichen wirtschaftlichen Zwecke der Steuergesetze hinreichend zu konkretisieren. Eine teleologische Auslegung von Gesetzen kann sich nicht mit dem inhaltlich so unbestimmten Begriff der wirtschaftlichen Betrachtungsweise[45] zufriedengeben. Eine zweckorientierte Auslegung von Steuergesetzen muß vielmehr den genauen wirtschaftlichen Zweck der einzelnen Steuergesetze aufdecken. Neben dem Bgriff einer teleologischen Auslegung von Gesetzen bringt die wirtschaftliche Betrachtungsweise keine zusätzlichen Erkenntnisse. Die Verwendung des Begriffes der wirtschaftlichen Betrachtungsweise ist nur geeignet, den rechtsmethodischen Vorgang der Auslegung zu verdecken oder zu verkürzen, die rechtliche Bindung an den Wortlaut des Gesetzes beiseite zu schieben[46].

Damit sollte die wirtschaftliche Betrachtungsweise als eigenständiger Auslegungsgrundsatz sowohl aus dem Steuerrecht wie auch aus anderen Rechtsgebieten verschwinden. Es bleibt zu hoffen, daß sich gerade bei den Finanzgerichten die Erkenntnis des Richters am Bundesfinanzhof Beisse[47] durchsetzen wird, die wirtschaftliche Betrachtungsweise sei in der Vorkriegszeit eine dialektisch notwendige Gegenposition gewesen, heute aber als besondere Auslegungsregel überflüssig, ja falsch.

Damit sind nach der klassischen Methodenlehre auch bei der Auslegung von Steuergesetzen nur die beschriebenen, allgemein bekannten Auslegungskriterien anzuwenden.

bb) Stufen der Rechtsanwendung

Die Auslegung eines Tatbestandsmerkmales nach den vorgenannten Auslegungsgesichtspunkten geschieht in Stufen. Die Trennung dieser

---

45 *Beker*, Wirtschaftsordnung, S. 41 ff.; *Pawlowski*, BB 1977, 253 (255 f.).

46 *Gassner*, Anwendung von Steuergesetzen, S. 105 f., 108 ff.; *Pawlowski*, BB 1977, 253 (256); *Spanner*, Festschrift für Wacke, S. 181 (182 f.).

47 DStR 1976, 176.

Stufen ist nur schwer klar zu vollziehen[48]. Die erste Stufe ist die Auslegung eines Begriffes innerhalb seines möglichen Wortsinnes (Gesetzesauslegung intra legem). Weiter geht der zweite Schritt, die Auslegung über den möglichen Wortsinn des Gesetzes hinaus, aber im Rahmen des erkennbaren Zwecks des Gesetzgebers (lückenausfüllende, gesetzesimmanente Rechtsfortbildung [praeter legem], Analogie, teleologische Reduktion). Als weiterer, letzter Schritt bleibt die Auslegung über die Grenzen des Gesetzes hinaus, gegen den Wortlaut und gegen den Sinn des Gesetzes — aber im Rahmen der Prinzipien der Gesamtrechtsordnung, den Rechtsgrundsätzen (gesetzesübersteigende Rechtsfortbildung [contra legem]).

2. *Kritik der klassischen Methodologie*

Die dargestellte klassische rechtswissenschaftliche Methodologie hat vernichtende Kritiken erfahren[49]: Die klassische juristische Methodenlehre beanspruche für sich, einen sicheren, logischen Weg zur objektiven Rechtsfindung erkannt zu haben. Indessen gebe es einen solchen Weg nicht. Jede Gesetzesanwendung werde entscheidend von dem subjektiven Vorverständnis des Rechtsanwenders geprägt[50]. Diese Subjektivität aller Rechtsfindung werde durch die klassischen Auslegungsgesichtspunkte verdeckt. Die klassische Methodologie sei allenfalls geeignet, im Nachhinein den Entscheidungen den Anschein rationaler Rechtsfindung zu geben[51]. Die spezifische juristische Methodenlehre mit ihrem Anspruch auf Objektivität sei bloße Theorie geblieben[52], der unpolitische Richter ein Märchen der klassischen Methodologie[53]. Die klassische juristische Methodologie sei abgelöst worden durch allgemeine, nicht rechtsspezifische hermeneutische Forschungen.

Dieser „Todgesang"[54] auf die juristische Methodologie scheint gleichwohl ein Wunschdenken zu sein. Sicherlich haben die neueren hermeneutischen Lösungsansätze den Blick für die Subjektivität aller Rechtsanwendung geöffnet, die Rechtsfindung von der angeblich logisch stets

---

48 *Larenz,* Methodenlehre, S. 309 f., S. 350 ff.

49 *Maaßen,* Privatrechtsbegriffe, S. 72 ff. m. w. N. zum gesamten Meinungsstand.

50 *J. Esser,* Vorverständnis, S. 36; *Hesse,* Verfassungsrecht, § 2 II.

51 Philosophischer Ursprung dieser Lehre bei: *Gadamer,* Wahrheit, passim, insbes. S. 250 ff.; *Heidegger,* Sein, S. 248 ff., 310 f.; zur Rezeption dieser Lehre in der Rechtswissenschaft: *J. Esser,* Vorverständnis, S. 7, 60, 65; *Kaufmann.* JZ 1975, 337 passim, kurzer Gesamtüberblick zum Meinungsstand, insbes. S. 340 Tabelle zum Überblick der rechtsphilosophischen Strömungen; *Maaßen,* Privatrechtsbegriffe, S. 72 ff. m. w. N.; *Radbruch,* Einführung, S. 166; *Rottleuthner,* Richterliches Handeln, S. 4.

52 *Rottleuthner,* Richterliches Handeln, S. 1 - 30.

53 *Maaßen,* Privatrechtsbegriffe, S. 260 ff.

54 *Rüssmann,* JuS 1975, 353 m. w. N.

nachvollziehbaren, klar begrenzten und objektiven Auslegung des Gesetzes zur Erkenntnis der Relativität aller Gesetzesanwendung geführt. Alle neueren Lösungsversuche sind jedoch stets den Nachweis schuldig geblieben, ihr Modell führe zu mehr realitätsbezogenen Ergebnissen. In diesem Sinne ist Kaufmann[55] Recht zu geben, daß die neuere juristische Hermeneutigk nichts aussagt, was nicht schon immer gegolten hat. Ihr Verdienst ist die Desorientierung. Maaßen[56] mag sich viel Anerkennung für die Entmystifizierung der Gesetzesanwendung, namentlich der Verwendung der Privatrechtsbegriffe im Steuerrecht verdient haben. Doch ist schwer verständlich, wie er die traditionelle Lehre ablehnen kann ohne an ihre Stelle praktikablere Lehren zu setzen[57]:

„Eine Theorie des Steuerrechts und seiner Funktion in einer rechts- und sozialstaatsverpflichteten Demokratie kann im Rahmen dieser Untersuchung nur gefordert, nicht schon präsentiert werden."

Es fragt sich, welchen Sinn es hat, die methodischen Mittel der traditionellen Auslegungslehre — Wortlaut, Sinneszusammenhang und Zwecksetzung — abzulehnen[58], sie aber unter anderem Namen als syntaktischen, semantischen und pragmatischen Aspekt als Teil einer philosophischen Hermeneutik wieder einzuführen[59].

Im Rahmen dieser Untersuchung kann auf die neueren Lehren der Hermeneutik nicht weiter eingegangen werden. Wie schon bei dem Streit um die richtige Verfassungsinterpretation müßte ein grundlegend neuer rechtstheoretischer Ansatz das praktische Ergebnis der Untersuchung gefährden. Es soll deshalb im folgenden die klassisch-juristische Methodologie so zugrunde gelegt werden, wie sie das Bundesverfassungsgericht und der Bundesfinanzhof vertreten: Maßgebend für die Auslegung einer Gesetzesvorschrift ist der in ihr zum Ausdruck kommende objektivierte Wille des Gesetzgebers, so wie er sich aus dem Wortlaut der Gesetzesbestimmung und dem Sinnzusammenhang ergibt. Nicht entscheidend dagegen ist die subjektive Vorstellung der am Gesetzgebungsverfahren beteiligten Organe oder einzelner ihrer Mitglieder über die Bedeutung der Bestimmung. Der Entstehungsgeschichte einer Vorschrift kommt für die Auslegung nur insofern Bedeutung zu, als sie die Richtigkeit der nach den angegebenen Grundsätzen ermittelten Auslegung bestätigt oder Zweifel behebt, die auf dem angegebenen Weg allein nicht ausgeräumt werden können[60].

---

[55] JZ 1975, 337 (339).

[56] Privatrechtsbegriffe, passim.

[57] *Maaßen*, Privatrechtsbegriffe, S. 263.

[58] Ebd. S. 80.

[59] Ebd. S. 83 ff.; vgl. auch Kritik: *Kruse*, StuW 1978, S. 176.

[60] BVerfGE 1, 299 (312); st. Rspr.

Wesentliches Auslegungskriterium ist demnach der Zweck der Rechtsnorm. Zu beachten sind die unterschiedlichen Stufen der Rechtsfindung: die Gesetzesauslegung, die gesetzesimmanente Rechtsfortbildung und die gesetzesübersteigende Rechtsfortbildung. Festzuhalten ist indessen bei dieser Standortbestimmung über die Grundlagen der Besteuerung von Verträgen zwischen Angehörigen, daß die Auslegungslehre und damit die Gesetzesgebundenheit von Finanzverwaltung und Finanzrechtsprechung nicht mehr auf den festen Füßen steht, die ihr einmal zugesprochen wurden. Auch das Festhalten an der klassischen Methodologie soll nicht über das unbestreitbare Ergebnis der modernen Methodenlehre hinwegtäuschen, daß alle Rechtsfindung nur relativ ist.

IV. Vorrang des Gesetzes und Methodenlehre

Die Grundlage der Konkretisierung und des verfassungsrechtlichen Gebotes vom Vorrang des Gesetzes für die Anwendung der Steuergesetze bildet damit die klassische Methodenlehre mit ihren bekannten Kriterien und Stufen der Auslegung. Jede der aufgezeigten Stufenfolgen der Rechtsfindung zieht eine bedeutsame Auslegungsgrenze. Mit jeder Stufe der Rechtsfindung — von der Gesetzesauslegung über die gesetzesimmanente Rechtsfortbildung zur gesetzesübersteigenden Rechtsfortbildung — sinkt die Bindung der gesetzesanwendenden Gewalten an das Gesetz. Je mehr dieser Stufen die gesetzesanwendenden Gewalten der Verfassung nach übersteigen dürfen, desto weiter wird der Spielraum der Finanzverwaltung und der Finanzgerichte, die Besonderheiten des Einzelfalles bei der steuerrechtlichen Beurteilung — sprich bei der Anerkennung von Verträgen zwischen interessenabhängigen Personen — zu berücksichtigen.

Der Grundsatz vom Vorrang des Gesetzes erlaubt bedenkenfrei die Gesetzesauslegung (intra legem). Mit ihr werden die Grenzen des möglichen Wortsinnes eines Tatbestandsmerkmales nicht überschritten.

Der Vorrang des Gesetzes ist auch nicht verletzt, wenn eine Gesetzesnorm über ihren Wortsinn hinaus unter Beachtung des gesetzgeberischen Willens zweckgerecht ausgelegt wird. Es entspricht gerade dem Vorrangprinzip, daß die vollziehende und die rechtsprechende Gewalt in dieser Weise rechtsfortbildend tätig werden. Jede allgemein-verbindliche Normierung des gesetzgeberischen Willens muß lückenhaft sein. Es widerspräche dem gesetzgeberischen Willen, in einer engen begrifflichen Ausdeutung des Tatbestandsmerkmales zu verharren.

Der Vorrang des Gesetzes verbietet auch nicht, außerhalb jeder gesetzlichen Regelung in rechtsfreien, von keinem Normzweck eines Gesetzes erfaßten Raum tätig zu werden. Das Vorrangprinzip kann nur da wirksam sein, wo eine gesetzgeberische Regelung vorliegt.

Nicht mehr durch den Vorrang des Gesetzes gedeckt ist die Rechtsfortbildung gegen den Wortlaut und Zweck des Gesetzes. Der Vorrang des Gesetzes untersagt damit die dritte Stufe der Rechtsfindung, die gesetzesübersteigende Rechtsfortbildung.

Gleichwohl kann eine gesetzesübersteigende Rechtsfortbildung entgegen dem Prinzip des Vorranges des Gesetzes durch die Verfassung geboten sein. Art. 20 Abs. 3 GG enthält nicht nur das auf der Bindung an das Gesetz entwickelte Prinzip des Vorranges des Gesetzes. Die vollziehende Gewalt und die Rechtsprechung sind sowohl an das Gesetz als auch an das Recht gebunden. Die Bindung an das Recht kann im Einzelfall aus Gründen materieller Gerechtigkeit der Gesetzesbindung vorgehen.

Damit läßt das verfassungsrechtliche Prinzip des Vorranges des Gesetzes folgende Stufen der Gesetzesanwendung zu: intra legem, praeter legem, sine lege. Erlaubt sind damit die Analogie, die Restriktion und die Rechtsschöpfung im freien Raum. Untersagt ist die Rechtsfindung contra legem, die Anordnung von Rechtsfolgen entgegen dem Wortlaut und dem im Gesetz zum Ausdruck gekommenen Willen des Gesetzgebers.

Das verfassungsrechtliche Prinzip des Vorranges des Gesetzes unterwirft damit die Finanzverwaltung und die Finanzrechtsprechung nur einer geringfügigen Gesetzesbindung. Die Möglichkeiten zur Analogie und zur Restriktion erlauben in besonderem Maße, Verträge zwischen interessenabhängigen Personen schon dann nicht oder nur unter erschwerten Voraussetzungen anzuerkennen, wenn der wirtschaftliche Zweck des Steuergesetzes gefährdet ist.

B. Vorbehalt des Gesetzes

Mit der Lehre über den Vorrang des Gesetzes und dem Verbot der Gesetzesanwendung contra legem ist die Frage nach der Gesetzesgebundenheit der Finanzverwaltung und der Finanzrechtsprechung nicht abschließend geklärt. Für das Steuerrecht insbesondere, wie allgemein für die Eingriffsverwaltung wird teilweise eine engere Bindung an das Gesetz gefordert. Die nach der Lehre vom Vorrang des Gesetzes zulässigen methodischen Mittel der Rechtsfortbildung, namentlich das Recht zur Analogie und zur Restriktion werden für das Steuerrecht bestritten. In diesen Bereich hinein spielt der Streit um die Anwendung von Privatrechtsbegriffen im Steuerrecht und die Anerkennung allgemein vertraglicher Gestaltungen zwischen den Steuerpflichtigen. Ein Eckpfeiler dieser Diskussion ist die Lehre vom Vorbehalt des Gesetzes. Gerade diese Lehre ist in den letzten Jahren in der wissenschaftlichen Diskussion um neue Gesichtspunkte bereichert worden[61]. Die Aussagekraft der Lehre vom Vorbehalt des Gesetzes ist für die Gesetzesanwendung im Steuerrecht ohnehin umstritten[62].

I. Klassische Vorbehaltslehre

Die klassische Lehre vom Vorbehalt des Gesetzes[63] geht von zwei Grundsätzen aus:

1. Belastende Verwaltungsakte bedürfen einer Rechtsgrundlage.
2. Rechtsgrundlage kann nur ein vom Parlament erlassenes förmliches Gesetz sein.

Sinn dieser Grundsätze ist, eine Einschränkung der individuellen Freiheiten durch staatliche Eingriffe nur hinzunehmen, wenn die vom Volk gewählten Vertreter die Einschränkung in einem strengen, formellen Gesetzgebungsverfahren beschlossen haben. Die traditionelle Lehre ist auch heute noch herrschend[64]. Aus ihr wird zum Teil abgeleitet[65], im Steuerrecht ende die erlaubte Gesetzesauslegung bei dem möglichen Wortsinn der Vorschrift, jede Art der Rechtsfortbildung, also auch die Analogie und die Restriktion seien verboten.

II. Neuere Tendenzen zur Lehre vom Vorbehalt des Gesetzes

Die Lehre vom Vorbehalt des Gesetzes hat für den hier interessierenden Bereich eine neue Entwicklung durch die Würzburger Thesen von Vogel[66] erfahren. Vogel bestreitet die Berechtigung der klassischen Lehre vom Allgemeinvorbehalt. Gegen den aus dem Rechtsstaatsprinzip hergeleiteten allgemeinen Gesetzesvorbehalt setzt er den besonderen Grundrechtsvorbehalt. Neben den sich aus Art. 2 Abs. 1[67] und 14 GG ergebenden Rechten sei der allgemeine Gesetzesvorbehalt entbehrlich. Der Allgemeinvorbehalt wiederhole nur, was sich schon aus den spezialgesetzlichen Regelungen der Grundrechte ergebe[68]. Diese These

---

[61] Zuletzt *Kisker*, NJW 1977, 1313 passim; *Krebs*, Vorbehalt, passim.

[62] *Hess*, Analogieverbot, S. 49 ff., S. 64 ff.; *Papier*, Gesetzesvorbehalt, S. 171 Fn. 1.

[63] *Jesch*, Gesetz und Verwaltung, S. 108 ff.; *O. Mayer*, Verwaltungsrecht, Bd. 1, S. 65, 70; *Papier*, Gesetzesvorbehalt, S. 12 f..
Zum geschichtlichen Überblick: *Selmer*, JuS 1968, 489 (490 ff.).

[64] BVerfGE 40, 237 (251); *Krebs*, Vorbehalt, S. 12 m. w. N. Fn. 9; *Kruse*, Steuerrecht § 5 II 2 b bb; *Maunz / Dürig* in Maunz / Dürig / Herzog, GG Art. 20 Rdnr. 130; *Papier*, Gesetzesvorbehalt, S. 15 m. w. N. Fn. 19, S. 27 m. w. N. Fn. 1; *Selmer*, JuS 1968, 489; *Wolff / Bachof*, Verwaltungsrecht, Bd. 1, § 30 III.

[65] *Kruse*, Steuerrecht § 5 II 2 b; weitere Nachweise bei: *Papier*, Gesetzesvorbehalt, S. 171 Fn. 1, 2.

[66] VVDStRL 24 (1966), 125 (156 ff., 181 LS 5).

[67] Für das BVerfG ist Art. 2 Abs. 1 GG die allumfassende Generalnorm der Freiheitsrechte: BVerfGE 6, 32 (36 ff.); 9, 83 (88).

haben Kirchhof[69] und Papier[70] aufgegriffen. Der spezielle Grundrechtsschutz gehe einem allgemeinen Gesetzesvorbehalt vor, er sei mit diesem unvereinbar. Die durch die Besteuerung beeinträchtigten Grundrechte der Betroffenen — Art. 2 Abs. 1, 12 Abs. 1, 14 Abs. 1 GG[71] — stünden unter einem schlichten Rechtssatzvorbehalt[72]. Diese Grundrechte könnten demnach an sich durch jedes Gesetz im materiellen Sinne, so auch durch Gewohnheitsrecht eingeschränkt werden.

Mit diesem Gedanken könnte ein wesentlicher Schritt zur Loslösung der Gesetzesgebundenheit von Finanzverwaltung und Finanzrechtsprechung im Steuerrecht getan worden sein. Indessen gelangen sowohl Kirchhof[73] wie Papier[74] für das Steuerrecht zu einem besonderen, neben den Grundrechten stehenden formellen Steuervorbehalt. Die Besonderheit des Steuerrechts, seine erheblichen materiellen Auswirkungen würden aus Gründen der Gewaltenteilung und des Demokratieprinzips zwingend einen Parlamentsvorbehalt für die Besteuerung verlangen: Als gewichtiges Gebiet der Eingriffsverwaltung[75] müsse die Besteuerung zwingend nach Inhalt, Zweck und Ausmaß durch das Parlament bestimmt werden. Für den Bereich des Steuerrechts hat damit die klassische Lehre vom Vorbehalt des Gesetzes im Ergebnis keinerlei Änderung erfahren. Jede Steuerbe- oder -entlastung muß sich auf ein formelles Gesetz zurückführen lassen.

Es fragt sich, ob durch die klassische Vorbehaltslehre oder durch die neuere Lehre des besonderen Steuervorbehaltes etwas über die Grenzen der Auslegung von Steuergesetzen gewonnen werden kann.

III. Vorbehalt des Gesetzes und Rechtsanwendung

1. Besteuerung „sine lege"

Sowohl aus der klassischen Vorbehaltslehre wie aus der Lehre vom formellen Steuervorbehalt folgt zwingend die Unzulässigkeit jeder Besteuerung, die sich nicht auf ein formelles Gesetz zurückführen läßt.

---

[68] Diesen Gedanken haben *Bühler / Strickrodt*, Steuerrecht, § 12 V 1 schon angedeutet. Weitere Nachweise zur Entwicklung: *Krebs*, Vorbehalt, S. 33; andere Entwicklungstendenzen der Vorbehaltslehre: *Vogel*, VVDStRL 24 (1966), 125 (148) Fn. 72 - 78.

[69] Mittelbares Einwirken, S. 247.

[70] Gesetzesvorbehalt, passim, insbes. S. 28 ff., 45 ff.

[71] Ebd. S. 46 ff.

[72] Ebd. S. 31.

[73] Ebd. S. 251 f.

[74] Ebd. S. 74 ff.; so auch schon: *Bühler / Strickrodt*, Steuerrecht, § 12 V.

[75] BVerfGE 7, 282 (302); 9, 318 (325); *Felix* in Festschrift für A. Spitaler, S. 135 (146); *Hess*, Analogieverbot, S. 161; *Tipke*, Steuerrecht, § 1 Ziff. 1; *Wacke*, AÖR 83 (1958), 309 (321).

Hat der Gesetzgeber Freiräume der Besteuerung gelassen, die auch nach dem Normzweck und Sinnzusammenhang von anderen Steuergesetzen nicht erfaßt werden, so können diese Freiräume auch nicht durch die Finanzverwaltung und die Finanzrechtsprechung ausgefüllt werden. Damit begründet der Vorbehalt des Gesetzes eine gegenüber dem Vorrang des Gesetzes zusätzliche Bindung der Finanzverwaltung und der Finanzrechtsprechung. Über das Verbot der Besteuerung „contra legem" hinaus verlangt der Vorbehalt des Gesetzes das Verbot der Besteuerung „sine lege". Dieses Ergebnis entspricht trotz unterschiedlicher Begründungen der herrschenden Meinung[76]. Ohne gesetzliche Bestimmung darf kein Steuertatbestand geschaffen oder ausgeweitet werden.

Diese aus der Rechtsprechung des Bundesfinanzhofes übernommene Formulierung ist mißverständlich. Unklar ist, ob damit allein das Verbot der Besteuerung „sine lege" gemeint ist, oder ob auch ein Verbot der Besteuerung „praeter legem" (Analogie, Restriktion) ausgesprochen werden soll.

Mit dieser Formulierung wollte der Bundesfinanzhof nach dem Gesamtzusammenhang erkennbar allein ein Steuererfindungsverbot für die Verwaltung und Rechtsprechung umreißen[77]. Untersagt sein soll allein die Besteuerung, die in keiner Weise durch ein formelles Gesetz gedeckt ist, sich also nicht einmal aus dem Normzweck und Sinnzusammenhang einer Vorschrift ergibt. Gleichwohl wird dem formellen Steuervorbehalt teilweise[78] eine weitergehende Wirkung zugeschrieben, nämlich das Verbot der Besteuerung „praeter legem".

2. *Besteuerung „praeter legem"*

Die Bedeutung eines formellen Steuervorbehaltes für eine Auslegung „praeter legem", d. h. für Analogie- und Restriktionsverbot im Steuerrecht ist umstritten[79]. Ursächlich dafür ist zu einem großen Teil eine unterschiedliche Auffassung über das Wesen der Analogie[80] und insbesondere eine unterschiedliche Terminologie und Auffassung über

---

[76] BVerfGE 13, 318 (328 f.); 19, 253 (267); 21, 1 (4); BFHE 89, 3 (6); = BStBl. III 1967, 499 (500); BFHE 98, 486 (489 f.) = BStBl. II 1970, 419 (420); BFHE 102, 171 (172) = BStBl. II 1971, 509; *Kruse*, Steuerrecht, § 5 II 2 b, der den Grundsatz der Tatbestandsmäßigkeit heranzieht; so auch: *Tipke*, Steuerrecht, § 3 Ziff. 4, 11 f.

[77] So auch: *Kruse*, Steuerrecht, § 8 III 2.

[78] *Kruse*, Steuerrecht, § 5 II 2 b; weitere Nachweise bei: *Papier*, Gesetzesvorbehalt, S. 171 Fn. 1, 2.

[79] *Hess*, Analogieverbot, S. 49 ff., S. 64 ff.; *Papier*, Gesetzesvorbehalt, S. 171 Fn. 1.

[80] *Kruse*, Steuerrecht, § 8 III 2 m. w. N.; *Papier*, Gesetzesvorbehalt, 173 f. Fn. 13 - 18; weitere Hinweise bei: *Tipke*, Steuerrecht, § 8 Ziff. 5; für die h. M.: *Larenz*, Methodenlehre, S. 354.

die Prinzipien des Rechtsstaates, über die Bedeutung der Gesetzmäßigkeit der Verwaltung, über den Vorrang und den Vorbehalt des Gesetzes, über die Rechtssicherheit und die Tatbestandsmäßigkeit der Besteuerung[81].

a) Tatbestandsmäßigkeit im Steuerrecht

Der Grundsatz der Tatbestandsmäßigkeit wird im Steuerrecht in Anlehnung an das Strafrecht formuliert[82]. Hergeleitet wird er aus dem Prinzip des Vorbehaltes des Gesetzes[83]. Als seine Konkretisierung wird § 38 AO angesehen[84]. Hieraus wird wie im Strafrecht ein Verbot der Besteuerung ohne gesetzliche Ermächtigungsgrundlage und hieraus ein Verbot der analogen Anwendung steuerverschärfender und steuerbegründender Normen gefolgert.

Ein so verstandenes Prinzip der Tatbestandsmäßigkeit im Steuerrecht ist überflüssig[85]. Es enthält keine weitergehende Aussage, die nicht schon aus einem formellen Steuervorbehaltsprinzip zu gewinnen wäre. Der Grundsatz der Tatbestandsmäßigkeit im Steuerrecht, wie er aus § 38 AO abzuleiten ist, hat eine andere Funktion als der Vorbehalt des Gesetzes. Die Tatbestandsmäßigkeit der Besteuerung nach § 38 AO bestimmt den für das Steuerrecht geltenden Grundsatz, daß die Steuerpflicht für den gewaltunterworfenen Bürger nicht erst mit dem Erlaß eines Steuerverwaltungsaktes begründet wird. Die Steuerschuld entsteht nach § 38 AO vielmehr kraft Gesetzes unmittelbar mit der Verwirklichung des Steuertatbestandes. Eine so verstandene Tatbestandsmäßigkeit des Steuerrechts enthält keinerlei Aussage über die Zulässigkeit der Rechtsfortbildung im Steuerrecht.

Soll hingegen aus dem Begriff der Tatbestandsmäßigkeit ein formeller Steuervorbehalt und daraus folgend ein Analogieverbot entwickelt werden, so ist ein Unterschied zwischen dem formellen Steuergesetzesvorbehalt und dem Prinzip der Tatbestandsmäßigkeit im Steuerrecht nicht zu erkennen.

Richtigerweise ist der Begriff Tatbestandsmäßigkeit allein der besonderen steuergesetzlichen Regelung des § 38 AO zuzuordnen. Das steuerrechtliche Tatbestandsmäßigkeitsprinzip hat keinerlei Bezug zu

---

81 *Hess*, Analogieverbot, S. 154.

82 Nachweise bei *Papier*, Gesetzesvorbehalt, S. 171 Fn. 2.

83 BVerfGE 19, 253 (267); weitere Nachweise zur Rechtsprechung bei: *Bühler / Strickrodt*, Band I 1, § 12 V 1; *Hess*, Analogieverbot, S. 64 ff., 70 Fn. 17, S. 154 f.; *Kruse*, Steuerrecht, § 5 II 2 b; *Paulick*, Steuerrecht, Rdnr. 167; *Tipke*, Steuerrecht, § 3 Ziff. 4, 11.

84 *Hess*, Analogieverbot, S. 102.

85 *Hess*, Analogieverbot, S. 74 m. w. N., S. 99 ff.; *Papier*, Gesetzesvorbehalt, S. 154.

einem Analogie- oder Restriktionsverbot. Insofern geht auch der Verweis auf das Prinzip der Tatbestandsmäßigkeit im Strafrecht und aus dem hieraus gefolgerten Analogieverbot fehl. Der Versuch, das steuerrechtliche und das strafrechtliche Prinzip der Tatbestandsmäßigkeit gleichzusetzen, für beide Gebiete hieraus ein Analogieverbot herzuleiten, würde die grundsätzlichen Unterschiede zwischen dem Steuerrecht und dem vom Schuldprinzip beherrschten Strafrecht, die Unvereinbarkeit der Begriffe Steuer und Strafe übersehen[86]. Der Grundsatz der Tatbestandsmäßigkeit ist im Steuerrecht ungeeignet, irgendeine Aussage über die Grenzen der Auslegung von Steuergesetzen zu geben.

b) Beachtung des gesetzgeberischen Willens

Es bleibt damit die Frage, ob der formell-gesetzliche Steuervorbehalt selbst geeignet ist, über das Verbot der Besteuerung „sine lege" hinaus eine weitere Erkenntnis über das Recht zur Besteuerung „praeter legem" zu begründen. Die Rechtsfortbildung „praeter legem" ist eine gesetzesimmanente Rechtsfortbildung. Sie respektiert nicht den Wortlaut, wohl aber die Absicht und Teleologie des Gesetzes. Die Grenzziehung zwischen Gesetzesauslegung und Rechtsfortbildung „praeter legem" ist in der Praxis kaum eindeutig scharf zu ziehen, zumal auf beiden Stufen der Rechtsfindung die gleichen teleologischen Auslegungsgesichtspunkte herangezogen werden[87].

Nach Sinn und Zweck der Analogie und der Restriktion muß der formelle Steuervorbehalt eine Rechtfertigung der gesetzesimmanenten Rechtsfortbildung (praeter legem) enthalten. Die Analogie und die Restriktion sind keine Rechtsfindung abseits des Willens des Gesetzgebers; sie achten ihn gerade. Sollte aus einem formellen Steuervorbehalt ein Analogieverbot entwickelt werden, so würde gerade entgegen der Lehre von dem besonderen Steuervorbehalt der gesetzgeberische Wille, die Mitwirkung des Parlaments an der Besteuerung übergangen. Der Zwang zu formell-gesetzlichen Steuervorschriften wird aus der klassischen Allgemeinvorbehaltslehre wie aus der neueren Lehre vom besonderen Steuervorbehalt mit der staatspolitischen Leitfunktion des Gesetzgebers begründet. Diese Grundidee von der Vorrangstellung des Gesetzgebers verlangt das Recht zur Analogie und zur Restriktion; der gesetzgeberische Wille muß auch dann noch berücksichtigt werden, wenn der Wortlaut des Gesetzes entgegen seinem Zweck zu eng oder zu weit geraten ist[88].

---

[86] BVerfGE 7, 89 (94 f.); *Hess*, Analogieverbot, S. 137 ff. m. w. N; *Dürig* in Maunz / Dürig / Herzog, GG Ar. 103 Abs. 2 Rdnr. 109.

[87] *Larenz*, Methodenlehre, S. 350 ff.; *Papier*, Gesetzesvorbehalt, S. 173 f.; *Redeker*, NJW 1972, 409 (410 f.).

[88] *Engisch*, Einführung, S. 175.

Eine andere Ansicht würde in die Zeiten der Begriffsjurisprudenz zurückführen. Es ist heute unbestritten, daß es keinem Gesetzgeber möglich sein kann, abstrakt die natürlichen Lebenssachverhalte lückenlos in Gesetzen zu erfassen. Die Analogie und die Restriktion sind unverzichtbare Mittel, die notwendige Unvollkommenheit des Gesetzes in möglichst gerechter Weise zu beseitigen. Aus dem formellen Steuervorbehalt ist damit weder ein Analogieverbot noch ein Restriktionsverbot herzuleiten[89].

Aus dem Steuervorbehalt ist allein das Verbot der freien Rechtsschöpfung im Steuerrecht zu begründen. Die Lehren vom Vorbehalt des (Steuer)Gesetzes bringen damit keine wesentliche Erkenntnis zu der Frage, inwieweit die Finanzverwaltung und die Finanzrechtsprechung an den Wortlaut der Steuergesetze gebunden sind und wie Verträge zwischen interessenverbundenen Personen steuerrechtlich behandelt werden dürfen, sofern keine steuergesetzlichen Spezialermächtigungen bestehen.

C. Dualismus, Gesetz und Recht

Ein Verbot der Analogie und der Restriktion im Steuerrecht könnte auch aus anderen verfassungsrechtlichen Prinzipien als dem des Vorbehaltes des Gesetzes folgen.

I. Rechtssicherheit und materielle Gerechtigkeit

Das Verbot der Analogie und der Restriktion wird für das Steuerrecht auch aus dem Grundsatz der Rechtssicherheit abgeleitet[90]. Der Grundsatz der Rechtssicherheit gehört zu dem rechtsstaatlichen Prinzip des Vertrauensschutzes. Der Ruf nach Vertrauensschutz, nach Analogie- und Restriktionsverbot enthält keine einseitige Betonung des Rechtsfriedens und der formellen Sicherheit. Rechtsstaatlich gebotene Rechtssicherheit ist die Symbiose von widersprechenden Ordnungs- und Gerechtigkeitsdenken, von formeller Gerechtigkeit zur Wahrung des Rechtsfriedens und materieller Gerechtigkeit des Einzelfalles, von Vertrauen in den Bestand der Rechtsordnung und von Vertrauen auf persönlich gerechte Behandlung. Auch wenn das Gesetz gerade die Gerechtigkeit hervorbringen und wahren soll, kann es im Einzelfall wegen seiner notwendig allgemeinen Formulierung Ungerechtigkeiten verursachen. Art. 20 Abs. 3 GG drückt dieses ambivalente Verhältnis von Gesetz und Recht aus[91]. Nach Art. 20 Abs. 3 GG kann der mate-

[89] *Hess*, Analogieverbot, S. 154 ff.; *Papier*, Gesetzesvorbehalt, S. 176 m. w. N. Fn. 29; *Tipke*, StuW 1972, 265 (269); ders., Steuerrecht, § 3 Ziff. 4, 23.

[90] *Hess*, Analogieverbot, S. 167 ff.; *Papier*, Gesetzesvorbehalt, S. 177 ff.; Tipke, Steuerrecht, § 3 Ziff. 4, 23.

[91] *v. Mangoldt / Klein*, GG Art. 20 Anm. VI 4 f.; *Maunz / Dürig* in Maunz / Dürig / Herzog, GG Art. 20 Rdnr. 48 ff.

riellen Gerechtigkeit der Vorzug vor der formellen Gesetzestreue gegeben werden. In diesen Fällen ist nicht nur eine Rechtsfortbildung „praeter legem“, sondern auch „contra legem“ möglich. Die entscheidende Frage ist, in welchem Umfang der Bürger in seinem Vertrauen auf Rechtssicherheit zu schützen ist, wieweit materielle Gerechtigkeit vernachlässigt werden kann.

Für das Steuerrecht verlangt Papier[92] als Maß des verfassungsrechtlich gebotenen Vertrauensschutzes das Verbot einer Analogie zu Lasten des Steuerpflichtigen. Papier verweist auf die verfassungsgerichtliche Rechtsprechung[93]:

Danach müßten „zu Eingriffen und Beschränkungen der Grundrechtssphäre ermächtigende Rechtssätze nach Inhalt, Zweck und Ausmaß so bestimmt und begrenzt sein, daß die Eingriffe meßbar und in gewissem Umfang für den Staatsbürger voraussehbar und berechenbar werden“.

Die Analogie überschreite im Gegensatz zur wortgetreuen Gesetzesauslegung die Stufe, auf der dem gewaltunterworfenen Bürger die Rechtsfolgen seines Handelns noch voraussehbar und berechenbar sein könnten[94]. Deshalb verbiete sich eine benachteiligende Analogie.

Die Stichhaltigkeit dieser Thesen ist zu überprüfen. Dabei wird zu fragen sein, wo der Wendepunkt zwischen dem Anspruch auf Rechtssicherheit und der materieller Gerechtigkeit liegt und warum dieser gegebenenfalls genau durch die Grenze zwischen Gesetzesauslegung und Rechtsfortbildung gezogen sein sollte.

II. Abgrenzung von Rechtssicherheit und materieller Gerechtigkeit

1. Vorrangstellung der Rechtssicherheit

In einem modernen Rechtsstaat kann weder der materiellen Gerechtigkeit des Einzelfalles noch der formellen Rechtssicherheit einseitig der Vorzug gegeben werden. Der Rechtsstaat verlangt ein noch näher zu bestimmendes notwendiges Maß an Rechtssicherheit und an Einzelfallgerechtigkeit.

Für den Gesetzgeber stellt sich die Frage der Abgrenzung zwischen Rechtssicherheit und materieller Gerechtigkeit als Entscheidung zwischen Normenklarheit und Justiziabilität gegenüber dem Zwang zu Generalklauseln und unbestimmten Rechtsbegriffen. Hierbei erlaubt der weite Ermessensspielraum des Art. 3 Abs. 1 GG dem Gesetzgeber, bis zur Grenze der Willkür entweder der Rechtssicherheit oder der

---

[92] Gesetzesvorbehalt, S. 177 f.

[93] Gesetzesvorbehalt, S. 177 Fn. 36, u. a.; BVerfGE 8, 71 (76); 20, 150 (157 f.); 32, 346 (364).

[94] Gesetzesvorbehalt, S. 178 m. w. N. Fn. 38.

materiellen Gerechtigkeit bei der Fassung der Gesetze den Vorzug einzuräumen[95]. Das Steuerrecht ist für dieses Dilemma ein passendes Beispiel: Gerade im Steuerrecht sind wegen der Vielfalt der zu erfassenden wirtschaftlichen Lebenssachverhalte sehr weitgefaßte Steuernormen notwendig[96]; gerade das Steuerrecht verlangt wegen seiner nachhaltigen Einwirkungen auf den Steuerpflichtigen ein Höchstmaß an Bestimmbarkeit[97].

Für diese Untersuchung hingegen interessiert in erster Linie die aus dem verfassungsrechtlichen Prinzip der Rechtssicherheit gebotene Bindung der gesetzesanwendenden Gewalten an die Rechtsnormen. Diese Bindung ist von ganz anderer Qualität als die verfassungsrechtliche Bindung des Gesetzgebers. Im Gegensatz zum Gesetzgeber unterliegen die vollziehende und rechtsprechende Gewalt in weit größerem Umfang vorgegebenen Bindungen. Der Gesetzgeber ist durch die Verfassung vorrangig berufen, die Vorstellungen über die Gerechtigkeit durch allgemeine, einfache Gesetze verbindlich festzulegen. Daraus wird[98] zu Recht die widerlegbare Vermutung abgeleitet, daß das formelle Gesetz die materielle Gerechtigkeit verwirkliche. Diese, der formellen Rechtssicherheit eingeräumte Vorrangstellung ist die notwendige Konsequenz der verfassungsrechtlichen Vorrangstellung des Gesetzgebers. Diese Vorrangstellung wird nur durch eine wie auch immer geartete Bindung der zweiten und dritten Gewalt an das Gesetz gewahrt. Ihr entspricht das Maß an Vertrauensschutz des gewaltunterworfenen Bürgers.

Die Vermutung für die Rechtmäßigkeit des formellen Gesetzes begründet indessen keine klare Grenze zwischen formeller und materieller Gerechtigkeit. Die Vermutung kann eine formelle Entscheidungshilfe sein, nicht aber eine materielle Grenze ziehen. Bei der Auslegung von Steuergesetzen geraten die vollziehende Gewalt und die Rechtsprechung wie schon der Gesetzgeber in den Widerspruch von notwendiger Allgemeinheit des Besteuerungsverfahrens und unabdingbarer Steuergerechtigkeit des Einzelfalls. Es fällt außerordentlich schwer, zwingende Gründe statt bloßer Behauptungen für eine bestimmte Fixierung der Grenzen zwischen Rechtssicherheit und materieller Gerechtigkeit zu nennen. Eine schrittweise Annäherung der beiden Extrempole mag ein wenig mehr Klarheit bringen.

---

[95] BVerfGE 3, 225 (237); 19, 150 (166); 29, 402 (410).

[96] BVerfGE 13, 153 (161, 164).

[97] s. o. § 4 B V 3 c ee.

[98] *Maunz / Dürig* in Maunz / Dürig / Herzog, GG Art. 20 Rdnr. 60; a. A. *Maaßen*, Privatrechtsbegriffe, S. 244 ff.

2. *Berechenbarkeit von Belastungen*

Das Gebot der Rechtssicherheit muß, soll ihm überhaupt einiges Gewicht zugemessen werden, eine Mindestaussage enthalten: Niemand darf durch die öffentliche Gewalt stärker belastet werden, als er aufgrund der Gesetze erwarten durfte. Die Gesetze müssen einen kalkulierbaren Maßstab für die Folge des eigenen Verhaltens ergeben. Das heißt für den Bereich des Steuerrechts, daß der Steuerpflichtige anhand der Steuergesetze seine Steuerbelastung selbst errechnen kann.

Dies Minimalaussage des Gebots der Rechtssicherheit läßt noch keine Antwort auf die Frage zu, ob im Steuerrecht eine Analogie und eine Restriktion erlaubt sein kann. Es ist noch offen, ob die Folgen einer analogen oder einer restriktiven Gesetzesanwendung hinreichend vorhersehbar sind. Es ist die zentrale, hier zu beantwortende Frage, ob es dem Steuerpflichtigen zugemutet werden kann, Steuergesetze über ihren Wortlaut hinaus nach Gesetzeszweck und Sinnzusammenhang auszulegen, um seine individuelle Steuerlast zu berechnen. Das wird schon an dieser Stelle fraglich. Denn schon das Verständnis des bloßen Wortsinnes bereitet bei einer Vielzahl der aktuellen Steuergesetze ganz erhebliche Schwierigkeiten. Gleichwohl mag es einstweilen an dieser Stelle noch offen bleiben, ob dem Steuerpflichtigen noch zugemutet werden kann, auch eine analoge Anwendung der Steuergesetze mitzuvollziehen.

3. *Individuelle Berechtigung des Vertrauensschutzes*

So wie der moderne Rechtsstaat ein Mindestmaß an Rechtssicherheit verlangt, so hat die verfassungsrechtliche Gewährung des Vertrauensschutzes in einer Anzahl von Fällen eindeutig hinter der Gerechtigkeit des Einzelfalles zurückzustehen.

Ein Anspruch auf Vertrauensschutz, auf eine strenge Beachtung des Gesetzeswortlautes kann nur soweit gehen, wie das Vertrauen des Betroffenen schützenswert ist[99]. Damit kann nur das Vertrauen in die aktuelle, bestehende Gesetzeslage geschützt werden[100]; es kann nur in beschränktem Umfang zukunftsorientiert sein (Problem der echten und unechten Rückwirkung)[101].

Der Anspruch auf Vertrauensschutz entfällt bei mißbräuchlicher Gesetzesumgehung. Es soll sich derjenige nicht auf den formellen Gesetzeswortlaut berufen dürfen, der den im Gesetz angestrebten Erfolg zum eigenen Vorteil mißbraucht, der also die im Gesetz angestrebte

---

[99] BVerfGE 19, 119 (127); 22, 330 (347); 32, 111 (123).

[100] *Bopp*, DStR, 1977, 619 ff.

[101] BVerfGE 13, 212 (223); 13, 261 (270 f.); 19, 187 (195).

Gerechtigkeit in Ungerechtigkeit zu seinem Nutzen umkehrt. In diesen Bereich von mißbräuchlichen Gesetzesumgehungen können Vertragsgestaltungen zwischen Angehörigen oder anderen interessenabhängigen Personen fallen. Werden durch die vertragliche Gestaltungen entgegen dem erkennbaren Willen des Gesetzgebers die Besteuerungsmerkmale formell, aber nicht dem wirtschaftlichen Erfolg nach umgangen, so liegt es nahe, dem Steuerpflichtigen eine Berufung auf den Gesetzeswortlaut unter Hinweis auf den Mißbrauch zu verweigern und ihn nach den tatsächlichen Gegebenheiten zu besteuern.

Nach der Rechtsprechung des Bundesverfassungsgerichts[102] soll ein Vertrauensschutz auch bei einer verworrenen und unklaren Rechtslage entfallen. Das hieße, daß der Steuerverwaltung und der Steuerrechtsprechung in diesen Fällen das Recht zur Analogie und zur Restriktion zustände.

Wäre diese Aussage richtig, dann könnte ohne zuviel Sarkasmus jeder Vertrauensschutz im Steuerrecht schlechthin verneint werden. Die Klage über die selbst für Fachleute nicht überschaubare Vielfalt der Steuergesetze ist allgemein bekannt[103]. Die bestehende Rechtsunsicherheit wird durch eine Flut von Durchführungsverordnungen, Richtlinien, Erlassen und Rundschreiben der Verwaltung verstärkt, durch die Rechtsprechung der Finanzverwaltung zur wirtschaftlichen Betrachtungsweise und durch die zweideutige Haltung zum Analogieverbot vollendet[104]. Gerade der hier untersuchte Bereich der Anerkennung allgemein-vertraglicher Beziehungen zwischen Angehörigen gehört zu den Paradebeispielen an Rechtsunsicherheit. Die Rechtsberatung erweist sich in diesem Bereich als ein Spiel mit Unwägbarkeiten. Wenn aus diesem Grunde ein Anspruch auf Vertrauensschutz verneint werden sollte, dann hätte es der Staat in der Hand, das rechtsstaatliche Gebot der Rechtssicherheit durch eigenes Fehlverhalten zu beseitigen. Das Gebot der Rechtssicherheit muß selbständige Bedeutung haben, unabhängig von dem tatsächlich herrschenden Vertrauen in die Rechtsordnung. Fehlt dieses Vertrauen wegen der unübersichtlichen Rechtslage, so ist es ein Gebot der Rechtsstaatlichkeit, das Vertrauen durch geeignete Maßnahmen herzustellen — nicht hingegen den Vertrauensschutz wegen fehlender Vertrauensbasis schlicht aufzugeben. Etwas anderes kann nur für die wenigen Ausnahmefälle

---

[102] BVerfGE 11, 64 (72 f.); 13, 261 (272); 18, 429 (439).

[103] *v. Groll*, StuW 1977, 197 f.; *Tipke*, StuW 1977, 293 (300) nennt die Steuergestaltung die teuerste Lotterie, die wir uns leisten; ders., StuW 1976, 293 passim; *v. Wallis*, JbFfSt 1975/76, 13.

[104] *Kruse*, Steuerrecht, § 8 III 1 m. w. N. zur Rechtsprechung des Bundesfinanzhofes.

gelten, in denen die verfassungsrechtliche Zulässigkeit einer Norm allgemein zweifelhaft war.

Damit sind zunächst als Fixpunkte einer rechtsstaatlichen Besteuerung festzuhalten: Keine Steuereingriffe, die sich nicht in irgendeiner Form auf ein formelles Gesetz zurückführen lassen; der aus dem verfassungsrechtlichen Gebot der Rechtssicherheit hergeleitete Vertrauensschutz in die bestehende Gesetzeslage; kein Vertrauensschutz bei Rechtsmißbrauch und in die zukünftige Gesetzeslage. Unklar bleibt weiterhin, wie die Analogie und die Restriktion in dieses Gefüge einzuarbeiten sind.

III. Analogieverbot

1. Herleitung des Analogieverbots aus § 42 AO

Tipke[105] versucht, ein steuerrechtliches Analogieverbot durch einen Umkehrschluß aus § 42 AO abzuleiten. § 42 AO erlaubt als Ausnahmevorschrift, in Mißbrauchsfällen zivilrechtliche Verträge steuerrechtlich nicht anzuerkennen. Da der Gesetzgeber diese Ausnahmevorschrift normiert hat, könne davon ausgegangen werden, daß er im übrigen von einem Analogieverbot im Steuerrecht ausgegangen sei. Anderenfalls wäre § 42 AO überflüssig.

Der Versuch, aus dem einfachen Steuerrecht ein allgemeines Analogieverbot herzuleiten, ist ein Fehlschluß. Das einfache Recht kann nur Folge, nicht aber Grundlage des Verfassungsrechts sein. Es kann keine Antwort darauf geben, ob aus dem verfassungsrechtlichen Prinzip der Rechtssicherheit ein steuerrechtliches Analogieverbot abzuleiten ist.

2. Wortlaut des Gesetzes als Grenze der Vorhersehbarkeit

Papier[106] sieht in der Analogie gerade jene Grenze erreicht, von der ab dem gewaltunterworfenen Bürger die Folgen des Gesetzes nicht mehr selbst ohne weiteres feststellbar und erkennbar sind. Ein so begründetes Analogieverbot ist zweifelhaft. Papier selbst gibt zu erkennen, daß auch die Gesetzesanwendung „intra legem" ein hohes Maß an Unbestimmtheit enthalten kann. Offen bleibt, wieso gerade das Mehr an Unsicherheit der Analogie jene unübersteigbare Grenze bilden müsse. Mit der gleichen Berechtigung kann behauptet werden, auch diese weitergehende Rechtsunsicherheit sei in Kauf zu nehmen, zumal eine sichere Grenze zwischen Auslegung und Analogie ohnehin nicht zu ziehen sei[107]. Nun mag allerdings das strafrechtliche Analogiever-

---

105 *Tipke,* Steuerrecht, § 3 Ziff. 4.23.

106 Gesetzesvorbehalt, S. 178.

107 *Hess,* Analogieverbot, S. 164; *Larenz,* Methodenlehre, S. 309.

bot in Art. 103 Abs. 2 GG ein Hinweis darauf sein, daß der Gesetzgeber in der Analogie einen maßgeblichen Unsicherheitsfaktor sieht, den das Prinzip der Rechtssicherheit nicht erlauben dürfe. Indessen verbietet es sich wegen der grundlegenden Unterschiede zwischen Strafrecht und Steuerrecht für das Besteuerungsverfahren auf strafrechtliche Grundlagen zurückzugreifen[108].

Zusätzliche Schwierigkeiten einer klaren Grenzziehung zwischen Rechtssicherheit und Gerechtigkeit bereitet die Tatsache, daß eine klare Trennlinie zwischen Gesetzesauslegung und Analogie nicht immer klar abzustecken ist. Hier zeigt sich in einem gewissen Maße die Berechtigung der Kritik an der klassischen Methodologie, diese könne nur theoretische aber keine praktisch verwendbaren Ergebnisse liefern; sie gäbe vor, objektiv sichere Entscheidungen zu treffen, deren Subjektivität allein durch die Berufung auf angeblich objektive Auslegungsmittel verdeckt würden. Schon die Erfahrung sollte ausreichen, dieser Kritik Recht zu geben. Die von der Rechtswissenschaft bisher vertretene Vorstellung über eine naturwissenschaftliche Objektivität der Rechtsfindung ist unerfülltes Wunschdenken[109]. Gleichwohl können eine Reihe von Gesichtspunkten für ein Analogie- und Restriktionsverbot im Steuerrecht sprechen.

3. Begründung eines steuerrechtlichen Analogie- und Restriktionsverbotes

Das gesteigerte Maß an Rechtsunsicherheit, das durch eine Analogie und eine Restriktion im Steuerrecht begründet würde, ist möglicherweise angesichts der Unbestimmtheit und der Unüberschaubarkeit der Steuergesetze unzumutbar. Ein solchermaßen begründetes Analogie- und Restriktionsverbot wäre allerdings weniger eine logisch zwingende Begründung, als vielmehr die Auslegung positiven Verfassungsrechts.

a) Unbestimmtheit der Steuergesetze

Die Rechtssicherheit ist ein Zusammenspiel von Gesetz und Gesetzesanwendung. Die Rechtssicherheit wird in dem Maße beeinträchtigt, in dem der Gesetzgeber weite Generalklauseln und unbestimmte Rechtsbegriffe verwendet. Die zusätzliche Rechtsunsicherheit durch eine Analogie oder eine Restriktion wird entsprechend weniger zumutbar sein, soweit neben solchermaßen weiten Gesetzesbegriffen überhaupt noch eine gesetzesimmanente Rechtsfortbildung notwendig wäre. Unterwirft sich hingegen der Gesetzgeber dem Gebot zu bestimmten und

---

108 BVerfGE 7, 89 (94 f.); *Hess*, Analogieverbot, S. 137 ff. m. w. N.; *Dürig* in Maunz / Dürig / Herzog, GG Art. 103 Abs. 2 Rdnr. 109.

109 *Kaufmann*, JZ 1975, 337 (341); s. o. § 6 A III 2.

verständlichen Gesetzesnormen mit klarer Zielsetzung, dann kann auf dieser Basis einer erhöhten Rechtssicherheit eine Analogie oder eine Restriktion noch eher annehmbar erscheinen[110].

Die Forderung nach bestimmteren, leichter kalkulierbaren Gesetzen ist zumindest für das Steuerrecht ein nicht erfüllter Traum. Papier[111] bezeichnet diese für das besondere Verwaltungsrecht allgemein zu beobachtende Erscheinung als das Versagen des Gesetzgebers. Das Steuerrecht enthält eine Vielzahl unbestimmter Begriffe und Generalklauseln. Hierdurch soll den Schwierigkeiten begegnet werden, den wirtschaftlichen Zwecken der Steuergesetze gerecht die unermeßliche Fülle unterschiedlicher Lebenssachverhalte zu erfassen. Die allgemein herrschende Rechtsunsicherheit bei der Steuergesetzgebung hat der Gesetzgeber selbst eingestanden. Er hat sich nur widerwillig bereitgefunden, wegen des ungeordneten Rechtszustandes der Steuergesetze die verfassungsrechtlich bedenkliche Ermächtigung in § 51 Abs. 1 Nr. 1 EStG beizubehalten, nach der Rechtsverordnung über Grundbegriffe und Grundfragen der Anwendung der Steuergesetze erlassen werden dürfen, ohne daß das Gesetz Inhalt, Zweck und Ausmaß der Verordnung näher bestimmt (Art. 80 Abs. 1 Satz 2 GG)[112]. Es spricht gegen eine Veränderung jener damals zugestandenen Verhältnisse, daß der Gesetzgeber heute die zunächst nur bis 1960 geltende Ermächtigung später in eine unbefristete Ermächtigung umgewandelt hat[113].

Die Unbestimmtheit der Steuergesetzgebung und das Recht zu einer gesetzesimmanenten Rechtsfortbildung für die gesetzesanwendenden Gewalten würde sich zu einer erheblichen Rechtsunsicherheit sumieren.

b) Unüberschaubarkeit des Steuerrechts

Die herrschende Rechtsunsicherheit bei der Besteuerung wird gestützt durch das schier unüberschaubare Durcheinander des geltenden Steuerrechts. Eine Vielzahl von Steuergesetzen, alljährlichen Steuerreformgesetzen, Durchführungsverordnungen, Richtlinien, Erlassen und Rundverfügungen bilden selbst für den Fachmann ein Dickicht, das er kaum durchschauen kann. Die Steuerrechtsprechung vervollständigt das Bild. Die Vielzahl der Urteile ähneln der im englischen Recht bekannten „case-law"-Technik, wonach neue Entscheidungen weniger anhand des Gesetzes als vielmehr nach Präzedenzfällen getroffen werden. Die

---

110 *Vogel*, DStZ-A 1977, 5 (10).

111 Verwaltungsgerichtsbarkeit im demokratischen Rechtsstaat, S. 21 ff.

112 Bericht des Ausschusses für Finanz- und Steuerfragen BT.-Drs. II/ 2583 - 2591, S. 8.

113 Vgl. auch *Herrmann / Heuer*, EStG § 51 Rdnr. 2 b m. w. N. zum Meinungsstand.

aktuelle Besteuerungspraxis wird damit in hohem Maße von weitgehender Rechtsunsicherheit der Steuerpflichtigen geprägt. Es ist mit dem verfassungsrechtlichen Grundsatzbekenntnis zur Rechtssicherheit nicht mehr zu vereinbaren, diese für sich schon an die Grenzen der Zumutbarkeit gehende Rechtsunsicherheit[114] durch eine Befürwortung der Analogie und Restriktion im Steuerrecht zu verstärken. Angesichts der Unbestimmtheit der Steuergesetze und der Unüberschaubarkeit des Steuerrechts würde das Recht zur gesetzesimmanenten Rechtsfortbildung im Steuerrecht das verfassungsrechtliche Gebot der Rechtssicherheit nahezu auf Null reduziert werden.

Ein steuerrechtliches Verbot der Analogie und der Restriktion ist durch die Schwierigkeiten einer genauen Grenzziehung zwischen Rechtsanwendung und Rechtsfortbildung nur bedingt praktikabel. Mit einer Entscheidung für das Analogieverbot muß die Erkenntnis verbunden sein, daß hierdurch die Problematik verlagert wird. Es bleiben die Meinungsverschiedenheiten zu überwinden, ob eine Gesetzesanwendung noch einfache Auslegung oder schon eine verbotene Rechtsfortbildung ist. Indessen gibt es durchaus eindeutige Fälle der Analogie. Für diesen Bereich bedeutet die Entscheidung gegen die Analogie das Mindestmaß an verfassungsrechtlich gebotener Rechtssicherheit.

c) Bedeutung der §§ 39 ff. AO für das verfassungsrechtliche Verbot der Rechtsfortbildung im Steuerrecht

Die Überlegungen zu dem verfassungsrechtlichen Verbot der Rechtsfortbildung im Steuerrecht haben gezeigt, daß es sich um eine situationsbedingte Konkretisierung des positiven Verfassungsrechts auf die aktuelle Lage handelt. Mit diesem Vorverständnis über das rechtsstaatliche Gebot der Rechtssicherheit gewinnt auch die Argumentation Tipkes[115] andere Konturen, der über die Mißbrauchsregel des einfachen Steuerrechts zu einem verfassungsrechtlichen Analogieverbot gelangt. Zur aktuellen Rechtsunsicherheit des Steuerrechts tragen die steuerrechtlichen Sondervorschriften der §§ 39 - 42 AO bei. Eine Kombination von Generalklauseln erlaubt, im Steuerrecht von der formellen Begrifflichkeit des Zivilrechts abzuweichen und allein den wirtschaftlichen Hintergrund als Besteuerungsgrundlage zu nehmen. Sollte neben diesen Generalklauseln eine Analogie möglich sein, so könnten die Finanzverwaltung und die Finanzrechtsprechung auf eine halbwegs kontrollierbare Anwendung dieser Vorschriften verzichten und den bequemeren Weg einer Analogie vorziehen — ein Vorwurf, der immer

---

[114] *Tipke*, StuW 1976, 293 (294 f.) „Ein planloses, widerspruchsvolles Sammelsurium von Singularitäten"; *v. Wallis*, JbFfSt 1975/76, 13 „Gestrüpp".

[115] s. o. § 6 C III 1.

wieder erhoben wird. Die namentlich durch die Mißbrauchsklausel des § 42 AO geschaffenen Möglichkeiten, Mißbräuchen auch ohne Gesetzesanalogie oder Restriktion zu begegnen, lassen den Ruf nach der notwendigen Gerechtigkeit des Einzelfalles weniger gewichtig werden. Alles in allem verlangt damit das verfassungsrechtliche Prinzip der Rechtssicherheit das Verbot der Rechtsfortbildung im Steuerrecht. Dieses Verbot, das auf dem Vertrauensschutz der Steuerpflichtigen beruht, gilt für alle steuerrechtlich belastenden Maßnahmen.

4. Rechtsfortbildungsverbot bei begünstigenden Maßnahmen

Zweifel bleiben, ob eine Analogie nur bei Eingriffen verboten sein soll[116]. Es ist schlecht einzusehen, wieso nur bei unmittelbar benachteiligenden Rechtsfolgen ein Vertrauensschutz geboten sein soll. Mittelbare Benachteiligungen durch einseitige Begünstigungen können im Steuerrecht ebenso schwer wiegen[117]. Das Gebot der Rechtssicherheit kann allerdings den Bürger in seinem Vertrauen nur darauf schützen, nicht stärker belastet zu werden, als er durch das Gesetz vorhersehen konnte. Eine Begünstigung Dritter berührt deshalb seinen Vertrauensschutz insoweit nicht, als hierdurch seine eigene Steuerbelastung nicht steigt. Indessen kann dem Nichtbegünstigten trotz gleichbleibender Steuerbelastung durch die Förderung einer anderen Person dann ein Nachteil entstehen, wenn zwischen beiden Steuerpflichtigen ein wirtschaftlicher Wettbewerb herrscht. Hingegen ist die Begünstigung aus dem Gesichtspunkt des Vertrauensschutzes bedeutungslos, solange der Wettbewerb fehlt. Hess[118] meint, trotz Wettbewerbslage sei kein Vertrauensschutz für Begünstigungen Dritter möglich, die Begünstigung könne die Wettbewerbslage allenfalls für die Zukunft beeinträchtigen. Der Fortbestand der Rechtsordnung für die Zukunft sei durch den Grundsatz der Rechtssicherheit nicht geschützt. Diese Aussage enthält nur eine Teilwahrheit. Unbestritten kann es keinen Vertrauensschutz in den Bestand der Gesetze geben. Ein Vertrauensschutz hingegen muß insoweit gelten, als daß Gesetz richtig angewandt werden und Wettbewerber nicht durch unvorhersehbare Gesetzesanwendung Vorteile erlangen, welche die eigene Wettbewerbsposition beeinträchtigt. Deshalb muß in den Fällen, in denen beispielsweise schon das Bundesverfassungsgericht[119] eine Grundrechtsverletzung durch Begünstigung anerkannt hat, auch eine begünstigende Rechtsfortbildung untersagt sein. Rechtsfortbildung im Steuerrecht ist damit auch bei Begünstigungen

---

[116] *Hess*, Analogieverbot, S. 167 ff.; *Papier*, Gesetzesvorbehalt, S. 179 m. w. N. Fn. 40.

[117] s. o. § 4 B II.

[118] Analogieverbot, S. 167.

[119] BVerfGE 18, 1 (4); w. N. bei *Vogel*, VVDStRL 24 (1966), 125 (151 ff.).

verboten, soweit die Begünstigung für einen Wettbewerber wirtschaftliche Nachteile mit sich bringt.

5. *Rechtsfortbildung im Steuerverfahrensrecht*

Die herrschende Meinung[120] erlaubt eine analoge, benachteiligende Anwendung von Verfahrensnormen im Steuerrecht. Abgelehnt wird eine Analogie nur für die Regeln des Steuerverfahrensrechts, die unmittelbar Einfluß auf das materielle Recht haben. Das kommt unter anderem in den Vorschriften über den Bestand von Steuerverwaltungsakten zum Ausdruck (§§ 127 ff., 172 ff. AO).

Für die Anerkennung von zivilrechtlichen Verträgen zwischen Angehörigen ist die Frage bedeutsam, ob Verwaltungsvorschriften über den Nachweis der Besteuerungsgrundlagen zu jenen materiell-rechtlich wirkenden Verfahrensnormen zählen. In diesem Bereich gebührt dem Steuerschuldner Vertrauensschutz. Die Regelung des Nachweises der Besteuerungsgrundlagen ist für den Steuerpflichtigen in dem gleichen Maße wichtig, in dem er ein Vertrauen auf die materielle Rechtslage haben darf. Der verfahrensmäßige Nachweis des steuerbaren Sachverhaltes ist Voraussetzung für Anwendung der materiellen Vorschriften. Es müssen für die Verfahrensvorschriften, die eine Anwendung des materiellen Rechts überhaupt erst ermöglichen, die gleichen Maßstäbe gelten, wie für das materielle Recht. Anderenfalls würde der Vertrauensschutz für materiell-rechtliche Rechtsnormen weitgehend wertlos. Die Bedeutung der Regelung über den Nachweis der Besteuerungsgrundlagen wird schon für den Fall sichtbar, in dem die Behörde ermessensfehlerfrei ohne Ankündigung im Rahmen des möglichen Gesetzeswortlautes strengere Anforderungen an den Nachweis der Besteuerungsgrundlagen verlangt. Das kann zu einer nicht tragbaren Beeinträchtigung der Vertrauensrechte der Betroffenen führen, die in Anlehnung an die alte behördliche Praxis die Unterlagen geführt hatten und wegen der neuen Anforderungen mit materiellen Steuernachteilen rechnen müssen. Dem trägt die Finanzverwaltung in aller Regel Rechnung. Oft werden aus Gründen des Vertrauensschutzes Übergangsregelungen gewährt, um sich den geänderten Rechtsauffassungen anzupassen.

Die Bedeutung der Verfahrensvorschriften über den Nachweis der Besteuerungsgrundlagen für die materielle Steuerbelastung verlangt damit ebenfalls ein Rechtsfortbildungsverbot.

---

120 *Hess*, Analogieverbot, S. 182 f.; *Kruse*, Steuerrecht, § 8 III 2; *Papier*, Gesetzesvorbehalt, S. 179 m. w. N Fn. 40.

D. Zusammenfassung und Schlußfolgerung für die Anerkennung vertraglicher Gestaltungen im Steuerrecht

I. Rechtsstaatlich gebotene Rechtsanwendung im Steuerrecht

Zivilrechtliche Begriffe sind im Steuerrecht nach den allgemeinen Regeln der Gesetzesanwendung auszulegen. Je nach dem Ergebnis dieser Auslegung sind vertragliche Gestaltungen anzuerkennen oder nicht. Bei Vertragsgestaltungen zwischen Angehörigen kann die besondere Interessenlage nur berücksichtigt werden, soweit der Wortlaut des Steuergesetzes dieses zuläßt. Insbesondere ist es der Finanzverwaltung und der Finanzrechtsprechung untersagt, Vertragsgestaltungen zwischen interessenabhängigen Personen mit Hilfe eines Analogieschlusses oder durch eine Restriktion steuerrechtlich nicht anzuerkennen. Das strikte Gebot der Gesetzesgebundenheit im Steuerrecht gilt nicht nur für unmittelbar belastende Maßnahmen, sondern auch für begünstigende Maßnahmen Dritter, die mit dem Steuerpflichtigen im Wettbewerb stehen. Das Verbot der Rechtsfortbildung im Steuerrecht muß auch für die verfahrensrechtlichen Vorschriften gelten, die Voraussetzung zum Nachweis der Besteuerungsgrundlagen sind.

II. Zivilrechtsbegriffe im Steuerrecht

Durch das Verbot der Rechtsfortbildung im Steuerrecht wird die Frage nach dem möglichen Wortsinn von Zivilrechtsbegriffen in Steuertatbeständen zum zentralen Problem. Es ist der Finanzverwaltung und der Finanzrechtsprechung durch das verfassungsrechtliche Gebot der Rechtssicherheit nicht untersagt, Verträge zwischen interessenverbundenen Personen nach dem Zweck des Gesetzes dann nicht anzuerkennen, wenn schon der Wortlaut des Gesetzes keine Bindung an die zivilrechtliche formelle Begrifflichkeit verlangt. Die Abgrenzung des möglichen Wortsinnes von Tatbestandsmerkmalen ist äußerst schwierig. Das ist ursächlich für die schwimmenden Grenzen zwischen Gesetzesauslegung und Rechtsfortbildung. Die Schwierigkeiten, den möglichen Wortsinn eines Begriffes zu umreißen, liegen darin, daß der Inhalt eines Begriffes regelmäßig keine fest vorgegebene Größe ist. Maßgebend ist stets der allgemeine, ständigen Änderungen unterliegende Sprachgebrauch.

Unproblematisch sind danach rechtstechnische Begriffe, die im allgemeinen Sprachgebrauch keine begriffliche Änderung erfahren haben. So umreißen beispielsweise die rechtstechnischen Begriffe wie Kauf, Schenkung, Miete, Pacht, Darlehen, sowie die Bezeichnungen für die handelsrechtlichen Gesellschaftsformen einen durch das Zivilrecht fest vorgegebenen Bedeutungsinhalt. Will der Steuergesetzgeber solche eindeutig rechtstechnischen Begriffe mit einem abweichenden Begriffsinhalt für das Steuerrecht verwenden, so muß er das deutlich machen[121]. Hier kann nicht die immer wieder gehörte Behauptung helfen, das Steuerrecht wolle seinem Zweck nach wirtschaftliche Sachverhalte besteuern, die Zivilrechtsbegriffe seien deshalb nur ein Indiz für den Besteuerungstatbestand. Die mit der Steuergesetzgebung verbundenen Absichten des Steuergesetzgebers können nur insoweit beachtlich sein, wie sie im Wortlaut des Steuertatbestandes ablesbar sind. Wer Steuertatbestände, auch Zivilrechtsbegriffe ohne ausdrücklichen Hinweis des Gesetzgebers grundsätzlich nur als Indizien einer wirtschaftlichen Besteuerung auffaßt, der kann gleichermaßen auf eine Steuergesetzgebung verzichten und Steuern nach der an der Gerechtigkeit orientierten wirtschaftlichen Betrachtungsweise erheben. Allein der Gesetzgeber hat es in der Hand, nach Zweck, Inhalt und Ausmaß bestimmbare Steuertatbestandsmerkmale als nur indizierende Merkmale der Besteuerung zu bestimmen. Hat der Gesetzgeber auf den beispielhaften Charakter eines zivilrechtlichen Tatbestandsmerkmales nicht hingewiesen, dann können die Finanzverwaltung und die Finanzrechtsprechung diesem nicht eine „Nur"-Indizwirkung zumessen. Soweit der Gesetzgeber demnach in dieser Weise Begriffe des Bürgerlichen Gesetzbuches oder des Handelsgesetzbuches als Tatbestandsmerkmale der Besteuerung verwendet, müssen die Finanzverwaltung und die Finanzrechtsprechung diese Verträge ohne Unterschied der Person und ohne Rücksicht auf einen bestehenden oder fehlenden Interessengegensatz zwischen dn Vertragsparteien auch steuerrechtlich anerkennen.

Anders als bei den rechtstechnischen Begriffen liegt der Sachverhalt, wenn der Steuergesetzgeber Zivilrechtsbegriffe verwendet, die schon nach dem allgemeinen Sprachgebrauch mehrdeutig sind. Hierbei kann es nicht darauf ankommen, ob das Zivilrecht seinerseits die Gesetzesterminologie dem allgemeinen Sprachgebrauch entnommen hat, oder ob ursprünglich fest umrissene Begriffe (primäre Rechtsbegriffe) im Laufe der Zeit im allgemeinen Sprachgebrauch eine erweiterte Bedeutung gewonnen haben. Naturgemäß ist es äußerst schwierig, einen allgemeinen Sprachgebrauch sicher festzustellen. Dieses Problem ergibt sich ähnlich bei der Bildung von Gewohnheitsrecht. Nach alledem muß es für die Mehrdeutigkeit eines Ausdrucks genügen, daß die gleichen Tatbestandsmerkmale in unterschiedlichen Gesetzen nach Wissenschaft und Praxis ganz überwiegend in ständiger Übung jeweils unterschiedlich ausgelegt werden. Ein viel zitiertes Beispiel ist der Leistungsbegriff, der in verschiedenen Gesetzen (§ 241 BGB, § 22 Nr. 3 EStG, §§ 1 Abs. 1 Nr. 1, 3 Abs. 1 und 8 UStG) unterschiedlich ausgelegt wurden.

---

[121] So im Ansatz statt vieler: *Herrmann / Heuer*, EStG, § 2 Anm. 52; *Tipke*, Steuerrecht, § 8 Ziff. 2.

Ohnehin wird im allgemeinen, nicht juristischen Sprachgebrauch der Ausdruck Leistung unterschiedlich verwandt.

Hiernach geht es nicht an, eindeutige, rechtstechnische Begriffe in den Steuergesetzen abweichend vom zivilrechtlichen Gehalt auszulegen unter Berufung darauf, der Gesetzgeber habe die rechtstechnischen Begriffe nur als typische Erscheinungsformen des wahren, zu besteuernden wirtschaftlichen Vorgangs verstanden. Soll der zivilrechtliche Begriff nur ein beispielhaftes Tatbestandsmerkmal für die Besteuerung von wirtschaftlichen Sachverhalten sein, dann muß der Gesetzgeber ausdrücklich darauf hinweisen.

Die steuerrechtliche Behandlung von Verträgen zwischen interessenabhängigen Personen, insbesondere zwischen Angehörigen ist an diesen Grundsätzen der Rechtfertigung zu messen. Keine Steuernorm, weder die eines Einzelsteuergesetzes noch die §§ 41, 42 AO dürfen durch eine Analogie oder eine Restriktion einschränkend dahingehend ausgelegt werden, daß Verträge zwischen interessenverbundenen Personen steuerrechtlich nicht oder nur unter erschwerten Bedingungen anzuerkennen sind.

4. TEIL

Grundlagen der Abgabenordnung für die steuerrechtliche Behandlung von Vertragsgestaltungen zwischen Angehörigen

Es stehen nunmehr zwei Grundsätze für die Besteuerung von Verträgen zwischen Angehörigen fest:

1. Art. 6 Abs. 1 GG verbietet ein einseitiges „steuerrechtliches Mißtrauen" allein gegenüber Verträgen zwischen Angehörigen.
2. Art. 20 Abs. 1 GG erlaubt dem Gesetzgeber, die besonderen mißbräuchlichen Vertragsgestaltungen durch verschärfte Steuernormen einzuengen. Nicht sachgerecht und damit verfassungswidrig wäre es jedoch, Verträge zwischen interessenverbundenen Personen schlechthin von jeder steuerrechtlichen Anerkennung auszunehmen. Soweit der Gesetzgeber die Möglichkeiten zu einer verschärften Steuergesetzgebung nicht genutzt hat, verbietet Art. 20 Abs. 1 GG der Finanzverwaltung und der Finanzrechtsprechung, Verträge zwischen interessenverbundenen Personen durch einen Analogieschluß oder durch eine Restriktion erschwerten Bedingungen einer steuerrechtlichen Anerkennung zu unterwerfen.

Im folgenden sind die für alle Steuerarten allgemein geltenden Vorschriften der Abgabenordnung (§ 1 AO) unter Beachtung der erarbeiteten Grundsätze daraufhin zu untersuchen, wie Verträge zwischen Angehörigen nach dem geltenden Steuerrecht zu behandeln sind.

Die zivilrechtlichen Verträge zwischen Angehörigen können in dreifacher Weise steuerrechtliche Bedeutung haben[1]. Betroffen sein können die Steuern auf den Vermögensverkehr, auf das Vermögen und auf das Einkommen. Die der Summe nach wohl bedeutendsten Steuerersparnisse[2] können bei Verträgen zwischen Angehörigen bei der Erbschaft- und Schenkungsteuer durch vorzeitige Verfügungen unter Lebenden über einen Teil des Vermögens erzielt werden. Weniger lukrativ, aber dem Umfang nach am häufigsten sind Verträge, die

---

[1] s. o. § 1 B.

[2] *Beinert*, in Übertragung von Einkunftsquellen, S. 141 (149).

durch die Übertragung von Einkunftsquellen die Einkommensteuer mindern sollen. Geringere, aber keine geringfügigen Auswirkungen haben die Ersparnismöglichkeiten bei der Vermögensteuer. Häufig wird der Gesichtspunkt der Vermögensteuer nur eine angenehme Nebenfolge der in erster Linie gewollten kombinierten Ersparnis von Erbschaft- und Schenkungsteuer sowie von Einkommensteuer sein.

Mit Ausnahme der Arbeits- und Dienstverträge zwischen Angehörigen unterliegen die Vertragsgestaltungen einem recht einheitlichen Muster: Der reiche Angehörige überträgt einem Verwandten einen Teil seines Vermögens. Rechtsgrundlage ist im allgemeinen eine Schenkung. Da der reiche Zuwendende in den meisten Fällen aber nicht gedenkt, sich schon zu Lebzeiten endgültig von seinem Vermögen zu trennen, sind die Schenkung und die Übertragung so gestaltet, daß dem Zuwendenden in mehr oder weniger großem Umfang die materiellen Vorteile aus dem Vermögen auch weiterhin auf Lebenszeit zustehen. So kommt es durchaus vor, daß sich die wirtschaftliche Situation der Beteiligten in Wahrheit überhaupt nicht ändert. Als Beispiel sei der Fall genannt, daß der Vater seinem Sohn ein Schenkungsversprechen über einen bestimmten Geldbetrag gibt. Statt das Geld auszuzahlen, wird entsprechend der im vornherein beabsichtigten Regelung nunmehr vereinbart, daß der Vater den Geldbetrag als verzinsliches Vereinbarungsdarlehn (§ 607 Abs. 2 BGB) schuldet. Das Darlehn ist ungesichert; die Abtretung nach § 399 BGB ausgeschlossen; eine ordentliche Kündigung gibt es bis zum Tode des Vaters nicht; die Schenkung ist mit weiten Widerrufsvorbehalten versehen; die Zinszahlungen mindern, da das Darlehn dem väterlichen Betrieb gewährt wurde, den betrieblichen Gewinn; der Vater verwendet nicht mehr sein eigenes Einkommen für den Unterhalt des Bedachten, sondern die eigentlich an den Bedachten auszuzahlenden Zinsen als Einkünfte des Kindesvermögens (§ 1649 Abs. 1 Satz 1 BGB).

Ein anderes beliebtes Gestaltungsmittel ist es, sich an dem übertragenen Vermögen ein lebenslanges Nießbrauchsrecht vorzubehalten.

Das Erbschaft- und Schenkungsteuergesetz enthält im einzelnen Regelungen darüber, ob derartige Verträge eine Steuerpflicht auslösen. Gleichermaßen bestimmt das Einkommensteuergesetz durch die tatbestandliche Umschreibung der steuerpflichtigen Einkünfte, ob diese Verträge im einzelnen einen Wechsel der einkommensteuerpflichtigen Person herbeiführen können. Die Fülle der Einzelheiten dieser spezialgesetzlichen Regelungen läßt es nicht zu, auf diese Fragen hier näher einzugehen. Eingegangen werden soll hingegen auf die Vorschriften der Abgabenordnung. Die Abgabenordnung enthält als allgemeines Steuergesetz in den §§ 39 ff. eine Reihe von Regelungen über die steuerrechtliche Behandlung von Verträgen. Diese Vorschriften sind auch für die Einzelsteuergesetze verbindlich, sofern die spezialgesetzlichen Regelungen keine Abweichungen vorsehen (so ausdrücklich: z. B. § 41 Abs. 1 Satz 2 AO). In der Besteuerungspraxis spielen diese Vorschriften für die Anerkennung von Verträgen zwischen Angehörigen eine bedeutende Rolle.

Ohne Bedeutung ist hier allerdings § 40 AO über die steuerrechtliche Behandlung von gesetzes- oder sittenwidrigen Rechtsgeschäften. Fast nie sind Verträge zwischen Angehörigen aus diesem Grunde schon nach dem Zivilrecht nichtig. Die §§ 41, 42 AO enthalten hingegen einen der Kernpunkte um den Streit der steuerrechtlichen Anerkennung zivilrechtlicher Verträge zwischen Angehörigen. Für die Übertragung von Vermögensgegenständen oder die Zurechnung von Einkünften taucht immer wieder die Frage auf, ob diese Verträge zwischen Angehörigen nicht schon nach den Vorschriften der Abgabenordnung steuerrechtlich unbeachtlich sind, insbesondere, ob die Verträge nicht Scheingeschäfte sind (§ 41 Abs. 2 AO) (s. u. § 7), ob zivilrechtlich unwirksame Rechtsgeschäfte zwischen Angehörigen nicht entgegen § 41 Abs. 1 AO steuerrechtlich unberücksichtigt bleiben müssen (s. u. § 8) und ob schließlich die Verträge als Umgehung der Steuerpflicht durch mißbräuchliche Gestaltungsformen steuerrechtlich nicht anerkannt werden dürfen (s. u. § 9). Für die Vermögensbesteuerung ist zu klären, ob die Vertragsgestaltung ausreicht, um die Zurechnung der Vermögensgegenstände in der gewünschten Weise zu ändern (§ 39 AO) (s. u. § 10). Neben diesen materiell-rechtlichen Vorschriften der Abgabenordnung haben die verfahrensrechtlichen Vorschriften über die Ermittlung der Besteuerungsgrundlagen eine erhebliche Bedeutung für die Praxis der Besteuerung von Verträgen zwischen Angehörigen (s. u. § 11). Keine der zu untersuchenden Vorschriften enthält eine Sonderregelung für vertragliche Beziehungen zwischen Angehörigen oder aber eine allgemeinere Regelung über die steuerrechtliche Behandlung von Verträgen zwischen interessenverbundenen Personen. Eine steuerrechtliche Sonderbehandlung dieser Personengruppen ist damit nur möglich, soweit der Wortlaut dieser Vorschriften das zuläßt.

§ 7 Scheingeschäfte, Scheinhandlungen, verdeckte Geschäfte

A. Wesen der Scheingeschäfte

Die Rechtsprechung[1], die Finanzverwaltung[2] und das Schrifttum[3] sind sich einig über das Wesen von Scheingeschäften, Scheinhandlungen und verdeckten Geschäften. Die Definition gibt § 117 Abs. 1 BGB: Die vertragsschließenden Parteien müssen sich darüber einig sein, das Geschäft nur zum Schein abgeschlossen zu haben. Wird durch ein Scheingeschäft ein anderes Rechtsgeschäft verdeckt, so ist das verdeckte Rechtsgeschäft maßgebend (§ 117 BGB, für die Besteuerung: § 41 Abs. 2 Satz 2 AO). Ein Scheingeschäft setzt stets den Anschein eines äußeren Erklärungstatbestands und verlangt das Einvernehmen beider Parteien, in Wahrheit das Geschäft überhaupt nicht oder so nicht (verdecktes Geschäft) zu wollen[4].

B. Scheingeschäfte zwischen Angehörigen

I. Ansichten der Rechtsprechung und der Verwaltung

Trotz der einhelligen Meinung ergeben sich bei der steuerrechtlichen Anerkennung von Verträgen zwischen Angehörigen gerade wegen § 41 Abs. 2 AO erhebliche Probleme. Streitig ist die schwer zu entscheidende Frage, wann davon ausgegangen werden kann, daß die Vertragsparteien die Gestaltung nur zum Schein gewollt haben. Es ist naturgemäß schwer, hierauf eine verläßliche Antwort zu finden. Es gehört zum Wesen der Scheingeschäfte, daß der wahre und für die Beurteilung der Verträge entscheidende Wille der Parteien nicht offenkundig ist. Regelmäßig bleiben nur Indizien, aus denen auf den abweichenden inneren Willen geschlossen werden kann. Gleichwohl ist die Argumentation mit dem Scheingeschäft einer der tragenden Säulen der steuerrechtlichen Nichtbeachtung zivilrechtlicher Vertragsgestaltungen zwischen Angehörigen.

Der Bundesfinanzhof verwendet allerdings nur selten die Terminologie des § 41 Abs. 2 AO, um die Wirksamkeit vertraglicher Gestaltungen zwischen Angehörigen zu überprüfen. Nur ganz vereinzelt wird

---

[1] RFH StuW 1930 Nr. 38; BFHE 91, 86 (88) = BStBl. II 1968, 265; BFHE 104, 563 (568) = BStBl. II 1972, 414 (416); BFHE 106, 374 (379) = BStBl. II 1972, 836 (838).

[2] Einführungserlaß zur AO 1977 zu § 41 Abs. 2, BStBl. I 1976, 576 (582).

[3] *Klein / Orlopp*, AO § 41 Anm. 3; *Kühn / Kutter*, AO § 5 StAnpG Anm. 2; *Paulick*, Steuerrecht, § 14 IV 1 Rdnr. 307; *Tipke*, Steuerrecht, § 8 Ziff. 6.11; *Spanner* in Hübschmann / Hepp / Spitaler, RAO § 5 StAnpG Rdnr. 3.

[4] BGHZ 21, 378 (379, 382); *Palandt / Heinrichs*, BGB § 117 Anm. 1; *Hefermehl* in Soergel / Siebert, BGB § 117 Anm. 4; *Erma / H. Westermann*, BGB § 117 Rdnr. 2.

§ 41 Abs. 2 AO (früher § 5 Abs. 1 StAnpG) in den Entscheidungen erwähnt[5]. Im Jahre 1941 wurde zum letzten Mal ein Vertrag ausdrücklich als Scheingeschäft nach § 41 Abs. 2 AO steuerrechtlich nicht anerkannt[6]. Statt dessen werden heute in ständiger Rechtsprechung zivilrechtliche Gestaltungen zwischen Angehörigen daraufhin überprüft, ob die Verträge ernsthaft vereinbart und tatsächlich durchgeführt wurden[7]. Die Prüfung der Ernsthaftigkeit wird als allgemeine Voraussetzung der steuerrechtlichen Anerkennung von Vereinbarungen zwischen Angehörigen genannt[8]. § 41 Abs. 2 AO selbst wird nicht erwähnt, auch dann nicht, wenn die zivilrechtliche Gestaltung steuerrechtlich nicht anerkannt wurde und hierfür an sich die steuergesetzliche Ermächtigungsgrundlage hätte genannt werden müssen. Die Ernsthaftigkeitsthese wird wie ein ungeschriebenes Recht verwandt. Der Bundesfinanzhof prüft die Ernsthaftigkeit an einer Reihe von Indizien. Der Vertrag muß zivilrechtlich wirksam, klar und eindeutig sein, einem Fremdvergleich standhalten und tatsächlich vollzogen worden sein. Ist einer der Gesichtspunkte nicht erfüllt, wird die Ernsthaftigkeit des Vertragsschlusses verneint. Die Finanzverwaltung folgt der Rechtsprechung uneingeschränkt (Abschn. 174 a Abs. 1 - 7 EStR).

1. *Zivilrechtliche Wirksamkeit*

Werden in einem Vertrag zwischen Angehörigen bürgerlich-rechtliche Wirksamkeitsvoraussetzungen nicht beachtet und ist deshalb der Vertrag unwirksam, sieht der Bundesfinanzhof darin ein Indiz für fehlende Ernsthaftigkeit der Vereinbarung[9]: Insbesondere müsse die Ernsthaftigkeit für die steuerrechtliche Beurteilung verneint werden, wenn Formvorschriften verletzt (z. B. § 518 BGB) seien[10]. Das gleiche gelte, wenn eine vormundschaftliche Genehmigung (z. B. § 1822 Nr. 3 BGB) fehle oder die Vorschriften über die Vertretung (§§ 107, 181, 1795 BGB) nicht beachtet seien.

---

[5] Zuletzt: BFHE 93, 1 (4) = BStBl. II 1968, 695 (696).

[6] RStBl. 1941, 275 (276).

[7] BFHE 63, 480 (483) = BStBl. III 1956, 380 (381); BFHE 73, 228 (229) = BStBl. III 1961, 351; BFHE 74, 584 (586) = BStBl. III 1962, 217 (218); Überblick zur neueren Rechtsprechung: *Schulze zur Wiesche*, FR 1976, 469.

[8] BFHE 113, 558 (562) = BStBl. II 1975, 141 (143).

[9] BFHE 63, 480 (483) = BStBl. III 1965, 380 (381); BFHE 65, 482 (487 f.) = BStBl. III 1957, 419 (420); BFHE 66, 658 (659 f.) = BStBl. III 1958, 254 f.; BFHE 77, 650 (653) = BStBl. III 1963, 559 (560); BFHE 92, 474 (475 f.) = BStBl. II 1968, 671 (672); BFHE 108, 197 (199 f.) = BStBl. II 1973, 307 (308); BFHE 110, 651 (654) = BStBl. II 1974, 163 (165); BFHE 120, 165 (166) = BStBl. II 1977, 78 (79); a. A. FG Düsseldorf EFG 1976, 502 (503) Revision eingelegt.

[10] BFHE 113, 558 (562) = BStBl. II 1975, 141 (143); vgl. auch BMF-Schreiben vom 8. 12. 1975 BStBl. I 1975, 1130.

2. *Klarheit und Eindeutigkeit*

Soweit Verträge nicht klar und eindeutig formuliert sind, wird die Ernsthaftigkeit gleichfalls in Frage gestellt. Die Angehörigen sollen nicht durch bewußt mehrdeutige Formulierungen später rückwirkend die steuergünstigste Folge aus dem Vertragsschluß herleiten können[11].

3. *Fremdvergleich*

Indiz gegen die Ernsthaftigkeit sollen auch unübliche Vereinbarungen sein. Es könne nur der Vertrag zwischen Angehörigen als ernsthaft gewollt gelten, der zu Bedingungen wie zwischen Fremden geschlossen worden sei[12]. Diese Rechtsprechung wurde weiter entwickelt zu der These, daß nur solche zivilrechtlichen Vereinbarungen anerkannt werden könnten, die in ihrer Ausgestaltung den Regelstatuten des Bürgerlichen Gesetzbuches und des Handelsgesetzbuches weitgehend entsprächen[13].

4. *Tatsächlicher Vollzug*

Recht karg gibt sich der Bundesfinanzhof[14] mit der Feststellung, Verträge zwischen Angehörigen seien nur anzuerkennen, wenn sie tatsächlich vollzogen worden seien. Arbeitsverträge unter Ehegatten werden beispielsweise nur anerkannt, wenn das vereinbarte Entgelt zum üblichen Zeitpunkt tatsächlich ausgezahlt wird[15].

Die Argumentation des Bundesfinanzhofs zur Ernsthaftigkeit von Verträgen hat sich im Laufe der Zeit so verfestigt, daß die Indizien der zivilrechtlichen Wirksamkeit, der Klarheit und Eindeutigkeit, des Fremdvergleiches und des tatsächlichen Verzuges ein Eigenleben entwickelt haben. Es ist aus der Rechtsprechung nicht immer klar ersichtlich, ob diese Gesichtspunkte noch als Indizien gegen die Ernsthaftigkeit verwendet werden, oder ob sie selbständig gleich einem allgemeinen Rechtsgrundsatz die steuerrechtliche Unbeachtlichkeit herbeiführen sollen. Zum tragenden Argument für die Rechtfertigung der Indizienrechtsprechung wurde die Entscheidung des Bundesverfassungsgerichts[16], an den Beweis der Durchführung und der Ernsthaftigkeit des

---

[11] BFHE 65, 482 (487) = BStBl. III 1957, 419 (420); BFHE 118, 181 (188) = BStBl. II 1976, 328 (332); BFHE 118, 189 (193) = BStBl. II 1976, 324 (326).

[12] BFHE 67, 450 (452) = BStBl. III 1958, 445 (446); BFHE 118, 189 (193) = BStBl. II 1976, 324 (326).

[13] BFHE 118, 198 (201 f.) = BStBl. II 1976, 332 (334); BFHE 119, 421 (424 f.) = BStBl. II 1976, 678 (679).

[14] BFHE 78, 402 (404) = BStBl. III 1964, 156 (157); BFHE 92, 474 (476) = BStBl. II 1968, 671 (672); BFHE 118, 181 (186) = BStBl. II 1976, 328 (331).

[15] BFHE 63, 480 (483) = BStBl. III 1962, 217 (218); BFHE 78, 335 (336) = BStBl. III 1964, 131; BFHE 94, 209 (210) = BStBl. II 1969, 102; zur gesamten Problematik und Rechtsprechung vgl.: Abschn. 174 a Abs. 3 EStR.

Abschlusses von Verträgen zwischen Angehörigen könnten besondere Anforderungen gestellt werden[17].

II. Kritik im Schrifttum und eigene Stellungnahme

Eine Kritik an der Rechtsprechung des Bundesfinanzhofes zur Ernsthaftigkeit von Verträgen zwischen Angehörigen muß schon bei der gewählten Terminologie der Urteilsbegründungen beginnen. Es paßt nicht zu der maßgebenden gesetzlichen Terminologie des § 41 Abs. 2 AO (§ 117 BGB), das Tatbestandsmerkmal des Scheingeschäftes durch den Begriff der Ernsthaftigkeit zu ersetzen. Diese Terminologie paßt eher zu den Scherzgeschäften des § 118 BGB. Möglicherweise führt diese verkehrte Begrifflichkeit in den Entscheidungen des Bundesfinanzhofes auch dazu, daß bei der „Ernsthaftigkeitsprüfung" von Rechtsgeschäften zwischen Angehörigen die tatbestandlichen Voraussetzungen eines Scheingeschäftes nicht mehr geprüft werden. Der Bundesfinanzhof hält es offenbar für überflüssig zu prüfen, ob tatsächlich der Anschein eines äußeren Erklärungstatbestandes gesetzt wurde und die Parteien nach innerer Übereinstimmung das Erklärte in Wahrheit nicht wollen. Statt dessen beruft sich der Bundesfinanzhof zu Unrecht darauf, die besonderen Voraussetzungen zur Anerkennung von Vertragsgestaltungen zwischen Angehörigen — die Ernsthaftigkeitsthese — seien ein allgemeines steuerrechtliches Erfordernis. Hier übersieht der Bundesfinanzhof, daß es ein allgemeines steuerrechtliches Erfordernis ohne gesetzliche Ermächtigungsgrundlage nicht geben kann[18]. Diese Ansicht scheinen indessen Blümich / Falk[19] nicht zu teilen: Die besonderen Anforderungen an Rechtsgeschäfte zwischen Angehörigen seien ein zu beachtender „steuerlicher Grundsatz", den die Rechtsprechung entwickelt habe. Nur so könne verhindert werden, daß unberechtigte Steuervorteile erschlichen würden. Schon hier muß sich die Frage stellen, ob denn das „Erschleichen steuerrechtlicher Vorteile" nicht besser mit dem gesetzlichen Mittel der Mißbrauchsklausel des § 42 AO als mit allgemeinen Erwägungen bekämpft werden sollte. Nicht grundlos hat deshalb das Bundesverfassungsgericht[20] Anlaß zur Kritik gesehen. Der Bundesfinanzhof entwickele aus Einzelfällen abseits der Steuergesetze allgemeine Rechtsgrundsätze, die normähnlichen Charakter enthielten und das Primat des Gesetzgebers zur Steuergesetzgebung verletzten.

---

[16] So o. § 4 B III; u. a. BVerfGE 9, 237 (246).

[17] BFHE 113, 558 (562) = BStBl. II 1975, 141 (143); BFHE 118, 189 (193) = BStBl. II 1976, 324 (326); BFHE 118, 181 (188) = BStBl. II 1976, 328 (330).

[18] s. o. § 6 B.

[19] EStG § 26 a Anm. II 2 a.

[20] BVerfGE 9, 318 (328).

Auch Tipke / Kruse[21] bemängeln, die Rechtsprechung des Bundesfinanzhofes zu den Scheingeschäften sei in Wahrheit eine ungeschickte Umschreibung der wirtschaftlichen Betrachtungsweise. Der Bundesfinanzhof gebe zwar vor, in seiner steuerrechtlichen Beurteilung an das Zivilrecht anzuknüpfen, bewege sich aber mit seinem so gestellten Verlangen nach Ernsthaftigkeit außerhalb der zivilrechtlichen Systematik.

Die vom Bundesfinanzhof für die fehlende Ernsthaftigkeit herangezogenen Merkmale wie die zivilrechtliche Wirksamkeit, die Klarheit und die Eindeutigkeit der Verträge, der Fremdvergleich und tatsächliche Vollzug sind in der Tat nicht frei von Bedenken. Bedenklich ist hierbei allerdings weniger eine rechtlich zu beanstandende falsche Auslegung des Gesetzeswortlautes, sondern vielmehr die zweifelhafte tatsächliche Bewertung äußerer Tatumstände. Der Bundesfinanzhof hat sich auf seiner Suche nach objektivierenden Tatumständen für den Nachweis des nur schwierig zu erforschenden subjektiven Tatbestandsmerkmals des Scheingeschäftes auf die Gesichtspunkte der Wirksamkeit, der Klarheit und Eindeutigkeit, des Fremdvergleiches und des tatsächlichen Vollzuges gestützt. Diese dem Bereich des Tatsächlichen zuzuordnende Wertung muß gleichermaßen wie die Klärung von Rechtsfragen logisch nachvollziehbar begründet werden. Weder dürfen Denkgesetzlichkeit verletzt, noch Lebenserfahrungen einseitig oder falsch behauptet werden. An diesem Grundsatz sind die zur Ernsthaftigkeitsprüfung immer wieder verwandten Gesichtspunkte zu überprüfen.

1. Zivilrechtliche Wirksamkeit

a) Steuerrechtliche Bedeutung der zivilrechtlichen Wirksamkeit der Verträge im System des § 41 AO

Auf den ersten Blick verwundert der Ansatzpunkt, zivilrechtlich unwirksame Verträge noch unter dem Gesichtspunkt eines Scheingeschäftes zu überprüfen. Viel näher würde es doch liegen, die Rechtsgeschäfte deshalb steuerrechtlich für unbeachtlich zu erklären, weil sie unabhängig von § 117 BGB wegen der Verletzung der Formvorschriften ohnehin schon zivilrechtlich nicht wirksam seien.

Der Hintergrund dieses umständlich anmutenden Gedankenganges wird nur im Zusammenhang mit § 41 Abs. 1 AO (früher § 5 Abs. 2 - 5 StAnpG) klar. Danach sind zivilrechtlich unwirksame Verträge steuerrechtlich zu beachten, sofern die Vertragsparteien das wirtschaftliche Ergebnis des unwirksamen Rechtsgeschäftes gegen sich gelten lassen. Was zunächst als Erweiterung der Steuerpflicht dienen sollte, konnte

[21] AO § 41 Rdnr. 30 m. w. N.

sich bei Verträgen zwischen Angehörigen ins Gegenteil verkehren. Hatten die Angehörigen wie so häufig ihre Beziehungen vertraglich überhaupt nicht oder unwirksam geregelt, im Nachhinein aber die steuersparende Wirkung solcher Verträge erkannt, so beriefen sie sich auf § 41 Abs. 1 AO: Auch ohne zivilrechtlich wirksame Bindungen seien sie steuerrechtlich so zu behandeln, als hätten sie wirksame Verträge geschlossen. Denn sie hätten das wirtschaftliche Ergebnis des unwirksamen oder gar nicht erst abgeschlossenen Rechtsgeschäftes gleichwohl eintreten und bestehen lassen.

Der Finanzverwaltung und den Finanzgerichten war es kaum möglich, diese Angehörigen stichhaltig in Zweifel zu ziehen. Unter Angehörigen bestehen einfach zu viele Möglichkeiten, den tatsächlichen Vollzug eines Rechtsgeschäftes vorzuschieben. § 41 Abs. 1 AO war damit zu einem steuerersparenden Instrument umfunktioniert worden. Helfen konnte nur noch § 41 Abs. 2 AO. Lassen die Parteien das wirtschaftliche Ergebnis eines unwirksamen Rechtsgeschäftes eintreten, so ist das steuerrechtlich unbeachtlich, wenn dieses ein Scheingeschäft oder eine Scheinhandlung ist. Der Einwand des Steuerpflichtigen, sie hätten sich tatsächlich wie vertragsgebundene Parteien verhalten, war damit nicht erheblich. Damit ist der Ansatzpunkt des Bundesfinanzhofes nicht falsch, auch unwirksame Verträge auf ihre Ernsthaftigkeit zu überprüfen. Eine ganz andere Frage ist es hingegen, und das wird hier zu klären sein, ob die vom Bundesfinanzhof herangezogenen Indizien gegen die Ernsthaftigkeit der Verträge stichhaltig sind.

b) Wirkung von Indizien

Der Bundesfinanzhof verwendet die zivilrechtliche Unwirksamkeit des Vertrages als Indiz dafür, daß die Angehörigen das Geschäft in Wahrheit nicht wollen. Er behilft sich damit eines äußeren Anzeichens, denn der innere Tatbestand eines Scheingeschäftes ist nur selten beweisbar.

Dieser Indizien-„Beweis“ liegt sachlich in der Nähe zum Beweis des ersten Anscheins. Deuten äußerliche Sachverhalte im Einzelfall auf bestimmte Sachumstände hin, dann soll der Richter da keine Zweifel mehr hegen, wo jeder andere vernünftige, die Lebensverhältnisse überschauende Mensch überzeugt wäre[22]. Es genügt ein jeden vernünftigen Zweifel ausschließender Grad von Wahrscheinlichkeit[23]. Als Indiz ist im Einzelfall je nach den Umständen jedes beliebige Anzeichen verwendbar, sofern es im Zusammenhang mit anderen Umständen die

[22] RGZ 162, 223 (229 f.); 163, 321 (324); BGHZ 17, 116 (119); *Blomeyer*, ZPO § 72 II 1.

[23] BGHZ 18, 311 (318).

Wahrscheinlichkeit für das Vorliegen bestimmter Sachumstände verstärkt. Im Gegensatz zur einfachen indizierenden Wirkung von Umständen des Einzelfalles stützt sich der Beweis des ersten Anscheins auf Erfahrungen typischer Geschehnisabläufe[24]. Eine Unterscheidung zwischen dem Indizienbeweis und dem Beweis des ersten Anscheins ist nicht eindeutig durchführbar. Auch der Bundesfinanzhof vernachlässigt diese Unterscheidung. Er geht schlechthin von seiner Lebenserfahrung aus, wonach das aus der Lebenserfahrung gerechte Mißtrauen gegenüber Verträgen zwischen Angehörigen den Schluß zuläßt, daß zivilrechtlich unwirksame Verträge nicht ernsthaft gewollt seien.

c) Zivilrechtliche Unwirksamkeit als Anzeichen fehlender Ernsthaftigkeit

Die Ansicht des Bundesfinanzhofes, die zivilrechtliche Unwirksamkeit als Zeichen mangelnder Ernsthaftigkeit heranzuziehen, ist im Schrifttum, soweit ersichtlich, nur von dem Richter am Bundesfinanzhof L. Schmidt[25] ohne weiterführende Argumentation unterstützt worden.

Im übrigen[26] ist die Rechtsprechung durchweg auf Ablehnung gestoßen: Würden notwendige Wirksamkeitsvoraussetzungen zivilrechtlicher Vereinbarungen nicht beachtet, so spreche das umgekehrt gerade für die Ernsthaftigkeit des Vertragsschlusses. Denn wer ein Geschäft nur zum Schein abschließen wolle, der achte grade darauf, diesen Schein durch strikte Befolgung der formellen Voraussetzungen oder durch schriftliche Beweise zu erzeugen[27].

Unverhoffte Unterstützung hat das Schrifttum selbst von einem Finanzgericht[28] in einem mittlerweile zur Revision anhängigen Urteil durch sinngemäß gleiche Ausführungen erfahren.

Die rechtstatsächlichen Ausführungen überzeugen. Es ist nicht zu verkennen, daß es durchaus Fälle geben kann, in denen Angehörige bewußt auf den Abschluß zivilrechtlicher Verträge verzichten. Das gibt ihnen die Möglichkeit, sich im geeigneten Augenblick auf § 41 Abs. 1 AO zu berufen. Die engen Beziehungen zwischen Angehörigen erlauben, im Nachhinein den für sie steuergünstigen tatsächlichen Vollzug irgend-

---

24 RGZ 153, 135 (137).

25 FR 1974, 484 (490 f.).

26 *Blencke*, Gestaltungsfreiheit, S. 202; *Knobbe-Keuk*, StKR 1975, 197 (208); *Kruse*, JbFfSt. 1977/1978, 82 ff.; *Tiedtke*, DB 1977, 1064 f. m. w. N. zur Rechtsprechung und zum Meinungsstand in Fn. 12; *Tipke*, StuW 1977, 293 (296); *Tipke / Kruse*, AO § 42 Anm. 15; vgl. auch die eingehendere Darstellung in der Vorauflage *Tipke / Kruse*, RAO § 5 StAnpG, Anm. 24.

27 Insbesondere *Tiedtke*, DB 1977, 1064 f.

28 FG Düsseldorf, EFG 1976, 502 (503).

eines unwirksamen oder nie abgeschlossenen Rechtsgeschäftes vorzugeben. Schriftlich fixierte oder formgerecht wirksame Verträge schließen solche Wahlmöglichkeiten aus. Das gilt sinngemäß auch für unklare und mehrdeutige Verträge.

Gleichwohl zeigen Erfahrungssätze dieser Art eine nur recht einseitige Lebenserfahrung der Finanzverwaltung und der Finanzrechtsprechung. Denn gerade unter Angehörigen kommt es vielfach aus ganz anderen Gründen zu unwirksamen Verträgen. Beispielsweise besteht zwischen Angehörigen ein erhöhter Vertrauenstatbestand. Aus diesem Grunde werden Verträge zwischen Angehörigen oft nicht mit der notwendigen Sorgfalt und ohne rechtskundigen Beistand geschlossen — ganz im Vertrauen darauf, es werde „schon nichts passieren“[29].

Einen weiteren Anteil der zivilrechtlich unwirksamen Verträge verursachen steuerberatende Nichtjuristen aus Unkenntnis der teilweise nur schwer überschaubaren Wirksamkeitsvoraussetzungen wie sie das Bürgerliche Gesetzbuch gerade für Verträge mit Kindern fordert. Bei allen diesen Verträgen gehen die Beteiligten übereinstimmend von der Wirksamkeit des Rechtsgeschäftes aus. An der Ernstlichkeit einer beiderseitigen zivilrechtlichen Bindung bestehen keine Zweifel. Diese aufgezeigten, in der Rechtswirklichkeit oft vorkommenden Gründe für die zivilrechtliche Unwirksamkeit reichen aus, um einen so einseitigen Erfahrungssatz abzulehnen, zivilrechtlich unwirksame Rechtsgeschäfte zwischen Angehörigen seien ein sicheres Indiz für ein Scheingeschäft. Vertrauen in den Vertragspartner, Unachtsamkeit oder Unwissenheit sind zumindest gleichgewichtige Gründe für unwirksame Verträge. Es kann damit in dieser Allgemeinheit keinesfalls der Satz gelten, bei unwirksamen Verträgen zwischen Angehörigen könne kein vernünftiger, die Lebensverhältnisse überschauende Mann von der Ernsthaftigkeit der Verträge überzeugt sein. Die zivilrechtliche Unwirksamkeit von Verträgen ist ein untauglicher Gesichtspunkt für die Annahme eines Scheingeschäftes. Demnach kann es nicht einmal auf die oben abgelehnte Rechtsprechung des Bundesverfassungsgerichts[30] ankommen, wonach Verträge zwischen Angehörigen einer besonders strengen Prüfung auf Ernsthaftigkeit unterzogen werden könnten. Ein untauglicher Gesichtspunkt wird auch durch eine besonders strenge Prüfung nicht zum tauglichen.

2. *Klarheit und Eindeutigkeit*

Zweifelhaft ist auch die Rechtsprechung des Bundesfinanzhofes, Mängel an Klarheit und Eindeutigkeit der Verträge seien ein Indiz für

[29] *Herrmann / Heuer*, EStG § 26 a Rdnr. 15.
[30] BVerfGE 6, 55 (83 f.); s. o. § 4 B V 3.

Scheingeschäfte. Auch hier wiederum muß gerade die gegensätzliche Lebenserfahrung gelten, daß jene Verträge besonders sorgfältig klar und eindeutig formuliert werden, die nur einen äußeren Schein erwecken sollen. Wiederum gibt es verschiedene gleichwertige Gründe für einen unklaren Vertragsabschluß: Die Angehörigen mögen sich in der Tat durch eine gewollte Mehrdeutigkeit des Vertrages eine Hintertür für Steuerersparnisse offenhalten wollen; die fehlende Klarheit mag aber auch gleichermaßen auf Ungeschicklichkeit oder Unwissenheit zurückzuführen sein. Ausschlaggebend gegen die Indizwirkung von Klarheit und Eindeutigkeit der Verträge ist ein weiterer Gesichtspunkt: Unklare und mehrdeutige Verträge sind auszulegen. Der maßgebliche rechtliche Gehalt ist erläuternd zu bestimmen (§ 157 BGB). Das tatsächlich Gewollte, der Sinngehalt des Vertrages ist nach Treu und Glauben und der Verkehrssitte zu ermitteln. Bleibt eine Vertragslücke, kann die zivilrechtliche Vereinbarung ergänzt werden — sei es durch die Anwendung dispositiver Gesetzesvorschriften, durch eine Konkretisierung der Vertragspflichten nach § 242 BGB oder durch eine Ergänzung des Vertrages entsprechend dem hypothetischen, nach objektiven Maßstäben zu ermittelnden Willen[31]. Wird danach ein eindeutiger Vertragsinhalt ermittelt, so müßte schon aus diesem Grund die Indizwirkung entfallen. Ist ein klarer, unzweideutiger Vertragsinhalt nicht zu ermitteln, ist der Vertrag unwirksam[32].

Zweifelsohne ist die Auslegung unklarer Verträge nicht immer von vornherein eindeutig. Doch zwischen dem Mangel an Klarheit und dem Mangel an Ernsthaftigkeit ist keine logische Verbindung zu ziehen. Der Bundesfinanzhof denkt in diesem Zusammenhang sicherlich an den Sonderfall, daß Angehörige bewußt eine unklare Vertragsformulierung wählen, um gegenüber dem Fiskus einen zivilrechtlichen Vertrag vorzugeben, der aber im Innenverhältnis zu keinerlei Bindung führen solle. Das kann nur ein Ausnahmefall sein. Ganz allgemein sind unklare Verträge das tägliche Brot der Zivilrechtspflege. Niemand käme hier auf den Gedanken, ein Scheingeschäft zu unterstellen. Damit bringt auch der Mangel an Klarheit und Eindeutigkeit keinen Hinweis auf den Scheincharakter des Rechtsgeschäftes.

3. Fremdvergleich

Zweifelhaft ist auch, ob der Fremdvergleich ein taugliches Indiz für ein Scheingeschäft sein kann. Es ist unerklärlich, warum nur solche Verträge zwischen Angehörigen ernsthaft gewollt sein sollen, die zu Bedingungen abgeschlossen wurden, wie sie unter Fremden üblich sind.

[31] BGHZ 9, 273 (278); 16, 71 (81); 40, 91 (103).

[32] *Palandt / Heinrichs*, BGB § 157 Anm. 2 a.

Gerade Angehörige haben ein Interesse daran, wegen ihrer engen Beziehungen durch ernsthafte Verträge die Angehörigen besser zu stellen als Fremde. Es ist nicht einsichtig, warum ein Sohn seinem Vater nicht ernstlich ein zinsloses, auf Lebenszeit unkündbares Darlehen zur Verfügung stellen sollte, zumal wenn er den Geldbetrag selbst vom Vater erhalten hat. Es ist lebensfremd, Verträge zwischen Angehörigen als Scheingeschäfte anzusehen, wenn sie Bedingungen enthalten, die Fremden nicht gewährt würden. Die Rücksichtnahme auf familiäre Bande wird zu vielerlei ernstgemeinten vertraglichen Zugeständnissen führen, die Fremden nie gewährt würden. Die Abgabenordnung enthält aber keine Vorschriften, nach der Vermögensverschiebungen aus familiären Gründen zu familiären Bedingungen nicht anerkannt werden sollten. Es ist eine ganz andere Frage, ob der Fremdvergleich nicht aus den Spezialvorschriften beispielsweise des EStG begründet werden kann, insbesondere aus der Auslegung der Tatbestandsmerkmale Betriebsausgaben oder Werbungskosten. Aus der Abgabenordnung kann jedenfalls ein Fremdvergleich nicht hergeleitet werden.

4. *Tatsächlicher Vollzug*

Letztlich ist auch die Rechtsprechung des Bundesfinanzhofes fraglich, die Ernsthaftigkeit von Verträgen zwischen Angehörigen sei abzulehnen, wenn der Vertrag tatsächlich nicht in allen Einzelheiten durchgeführt wurde. Dabei ist es durchaus nicht lebensfremd, fehlenden oder mangelhaften Vollzug des Geschäftes im Einzelfall als Indiz neben anderen Sachumständen für ein Scheingeschäft anzunehmen. Kommen besondere Tatumstände hinzu, so kann im Einzelfall der Schluß gerechtfertigt sein, die Parteien wollten abweichend von dem nur auf dem Papier stehenden Rechtsgeschäft wirtschaftlich alles beim alten lassen. Ein solches Scheingeschäft ist zu trennen von Verträgen, bei denen die Angehörigen ihre Verhältnisse so gestalten, daß wirtschaftlich der Zustand der gleiche bleibt. Solche Verträge werden gerade mit peinlichster Genauigkeit vollzogen und sind ernsthaft gewollt. Sie können allenfalls zu einer Prüfung des Gestaltungsmißbrauchs führen.

Die dargestellte mögliche Indizwirkung eines unvollständigen Vertragsvollzuges zeigt gleichwohl nur eine Seite der Lebenserfahrung. Gerade bei Scheingeschäften werden die Vertragsparteien eingedenk der strikten Rechtsprechung des Bundesfinanzhofes jeden Versuch unternehmen, den Anschein eines tatsächlich vollzogenen Rechtsgeschäftes zu erzeugen. Es entspräche deshalb eher der Lebenserfahrung, unvollständig vollzogene Verträge als ernsthaft gewollte Verträge einzuordnen. Darüber hinaus gibt es eine Reihe von Gründen, den tatsächlichen Vollzug zivilrechtlicher Verträge bewußt hinauszuschieben, die zivilrechtlichen Folgen aber ernsthaft schon jetzt eintreten zu lassen. Das Bürgerliche Gesetzbuch sieht nicht grundlos Möglichkeiten vor, den nach außen sichtbaren, tatsächlichen Vollzug der Eigentumsübertragung — die Besitzverschaffung — hinauszuschieben (§§ 930, 931 BGB). So kann es für den Verfügenden von Interesse sein, die Eigentumsübertragung den Gläubigern gegenüber zu verdecken. Grund für ein Besitzkonstitut kann auch der wirtschaftliche Zwang sein, das Wirtschaftsgut nach wie vor zu nutzen.

Auch für vorzeitige Vermögensverfügungen unter Lebenden gibt es hinreichende Gründe, den Vollzug des Rechtsgeschäftes hinauszuschieben. Ein Erblasser kann beispielsweise durch Verfügungen zu Lebzeiten versuchen, den Pflichtanteilsanspruch unliebsamer Erben zu schmälern oder den Anspruch des Ehegatten auf Zugewinnausgleich zu erschweren (§ 1375 BGB) oder zu beschneiden. Die Ernsthaftigkeit solcher Verfügungen kann nicht deshalb verneint werden, weil der Besitz erst zu einem späteren Zeitpunkt übergehen soll. Der tatsächliche Vollzug des Rechtsgeschäftes ist wie alle anderen vom Bundesfinanzhof herangezogenen Indizien ein untauglicher Gesichtspunkt für ein Scheingeschäft.

5. *Zusammenfassung*

So wenig wie die Tatsache des Abschlusses eines allgemein-zivilrechtlichen Vertrages zwischen Angehörigen auf ein Scheingeschäft hindeutet, so wenig sind die Gesichtspunkte des Bundesfinanzhofes taugliche Indizien für ein solches nach § 41 Abs. 2 AO steuerrechtlich nicht zu beachtendes Scheingeschäft. Weder die zivilrechtliche Wirksamkeit, noch die Klarheit und Eindeutigkeit des Vertragsabschlusses, noch ein Fremdvergleich, noch der fehlende tatsächliche Vollzug können ein zuverlässiger Hinweis auf den subjektiven Tatbestand eines Scheingeschäftes sein. Zu vielfältig sind nach der Lebenserfahrung andere Gründe für diese Tatumstände, als daß so einseitige Typisierungen gerechtfertigt sein können. Es mag gegenüber Verträgen zwischen Angehörigen ein gesundes Mißtrauen angebracht sein. Auch wenn die erhöhte Gefahr eines Scheingeschäftes nicht von der Hand zu weisen ist, dann sprechen gerade die vom Bundesfinanzhof hierfür verwandten Indizien eher gegen ein Scheingeschäft. Bei Scheingeschäften werden regelmäßig auffällige Vertragsbedingungen vermieden, sie werden besonders sorgfältig abgefaßt und auch nach außen hin durchgeführt.

Es ist nicht ausgeschlossen, daß jeder der vom Bundesfinanzhof als Indizien verwandten Gesichtspunkte allein oder im Zusammenhang mit anderen Tatumständen ein Scheingeschäft indizieren kann. Solchermaßen kann im Einzelfall jeder beliebige Tatumstand indizierende

Wirkung haben. Sollte eine Indizwirkung im Einzelfall unterstellt werden können, so haben gerade die Angehörigen ausreichend Gründe zur Verfügung, die Wirkung eines solchen Indizes zu erschüttern. Es gibt vielerlei familiäre, wirtschaftliche aber auch steuerrechtliche Gründe, um die Verträge gerade so abgeschlossen zu haben. Blomeyer[33] hat mit seiner Behauptung recht, Erfahrungssätze über typisches menschliches Verhalten seien rar. Es wird deshalb nur selten möglich sein, durch Indizien den inneren, verdeckt gebliebenen Willen der Parteien zu einem Scheingeschäft nachzuweisen. § 41 Abs. 2 AO ist deshalb kaum geeignet, Angehörige nach der erkennbaren Absicht der Finanzverwaltung und der Finanzrechtsprechung zur Steuerehrlichkeit zu erziehen. Wenn mit § 41 Abs. 2 AO gleichwohl diese Wirkung erzielt wird, dann nur, weil die rechtsstaatlich gebotenen Grenzen der Gesetzesanwendung[34] und der objektiv vernünftigen Sachverhaltswürdigung überschritten werden.

Die Argumentation des Bundesfinanzhofes wird auch durch den Hinweis auf die Rechtsprechung des Bundesverfassungsgerichts nicht stichhaltiger. Selbst wenn besondere Anforderungen an die Ernsthaftigkeit der Verträge zwischen Angehörigen gestellt werden können, so sind objektiv untaugliche Gesichtspunkte nicht geeignet, ein Scheingeschäft nachzuweisen.

Auch die Erkenntnis, daß ganz allgemein bei Angehörigen vermehrt die Gefahr von Scheingeschäften besteht, vermag nicht weiterzuhelfen. Hieraus ist weder die weitergehende Aussage richtig, Verträge zwischen Angehörigen seien nach der Lebenserfahrung Scheingeschäfte, noch sind Indizien ersichtlich, die allgemein den Schluß auf ein Scheingeschäft zulassen. Es ist klar zu trennen zwischen einer erhöhten Möglichkeit, daß Scheingeschäfte vorliegen, und der Vermutung, daß in der Regel alle Rechtsgeschäfte zwischen Angehörigen nur zum Schein abgeschlossen seien. Richtigerweise läßt sich die Lebenserfahrung nur wie folgt durch eine zweistufige Typisierung darstellen: Verträge zwischen Fremden werden typischerweise nicht durch gleichgerichtete Interessen beeinflußt. Deshalb sind Verträge zwischen Fremden nach der Lebenserfahrung keine Scheingeschäfte. Diese Vermutung gegen Scheingeschäfte besteht bei Personen, die typischerweise gleiche Interessen verfolgen, nicht. Angehörige gehören zu der Personengruppe, in der es typischerweise keinen Interessengegensatz gibt. Deshalb besteht bei Angehörigen keine Vermutung gegen Scheingeschäfte, indessen aber auch keine Vermutung für Scheingeschäfte. Eine Vermutung für Scheingeschäfte könnte allenfalls dann vertretbar sein, wenn nachweisbar wäre, daß die Mehrzahl der Verträge zwischen Angehörigen

[33] ZPO § 72 III 2.

[34] s. o. § 6.

Scheingeschäfte sind. Aber das will nicht einmal die Finanzverwaltung behaupten. Letztlich wird damit ein Scheingeschäft zwischen Angehörigen nur in seltenen Ausnahmefällen rechtlich unanfechtbar nachzuweisen sein. Es gibt keine verläßlichen Indizien für ein Scheingeschäft.

§ 8 Unwirksame Rechtsgeschäfte

Nach § 41 Abs. 1 AO ist es für die Besteuerung eines Rechtsgeschäftes unerheblich, ob dieses unwirksam ist, soweit und solange die Beteiligten das wirtschaftliche Ergebnis dieses Rechtsgeschäftes gleichwohl eintreten und bestehen lassen. Der Wortlaut der Vorschrift läßt an Klarheit nichts zu wünschen übrig[1]. Für die steuerrechtliche Behandlung unwirksamer, aber tatsächlich vollzogener Verträge zwischen Fremden wirft diese Vorschrift wenig Probleme auf. Hingegen ist die Anwendung dieser Vorschrift äußerst umstritten für die steuerrechtliche Behandlung unwirksamer, aber tatsächlich vollzogener Verträge zwischen Angehörigen.

A. Ansicht des Bundesfinanzhofes

In ständiger Rechtsprechung hat der Bundesfinanzhof[2] den § 41 Abs. 1 AO (früher § 5 Abs. 3 - 5 StAnpG) kurzerhand auf Verträge zwischen Angehörigen für nicht anwendbar erklärt[3]. Für Verträge zwischen Angehörigen sei es unerheblich, ob die Angehörigen die wirtschaftlichen Folgen der zivilrechtlich unwirksamen Rechtsgeschäfte gleichwohl eintreten ließen.

Die Begründungen des Bundesfinanzhofes sind unterschiedlich. Zum Teil erweist sich die Nichtbeachtung des § 41 Abs. 1 AO nur als die Kehrseite zur Rechtsprechung der Ernsthaftigkeit von Vereinbarungen (§ 41 Abs. 2 AO)[4] vermischt mit der wirtschaftlichen Betrachtungsweise. Oft wird von einer Begründung ganz abgesehen[5]. Nicht angewendet

---

[1] Zur Entwicklung der Vorschrift: *Tipke / Kruse,* AO § 41 Rdnr. 1.

[2] BFHE 65, 482 (487 f.) = BStBl. III 1957, 419 (420); BFHE 111, 472 = BStBl. II 1974, 351 (352); BFHE 118, 189 (193) = BStBl. II 1976, 324 (326); BFHE 118, 181 (188) = BStBl. II 1976, 328 (336); BFHE 118, 198 (201) = BStBl. II 1976, 332 (334); BFHE 120, 165 (166 f.) = BStBl. II 1977, 78 (79); weitere Nachweise in *Tipke / Kruse,* AO § 41 Rdnr. 14, 15.

[3] Zur Entwicklung der Rechtsprechung: *Rönitz,* FR 1977, 512 f., insbesondere Fn. 7 - 16; *Kruse,* JbFfSt. 1977/78, S. 82 (84 ff.).

[4] BFHE 63, 480 (483) = BStBl. III 1956, 380 (381); BFHE 120, 200 (202) = BStBl. II 1977, 15 (16); s. o. § 7.

wird § 41 Abs. 1 AO auch „mit Rücksicht auf die engen Bindungen unter Angehörigen“[6].

Ein wirtschaftlicher Vollzug unwirksamer Rechtsgeschäfte zwischen Angehörigen wird auch mit folgender Begründung verneint. Ein zivilrechtlich unwirksames Rechtsgeschäft könne nicht wie ein wirksames vollzogen werden, da zwischen den Beteiligten schon nach dem Zivilrecht Ansprüche nicht durchgesetzt werden könnten, also wirtschaftlich wertlos seien[7]. Der Bundesfinanzhof[8] versucht auch diese Rechtsprechung wiederum mit dem kritisierten Beschluß des Bundesverfassungsgerichts[9] zu rechtfertigen, „nach der bei Verträgen zwischen Angehörigen die zivilrechtliche Gestaltung klar und eindeutig sein und der tatsächliche Vollzug den rechtsgeschäftlichen Vereinbarungen“ entsprechen müsse.

Das Finanzgericht Düsseldorf[10] hat die Rechtsprechung des Bundesfinanzhofes in dem schon erwähnten und am Bundesfinanzhof anhängigen Fall als eine Verletzung der verfassungsrechtlichen Bindung an Gesetz und Recht (Art. 20 Abs. 3 GG) bezeichnet. Der eindeutige Wortlaut des § 41 Abs. 1 AO legitimiere nicht die Sonderbehandlung von Ehe und Familie. Sie verstieße im übrigen gegen Art. 6 Abs. 1 GG.

B. Ansichten im Schrifttum

Rönitz[11] hat das kritische Urteil seines Senates am Finanzgericht Düsseldorf[12] verteidigt und weiter untermauert. Die Grenzen zulässiger Auslegung der Steuergesetze erlaubten nicht, Angehörige von den Rechtsfolgen des § 41 Abs. 1 AO auszuschließen. Ein Teil des Schrifttums[13] ist gleicher Ansicht. Nur wenige[14] verteidigen die Rechtsprechung des Bundesfinanzhofes, ohne neue Argumente vorzubringen.

---

5 BFHE 60, 481 (482) = BStBl. II 1955, 184 (185); BFHE 92, 474 (475) = BStBl. II 1968, 671 (672); BFHE 111, 472 (474) = BStBl. II 1976, 351 (352); FG Baden-Württemberg, EFG 1970, 550.

6 BFHE 111, 471 (472) = BStBl. II 1974, 351 (352).

7 BFHE 77, 662 (664) = BStBl. III 1963, 563; BFHE 108, 197 (199 f.) = BStBl. II 1973, 307 (308); BFHE 113, 558 (563) = BStBl. II 1975, 141 (143); BFHE 120, 165 (166 f.) = BStBl. II 1977, 78 (79).

8 BFHE 118, 189 (193) = BStBl. II 1976, 324 (326); BFHE 118, 181 (186) = BStBl. II 1976, 328 (330).

9 BVerfGE 9, 237 (246); s. o. § 4 B V 3 d.

10 EFG 1976, 502 (503); s. o. § 7 B II 1 c.

11 FR 1977, 512.

12 EFG 1976, 502.

13 *Grabenhorst*, NJW 1959, 1296; *Kruse*, JbFfSt. 1977/78, S. 82 (87 ff.); *Tipke / Kruse*, AO § 41 Anm. 14.

14 *Paulick*, StRK § 5 Abs. 3 - 5 StAnpG R4; *Spanner* in Hübschmann / Hepp / Spitaler, AO § 5 StAnpG Anm. 5.

Auch L. Schmidt[15] stimmt dem Bundesfinanzhof im Ergebnis zu. Er begründet das Ergebnis allerdings für das Einkommensteuerrecht mit der speziellen Vorschrift des § 12 Nr. 2 EStG und mit wirtschaftlichen Überlegungen zur Abgrenzung von Einkunftsquellen und Einkunftsverwendung.

Einschränkend hält Knobbe-Keuk[16] § 41 Abs. 1 AO nur bei formnichtigen, aber tatsächlich vollzogenen Schenkungen für nicht anwendbar. Gesellschaftsverhältnisse, die auf formnichtig geschenkten Gesellschaftsanteilen beruhen, könnten nach § 41 Abs. 1 AO trotz tatsächlichen Vollzuges schon deshalb nicht anerkannt werden, da ein formnichtig beschenktes Kind in der so entstandenen, zivilrechtlichen faktischen Gesellschaft keinen Auseinandersetzungsanspruch habe. Der Fremde hingegen habe in einer formnichtigen, faktischen Gesellschaft Auseinandersetzungsansprüche, da er tatsächlich eine Einlage geleistet habe. Deshalb stehe der Vollzug eines formnichtigen Vertrages zwischen Angehörigen nicht dem zwischen Fremden gleich.

C. Eigene Stellungnahme

In der Kritik der Rechtsprechung und des Schrifttums muß an dieser Stelle die von L. Schmidt vertretene Ansicht unberücksichtigt bleiben. Er stützt seine Meinung auf die spezielle Norm des § 12 EStG und besondere einkommensteuerrechtliche Erwägungen. Diese Rechtsmeinung kann damit nur für die Besteuerung von Einkünften gelten und keine Bedeutung für § 41 Abs. 1 AO haben.

I. Verhältnis zwischen § 41 Abs. 1 und Abs. 2 AO

Zweifelhaft ist die Begründung der Kritik von Kruse[17] an der Rechtsprechung des Bundesfinanzhofes. Kruse kritisiert in erster Linie, daß der Bundesfinanzhof trotz der Unwirksamkeit des Vertrages zwischen Angehörigen dessen Ernsthaftigkeit prüft, sie ablehnt und damit den unwirksamen, aber tatsächlich vollzogenen Vertrag für die Besteuerung nicht beachtet. In dieser Form scheint die Kritik an dem Bundesfinanzhof anfechtbar. Der tatsächliche Vollzug eines unwirksamen Rechtsgeschäftes kann schließlich steuerrechtlich nur berücksichtigt werden, sofern der tatsächliche Vollzug nicht eine Scheinhandlung ist[18]. In diesem Sinne ist die Rechtsprechung des Bundesfinanzhofes zu verstehen[19]. Wird zudem der Schluß des Bundesfinanzhofes[20] mitvollzogen,

---

15 FR 1974, 485 (491); ders. StKR 1977, 66 (101 f.).

16 StKR 1975, 198 (209).

17 JbFfSt. 1977/78, 82 (84 ff.).

18 s. o. § 7 B II 1 a.

19 *Tipke / Kruse*, AO § 41 Rdnr. 24.

fehlende Klarheit und Eindeutigkeit sei ein sicheres Anzeichen für Scheingeschäfte und Scheinhandlungen, dann ist die weitergehende Folgerung nur logisch, § 41 Abs. 1 AO könne unter diesen Umständen nicht angewandt werden. Eine berechtigte Kritik mit dem Denkansatz von Kruse muß sich auf die Auslegung des § 41 Abs. 2 AO stützen, auf die Zweifelhaftigkeit der vom Bundesfinanzhof ausgewählten Indizien für ein Scheingeschäft. Bei der Auslegung des § 41 Abs. 1 AO ist ein Bezug auf die Ernsthaftigkeitsrechtsprechung fehl am Platz. Ausgangspunkt der kritischen Würdigung der Anwendung des § 41 Abs. 1 AO kann deshalb nur die Auslegung der Tatbestandsmerkmale dieser Vorschrift selbst sein. Deshalb ist auch der Ansatz des Finanzgerichts Düsseldorf[21] richtig, der Wortlaut des § 41 Abs. 1 AO rechtfertige keine Sonderbehandlung von Ehe und Familie. Diese Kritik zielt auf jene höchstrichterlichen Entscheidungen ab, in denen § 41 Abs. 1 AO ohne weitere Begründung auf Angehörige als unanwendbar erklärt wurde.

II. Wirtschaftliche Betrachtungsweise und teleologische Restriktion

Der Wortlaut des § 41 Abs. 1 AO rechtfertigt keine Sonderbehandlung von Angehörigen. Nach dem möglichen Wortsinn ist die Vorschrift nur in der Weise auslegbar, daß sie allgemein und unterschiedlos für alle Steuerpflichtigen gilt. Mit einer wirtschatflichen Betrachtungsweise, verstanden als teleologische Auslegung des Gesetzeswortlautes intra legem, kann ein für Angehörige abweichendes Ergebnis nicht begründet werden.

Damit bedeutet die Nichtanwendung des § 41 Abs. 1 AO auf Angehörige eine benachteiligende Restriktion des Gesetzeswortlautes. Das ist eine für das Steuerrecht grundsätzlich verbotene Rechtsfortbildung[22]. Das aus dem rechtsstaatlichen Grundsatz der Rechtssicherheit abgeleitete Verbot der Rechtsfortbildung kann nur ausnahmsweise entfallen, wenn den Angehörigen hier aus besonderen Gründen ein Vertrauensschutz nicht zu gewähren ist, so daß im konkreten Fall kein Anspruch auf Rechtssicherheit besteht. Es sind keine Gründe ersichtlich, daß das Vertrauen der Angehörigen auf eine wortgetreue Auslegung des § 41 Abs. 1 AO nicht schützenswert ist. Eine ständige, falsche Rechtsprechung des Bundesfinanzhofes kann den berechtigten Vertrauensschutz des Steuerpflichtigen nicht einschränken[23]. Zwar erleichtern es die engen Bindungen unter Angehörigen, den tatsächlichen Vollzug nie abgeschlossener Rechtsgeschäfte vorzugeben. Diese abstrakte Möglich-

---

[20] u. a. BFHE 118, 189 (193) = BStBl. II 1976, 324 (326); s. o. § 7 B I 2.

[21] EFG 1976, 502 (503).

[22] s. o. § 6 C III.

[23] s. o. § 6 C III 3.

keit, dem Fiskus gegenüber Besteuerungsgrundlagen vorzutäuschen, rechtfertigt aber nicht, allen Angehörigen den Vertrauensschutz pauschal und in dieser Form zu entziehen. Es ist damit letztlich kein Grund ersichtlich, warum im konkreten Fall von dem allgemeinen Verbot der Rechtsfortbildung im Steuerrecht bei der Auslegung des § 41 Abs. 1 AO abgewichen werden sollte. § 41 Abs. 1 AO muß deshalb gleichermaßen für Angehörige wie für Fremde gelten.

Selbst die Vertreter der Ansicht, auch im Steuerrecht sei eine gesetzesimmanente Rechtsfortbildung erlaubt, müßten eine teleologische Reduktion des § 41 Abs. 1 AO ablehnen. Nach dem Zweck des § 41 Abs. 1 AO sollen Steuern nach der wirklichen Lage der Dinge erhoben werden. Das soll für alle, auch für Angehörige gelten. Es ist durch nichts zu rechtfertigen, Angehörige von den Folgen dieser Vorschrift auszuschließen, weil einige die Gelegenheit ergreifen könnten, Besteuerungsgrundlagen fälschlicherweise vorzuschieben. Rönitz[24] weist nach, daß gerade die allgemeine, auch für Angehörige geltende Fassung des § 41 Abs. 1 AO (§ 5 Abs. 3 StAnpG) Grund dafür war, § 11 ErbstG als überflüssig zu streichen. Nach dieser Vorschrift war der tatsächliche Vollzug einer formnichtigen Verfügung von Todes wegen unter Angehörigen ungeachtet der zivilrechtlichen Wirksamkeit zu besteuern. Der Gesetzgeber ging bei der Streichung der Vorschrift im Jahre 1951 davon aus, daß dieser Fall schon durch § 5 StAnpG geregelt sei. Das zeigt, daß schon nach dem Willen des Gesetzgebers eine teleologische Auslegung des § 41 Abs. 1 AO verlangt, auch die Angehörigen in den Anwendungsbereich einzubeziehen.

III. Unmöglichkeit des Vollzuges

Zweifelhaft ist die Ansicht von Knobbe-Keuk[25], formnichtige Schenkungsverträge könnten nicht wie wirksame Verträge vollzogen werden. Sie könnten damit auch nach § 41 Abs. 1 AO steuerrechtlich nicht anerkannt werden, weil der formnichtig Bedachte keinen Anspruch auf Vollzug des Vertrages habe. Bei dieser Argumentation wird die Eigenart eines jeden unwirksamen Geschäftes übersehen: Unwirksame Geschäfte begründen selbst nie einen Anspruch auf ein entsprechendes tatsächliches Verhalten. Soweit unwirksame schuldrechtliche Verträge dinglich wirksam erfüllt werden, besteht in aller Regel ein Rückgewährungsanspruch (§§ 812 ff. BGB).

Es ist nicht einsichtig, welche Bedeutung § 41 Abs. 1 AO verbleiben soll, wenn diese Vorschrift nicht für formnichtige Schenkungen gilt. Zum Verständnis dieser ungewöhnlichen Ansicht muß gesagt werden,

---

24 FR 1977, 512 (514).

25 StKR, 1975, 198 (209).

daß mit ihr möglicherweise nur der Sonderfall des tatsächlichen Vollzuges von unwirksamen Dauerschuldverhältnissen aus dem Anwendungsbereich des § 41 Abs. 1 AO ausgeschlossen werden soll. In der Tat kann der vollständige tatsächliche Vollzug von Dauerschuldverhältnissen notwendigerweise erst bei Beendigung des Vertragsverhältnisses beurteilt werden. Das hindert jedoch nicht, den wirksamen Vollzug steuerrechtlich schon vorher anzuerkennen. Solange bei einem zivilrechtlich unwirksamen Dauerschuldverhältnis wie bei einer faktischen Gesellschaft die laufenden unwirksamen Verpflichtungen wie wirksame behandelt werden, ist nicht zu sehen, wie ein tatsächlicher Vollzug im Sinne des § 41 Abs. 1 AO abgelehnt werden könnte. Es hat keinerlei Bedeutung, daß einem minderjährigen Kind bei der Abwicklung eines unwirksamen Gesellschaftsvertrages möglicherweise kein Abfindungsanspruch zusteht oder dieser nicht durchsetzbar ist. Gerade das ist unbedeutend für den tatsächlichen Vollzug nach § 41 Abs. 1 AO. Entscheidend ist allein, daß dem Kind, was noch nicht absehbar ist, eine Abfindung tatsächlich gewährt wird. Auf einen etwaigen Anspruch kommt es nach § 41 Abs. 1 AO nicht an. Solange deshalb ein unwirksamer Gesellschaftsvertrag unter Beachtung der gegenseitigen Rechte und Pflichten tatsächlich vollzogen wird, kann der tatsächliche Vollzug nicht im hypothetischen Vorgriff abgelehnt werden. Nach alledem gilt § 41 Abs. 1 AO auch für tatsächliches Verhalten unter Angehörigen. Ist der Vollzug hingegen eine Scheinbehandlung, scheidet eine Besteuerung des tatsächlichen Verhaltens aus.

§ 9 Steuerumgehung

Einen möglichen Ansatzpunkt für die steuerrechtliche Nichtbeachtung von Verträgen zwischen Angehörigen enthält § 42 AO. § 42 AO erlaubt, zivilrechtliche Vertragsveranstaltungen abweichend von ihrem bürgerlich-rechtlichen Inhalt zu behandeln. Bei Mißbrauch der — namentlich zivilrechtlichen — Gestaltungsmöglichkeiten läßt § 42 AO den Steueranspruch nicht nach der gewählten zivilrechtlichen Form entstehen. § 42 Satz 2 AO fingiert die rechtliche Gestaltung als Besteuerungsgrundlage, die den wirtschaftlichen Vorgängen angemessen wäre.

§ 42 AO ist Nachfolgevorschrift des § 6 StAnpG. Mit der Neufassung des § 42 AO sollten keine größeren Änderungen gegenüber dem früheren Recht herbeigeführt werden[1]. Kurze Tatbestandsvoraussetzung des § 42 AO ist ein Mißbrauch der Gestaltungsmöglichkeiten. Offen

[1] Begründung zu § 45 eines RegE der AO, BT.-Drs. VI/1982, S. 114.

bleibt, was ein Gestaltungsmißbrauch ist. Hierzu führt der Gesetzgeber aus[2]:

„Wann im einzelnen ein Gestaltungsmißbrauch vorliegt, wird die Rechtsprechung klären müssen. Jede weitere Umschreibung durch den Gesetzgeber würde die Bedeutung und die Wirksamkeit der Generalklausel mindern."

Die Vorstellungen des Gesetzgebers sind bis heute unerfülltes Wunschdenken geblieben. Die Rechtsprechung des Bundesfinanzhofes hat bislang keine Klarheit über die Auslegung des § 42 AO gebracht[3].

A. Ansicht des Bundesfinanzhofes

Die Rechtsprechung der Finanzgerichte zu § 42 AO wird durch die stetige Entwicklung gekennzeichnet, zivilrechtliche Gestaltungsversuche in größerem Umfang anzuerkennen[4]. Das gilt für Gestaltungsversuche sowohl zwischen Fremden als auch zwischen Angehörigen. Gerade für Rechtsgeschäfte zwischen Angehörigen scheint der Bundesfinanzhof nur im Notfall auf den Mißbrauchstatbestand zurückgreifen zu wollen. Der Bundesfinanzhof[5] nennt § 42 AO eine Ausnahmevorschrift, die zurückhaltend anzuwenden sei. Soweit ersichtlich, hat sich der Bundesfinanzhof weder bei den Steuern vom Vermögen noch bei den Steuern vom Einkommen[6] für die Beurteilung allgemein vertraglicher Bindungen zwischen Angehörigen auf § 42 AO berufen. Statt dessen hat er[7] sich immer wieder mit der wirtschaftlichen Betrachtungsweise beholfen. Das gilt auch für das Nießbrauchsurteil[8], das oft fälschlicherweise als Beispiel einer Entscheidung nach § 42 AO dient[9]. In den häufigsten Fällen vermeidet der Bundesfinanzhof[10] eine Prüfung des § 42 AO damit, daß er Verträge unter Angehörigen als Scheingeschäfte einstuft[11]. Damit und mit dem Argument der wirtschaftlichen Betrachtungsweise wird von vornherein der Tatbestand einer Gestaltung verneint, deren steuerrechtliche Bedeutung nach § 42 AO geprüft werden könnte.

---

2 Ebd. BT.-Drs. VI/1982, S. 114.

3 *Blencke*, Gestaltungsfreiheit, S. 206 ff.; *Schumann*, BB 1970, 1493 (1496); *Tipke*, StbJb. 1972/73 509 (518).

4 *Blencke*, Gestaltungsfreiheit, S. 24 ff.

5 BFHE 96, 326 (328) = BStBl. II 1969, 630 (631) m. w. N.; st. Rspr.

6 *Tipke*, StuW 1977, 293 (294).

7 BFHE 78, 184 (187) = BStBl. III 1964, 74 (75 f.); BFHE 98, 405 (409) = BStBl. II 1970, 416 (418); BFH, Urteil vom 11. 4. 1972, VIII 40/70, n.v., vgl. StLex §§ 3 - 8 StAnpG Nr. 263; BFHE 121, 458 (460) = BStBl. II 1977, 414 (415).

8 BFHE 91, 39 (41) = BStBl. II 1968, 260 (261).

9 *Tipke / Kruse*, RAO § 42 Rdnr. 25.

10 Umfangreiche Nachweise bei *Spanner* in Hübschmann / Hepp / Spitaler, AO § 6 StAnpG Rdnr. 44 - 72.

11 s. o. § 7.

Es gibt nur für die Bereiche der Grunderwerbsteuer und der Erbschaft- und Schenkungsteuer speziell auf Angehörige zugeschnittene Entscheidungen zu § 42 AO[12]. Der Mangel an besonderen Urteilen zur mißbräuchlichen Vertragsgestaltung zwischen Angehörigen zwingt dazu, die wesentlichen Aussagen der Rechtsprechung zu § 42 AO anderen Entscheidungen zu entnehmen. Zuletzt hat sich der Bundesfinanzhof[13] auf folgende Formulierung festgelegt:

„Ein Rechtsmißbrauch (i. S. d. § 42 AO) (liegt) vor, wenn eine Gestaltung gewählt wird, die, gemessen an dem erstrebten Ziel, unangemessen ist, und wenn hierdurch ein steuerlicher Erfolg angestrebt wird, der bei sinnvoller, Zweck und Ziel der Rechtsordnung berücksichtigender Auslegung vom Gesetz mißbilligt wird."

Unangemessen seien Gestaltungen insbesondere dann, wenn ein vernünftiger wirtschaftlicher Grund für die gewählte Rechtsgestaltung fehle. In diesen Fällen liege ein Rechtsmißbrauch vor, wenn durch die Gestaltung die Erfüllung eines Steuertatbestandes vermieden werde, obwohl im wirtschatflichen Ergebnis die Gestaltung nach Sinn und Zweck der Steuernorm steuerrechtlich erfaßt sein müßte oder „sich zumindest in der allgemeinen Umgebung des (steuerbaren) Komplexes bewegt"[14].

Vereinfachend hat Paulick[15] den Stand der Rechtsprechung dargestellt. Vier Vorausetzungen seien demnach für einen Steuermißbrauch erforderlich:

„1. Es muß ein wirtschaftlicher Erfolg erreicht sein, der nach dem Willen des Gesetzes Steuerpflichten auslösen soll.

2. Der dafür gewählte Weg hat zu keiner oder zu einer niedrigeren Steuer geführt.

3. Der wirtschatfliche Erfolg ist nicht in der vom Gesetzgeber hierfür als typisch vorgesehenen rechtlichen Gestaltung, sondern auf einem rechtsgeschäftlichen Schleichweg zustande gekommen.

4. Der Steuerpflichtige muß in der Absicht der Steuerumgehung gehandelt haben (BFH 86, 396)."

---

[12] Zum GrEStG: BFH, HFR 1964, 246 = StLex StAnpG §§ 3 - 8 Nr. 125; BFH, HFR 1964, 456 = StLex StAnpG §§ 3 - 8 Nr. 136; BFHE 96, 69 (71 f.) = BStBl. II 1969, 561 (562); zum ErbStG: BFHE 61, 509 (510) = BStBl. III 1955, 395; BFHE 74, 554 (556 ff.) = BStBl. III 1962, 206 (207); BFHE 78, 184 (187) = BStBl. III 1964, 74 (75).

[13] BFHE 120, 448 (450) = BStBl. II 1977, 261 (262 f.); BFHE 120, 116 (118) = BStBl. II 1977, 263 (264); BFHE 122, 445 (450) = BStBl. II 1977, 754 (755); BFHE 123, 50 (52) = BStBl. II 1977, 843 (844).

[14] BFHE 99, 550 (552) = BStBl. II 1970, 757.

[15] Steuerrecht, § 16 III Rdnr. 377.

B. Ansichten im Schrifttum

Die Rechtsprechung des Bundesfinanzhofes hat vielfältige Kritik erfahren[16]. So anerkennend die Entwicklung zur heutigen grundsätzlichen Beachtung zivilrechtlicher Gestaltungen begrüßt wurde[17], so hart bleibt die Schelte[18] gegenüber der aktuellen Argumentation des Bundesfinanzhofes. Übereinstimmend werden die vom Bundesfinanzhof herausgearbeiteten Gesichtspunkte für die Auslegung des Tatbestandes des Steuermißbrauchs als wenig hilfreich bezeichnet. Es seien eher Formeln ohne zusätzlichen Informationswert gegenüber dem gesetzlichen Tatbestand. Diese Rechtsprechung sei geeignet, je nach Bedarf einen Steuermißbrauch zu unterstellen.

C. Eigene Stellungnahme

I. Schwierigkeit der Auslegung

Die Kritik des Schrifttums ist der Sache nach gerechtfertigt. Die vom Bundesfinanzhof herausgearbeiteten Auslegungspunkte zu § 42 AO enthalten keine eindeutige Formulierung zur Bestimmung des Gestaltungsmißbrauchs.

Doch diese Urteilsschelte müssen sich auch die Kritiker selbst gefallen lassen. Tipkes[19] Formulierungsversuch, mißbräuchlich seien „abwegige Kniffe und Schliche“, ist noch blasser als die Ausführungen der Rechtsprechung[20]. Wie schwer es ist, klare Begriffe für § 42 AO zu finden, zeigt Tipkes folgende Erläuterung zur Erklärung von Kniffen und Schlichen:

> Unangemessene Rechtsgestaltungen seien „oft umständlich, kompliziert, schwerfällig, unökonomisch gekünstelt, unnatürlich, undurchsichtig, widersinnig, wenig effektiv oder sogar überflüssig“.

Der Vorteil dieser Aneinanderreihung von Adjektiven gegenüber der Argumentationsweise der Rechtsprechung des Bundesfinanzhofes ist nicht einsichtig. Wenig Klarheit bringt auch die viel kopierte[21] Aussage Hensels[22], „die Steuerumgehung fängt genau dort an, wo die Auslegungskunst zu versagen beginnt“.

---

16 *Schuhmann,* BB 1970, 1493 (1496) mit einer Übersicht.

17 *Blencke,* Gestaltungsfreiheit, S. 23 ff.; *Paulick,* Steuerrecht, § 16 I Rdnr. 373; *Rebe,* JA 1977, 6; *Schuhmann,* BB 1970, 1493 ff.

18 *Blencke,* NWB Fach 2, S. 3095 (3098); ders., Gestaltungsfreiheit, S. 208 ff.; *Paulick,* Steuerrecht, § 16 IV Rdnr. 379; *Schuhmann,* BB 1970, 1493 (1496); *Tipke,* Steuerrecht, § 8 Ziff. 6.2; ders., StbJb. 1972/73, 509 (516 ff.).

19 Steuerrecht, § 8 Ziff. 6.2 b, cc; so auch *Tipke / Kruse,* AO § 42 Rdnr. 13; übernommen von *Klein / Orlopp,* AO § 42 Anm. 4.

20 Vgl. auch *Blencke,* Gestaltungsfreiheit, S. 213.

21 *Schuhmann,* BB 1970, 1493 (1499); *Tipke / Kruse,* AO § 42 Anm. 2.

Keine der Aussagen ist falsch, keine berechtigt aber, sich über die Rechtsprechung des Bundesfinanzhofes zu erheben. Es ist äußerst schwierig, wenn nicht unmöglich, § 42 AO mit klar faßbaren Begriffen auszulegen. Das liegt im Wesen einer jeden Generalnorm. Jeder Versuch, § 42 AO allgemein näher zu umreißen, fordert die berechtigte Kritik heraus, es seien die alten Auslegungsgesichtspunkte nur durch neue, nicht weniger unscharfe Begriffe ersetzt worden. Die Abgrenzung zwischen Steuergestaltung und Steuermißbrauch kann deshalb nur annähernd bestimmt werden. An diesem Grundsatz ist jeder Auslegungsversuch des § 42 AO zu messen. Offen bleibt damit nur, inwieweit § 42 AO auch nur annähernd konkretisiert werden kann.

II. Umgehung des Umgehungstatbestandes

Es ist befremdlich, daß die Rechtsprechung des Bundesfinanzhofes zum Steuermißbrauch durch Vertragsgestaltungen zwischen Angehörigen so karg ist. So besteht doch in der Finanzverwaltung und in der Finanzrechtsprechung unausgesprochen Einigkeit darüber, daß gerade Angehörige für mißbräuchliche Gestaltungen besonders anfällig sind. Aber der Bundesfinanzhof ist einer Auseinandersetzung über die Anwendung des § 42 AO ausgewichen. Statt der schwierigen Tatbestandsauslegung der Mißbrauchsnorm hat er sich immer wieder mit der wirtschaftlichen Betrachtungsweise oder dem Argument des Scheingeschäftes beholfen. Damit wurde ein steuerrechtlich zu beachtender Gestaltungsvorgang abgelehnt, bevor es zu der „ungeliebten" Prüfung des § 42 AO kommen konnte.

1. Wirtschaftliche Betrachtungsweise statt Mißbrauchsklausel

Nach dem heutigen Verständnis über die wirtschaftliche Betrachtungsweise, insbesondere nachdem der umstrittene § 1 Abs. 3 StAnpG gestrichen wurde, dürfte dieser Teil der Argumentation mit der wirtschaftlichen Betrachtungsweise schwerfallen[23]. Die wirtschaftliche Betrachtungsweise als Ergebnis teleologischer Interpretation kann nur da Erfolg haben, wo der Wortlaut des Steuerbestandes eine Auslegung abweichend von dem zivilrechtlichen Begriffsinhalt erlaubt. Jeder weitergehende Auslegungsversuch, eine wirtschaftliche Beurteilung des Sachverhaltes nach Sinn und Zweck des Gesetzes, aber über den möglichen Wortlaut der Steuernorm hinaus, wäre eine verbotene Analogie[24].

[22] Festgabe Zitelmann, S. 217 (230).

[23] Zu dem Streit um das Verhältnis von § 1 Abs. 3 StAnpG und § 6 StAnpG: *Spanner* in Hübschmann / Hepp / Spitaler, RAO § 6 StAnpG Rdnr. 6 ff.

[24] s. o. § 6 C III.

Erlaubt der Wortlaut des Steuergesetzes keine Auslegung nach wirtschaftlichen Gesichtspunkten, dann kann § 42 AO ein vom Zivilrecht abweichendes steuerrechtliches Ergebnis begründen. Dieses wechselseitige Verhältnis von Zivilrecht, Auslegung der Steuergesetze und Steuermißbrauch hat der Bundesfinanzhof oft nicht beachtet. So kam er über die wirtschaftliche Betrachtungsweise mit leichter Hand zu Ergebnissen, die, wenn überhaupt, allein mit § 42 AO unter weit schwierigeren Voraussetzungen zu rechtfertigen gewesen wären. Mit seinem Verständnis von der wirtschaftlichen Betrachtungsweise konnte der Bundesfinanzhof zivilrechtliche Vorfragen als nebensächlich unbeachtet lassen.

2. Ernsthaftigkeit statt Mißbrauchsklausel

In ähnlicher Weise wie bei der wirtschaftlichen Betrachtungsweise umgeht der Bundesfinanzhof die Klärung der zivilrechtlichen Vorfragen mit seiner Rechtsprechung zu den Scheingeschäften zwischen Angehörigen. Steuerrechtlich wird die Ernsthaftigkeit des Vertragsschlusses bezweifelt, ohne daß auf die Tatbestandsvoraussetzungen des zivilrechtlichen Scheingeschäftes und damit auf die Wirksamkeit des Rechtsgeschäftes eingegangen wird. Treffend ist die Bemerkung Tipkes[25] zum Verhalten der Steuerbehörden und der Steuergerichte: § 42 AO sei „die am häufigsten umgangene Vorschrift", umgangen vom besteuernden Staat zum Nachteil der Steuerpflichtigen.

III. Versuch einer eigenen Auslegung des § 42 AO

Die Finanzverwaltung und die Finanzrechtsprechung werden sich in verstärktem Maße um die Bedeutung zivilrechtlicher Vorfragen bemühen müssen. Erst danach kann § 42 AO angewandt und dann auch ausgelegt werden. Die Auslegung muß mit einer Begriffsklärung des Tatbestandsmerkmales „Mißbrauch" beginnen.

1. Umgehung des Zwecks einer Steuernorm

Der Begriff Mißbrauch setzt die Nichtbeachtung des gesetzgeberischen Willens voraus. Ausgangspunkt hierzu ist die Diskrepanz zwischen der nahezu unbeschränkten Gestaltungsfreiheit des Zivilrechts und der engen Bindung der Finanzverwaltung und der Finanzrechtsprechung an den möglichen Wortlaut der Steuergesetze. Das Zivilrecht erlaubt, steuerbegründenden Zivilrechtsformen dadurch auszuweichen, daß der Vertrag zwar der Form nach, nicht aber inhaltlich in seiner wirtschaftlichen Bedeutung geändert wird. Diese vorgeschobene Form müßte ohne § 42 AO wegen des Verbotes jeglicher Rechtsfort-

---

[25] Steuerrecht, § 8 Ziff. 6.2 b.

bildung im Steuerrecht beachtet werden, obwohl die Steuergesetzgebung erkennbar den wirtschaftlichen Lebenssachverhalt erfassen will, ihn aber gesetzestechnisch durch einen zu engen Gesetzeswortlaut nicht in der gewünschten Weise getroffen hat. Gerade diese Lücke wird durch den Mißbrauch ausgenutzt. An dieser Stelle wird klar, daß diese Lücke heute erst dadurch entstanden ist, daß die wirtschaftliche Betrachtungsweise nicht mehr als Ermächtigungsgrundlage zu einer vom Gesetzeswortlaut abweichenden Auslegung verstanden wird, im übrigen aber weitgehend noch die alte Terminologie der Steuergesetze aus einer Zeit gilt, zu welcher der Gesetzgeber noch im Vertrauen auf die wirtschaftliche Betrachtungsweise bei der Abfassung der Gesetze nicht so sehr auf den Gesetzeswortlaut achten mußte.

Die Frage nach dem Steuermißbrauch muß sich deshalb abgestuft stellen. Geht es beispielsweise um die Steuerpflicht von Zinseinkünften aus Darlehn (§ 20 Abs. 1 Nr. 8 EStG), dann ist zunächst festzustellen, daß dieser rechtstechnische Begriff sich eindeutig auf das Darlehn nach § 607 BGB bezieht. Alsdann ist zivilrechtlich zu überprüfen, ob die von den Angehörigen getroffene Vereinbarung überhaupt noch unter den Darlehnsbegriff des § 607 BGB fällt. Wenn das zu bejahen ist, dann kann die Frage gestellt werden, ob mit der Form des Darlehnsgeschäftes nicht ein wirtschaftlich anderer Zweck erreicht werden soll, der an sich eine höhere Besteuerung ausgelöst hätte. Wenn das der Fall ist, kann ein Mißbrauch vorliegen. Kein Mißbrauch kann deshalb angenommen werden, wenn die zivilrechtliche Gestaltung ohnehin noch nach dem möglichen Wortlaut des Steuergesetzes entsprechend seiner Teleologie besteuert werden kann.

Ebenso kann die Mißbrauchsklausel nicht angewandt werden, wenn die Gestaltung nach Sinn und Zweck des Steuergesetzes gar nicht steuerpflichtig sein soll. So handelt nicht mißbräuchlich, wer am 31. 12 statt am 2. 1. heiratet, um für ein Jahr eher die Vorteile der gemeinsamen Veranlagung auszunutzen. Ein Paradebeispiel hingegen ist für eine falsche, heute überholte Rechtsprechung das Urteil des Finanzgerichts Kassel[26], das die damals steuermindernde Wirkung der Ehescheidung mit der Begründung nicht anerkannte, die Gründe des Scheidungsurteils hätten auf falschen Behauptungen beruht. Ebenso steht es dem Steuerpflichtigen frei, sein Vermögen der Steuerpflicht wegen zu verprassen, der Einkommensteuerpflicht wegen nur so viel zu arbeiten, daß er den steuerfreien Grundbetrag nicht überschreitet, der Kirchensteuer wegen den Austritt aus der Kirche zu erklären.

---

[26] DStZ/B 1951, 250.

Voraussetzung des Gestaltungsmißbrauchs nach § 42 AO ist heute deshalb unbestritten die Umgehung von Steuernormen[27]. Es muß eine Gestaltung vorliegen, die nach Sinn und Zweck des Einzelsteuergesetzes wirtschaftlich das Besteuerungstatbestandsmerkmal erfüllt, deren Besteuerung hingegen der Wortlaut des Steuergesetzes nicht zuläßt. Tipke / Kruse[28] formulieren zutreffend, der Steuerpflichtige müsse das Spannungsfeld zwischen Zweck und Wortlaut der Steuernorm ausgenutzt haben. § 42 AO wird damit in die Nähe einer Analogievorschrift[29] gerückt. Die Mißbrauchsklausel wird zum Korrektiv des Analogieverbotes im Steuerrecht. Hierzu meint der Gesetzgeber[30]:

„Es ist zwar die Aufgabe des Gesetzgebers, die Einzeltatbestände, bei deren Vorliegen eine Steuerpflicht entsteht, so zu fassen, daß Steuerumgehungen nach Möglichkeit ausgeschlossen werden. Das wird aber in der Praxis nicht möglich sein."

Dem ist zuzustimmen. Zu eng sind die Grenzen erlaubter Gesetzesauslegung, ohne in den Bereich der verbotenen Analogie zu gelangen, zu weit sind die zivilrechtlichen Gestaltungsmöglichkeiten[31].

2. *Unangemessenheit der rechtlichen Gestaltung*

Einen weiteren Hinweis für die Auslegung der Mißbrauchsklausel liefert der systematische Zusammenhang der Sätze 1 und 2 des § 42 AO. Wird bei Mißbrauch von Gestaltungsmöglichkeiten der Sachverhalt fingiert, wie er bei einer den wirtschaftlichen Verhältnissen angemessenen rechtlichen Gestaltung entstanden sein würde, so kann ein Umkehrschluß abgeleitet werden: Mißbräuchlich ist die Gestaltung wirtschaftlicher Verhältnisse durch unangemessene rechtliche Formen. Hieraus bietet sich der Schluß an, nicht die wirtschaftlichen Verhältnisse, sondern deren rechtliche Einkleidung müßten angemessen gestaltet sein[32]. Eine unangemessene Rechtsgestaltung wäre recht einfach zu bestimmen, könnten alle Gestaltungen für mißbräuchlich erklärt werden, die wegen der damit verbundenen Steuerersparnis ausgewählt wurden. Diese vereinfachende Darstellung scheitert an der einhelligen Meinung der Rechtsprechung und der Literatur[33]: Es steht den Steuer-

---

[27] Zur Rspr. des BFH s. o. § 9 A; *Blencke*, Gestaltungsfreiheit, S. 210; *Klein / Orlopp*, AO § 42 Anm. 2; *Paulick*, Steuerrecht, § 16 IV Rdnr. 380; *Tipke*, Steuerrecht, § 8 Ziff. 6.2 b.

[28] AO § 42 Anm. 1.

[29] h. M.; *Papier*, Gesetzesvorbehalt, S. 188; *Tipke*, Steuerrecht, § 8 Ziff. 6.2. a; zweifelnd *Paulick*, Steuerrecht, § 16 IV Rdnr. 379.

[30] Begründung zu § 45 RegE einer AO, BT.-Drs. VI/1982, S. 114.

[31] *Blencke*, NWB Fach 2, S. 3095 (3096).

[32] *Blencke*, Gestaltungsfreiheit, S. 208; *Klein / Orlopp*, AO § 42 Anm. 4; *Paulick*, Steuerrecht, § 16 II Rdnr. 375; *Tipke*, Steuerrecht, § 8 Ziff. 6.2 b, dd; *Tipke / Kruse*, AO § 42 Anm. 12.

pflichtigen frei, ihre Verhältnisse so einzurichten, daß sie möglichst wenig Steuern zu zahlen haben.

Unzweifelhaft können solche wirtschaftlich sinnvollen Gestaltungen nicht unangemessen und damit mißbräuchlich sein, die als gern gesehene Nebenfolge auch steuergünstig sind. Nicht mißbräuchlich sein kann auch die Wahl der steuergünstigsten Gestaltungsform unter mehreren wirtschaftlich gleich sinnvollen Gestaltungen. Der Steuermißbrauch kann erst da beginnen, wo die Wahl der zivilrechtlichen Gestaltung ohne die hiermit verbundenen Steuervorteile unter keinen Umständen so getroffen worden wäre. An dieser Stelle beginnen die Schwierigkeiten, die Grenze zwischen unzulässiger Steuerumgehung und zulässiger Steuerersparnis allgemein nach festen Begriffen zu ziehen.

Nicht mißbräuchlich sind Gestaltungen, für deren Wahl der Steuervorteil kumulativ neben anderen außersteuerrechtlichen Gründen letztlich ausschlaggebend war. Steuerersparnisse sind wichtige, im Wirtschaftsverkehr notwendigerweise zu berücksichtigende Gesichtspunkte. Es kann nicht mißbräuchlich sein, Steuerbelastungen, die schließlich unabdingbares Element jeder Renditeberechnung sind, in die Entscheidung für eine bestimmte Gestaltungsform miteinzubeziehen.

Die Grenze zur Steuerumgehung kann demnach erst da beginnen, wo außersteuerrechtliche Gründe die Wahl der konkreten Gestaltung nicht mehr bestimmt haben können. Das bedarf einer Erläuterung. Sind beispielsweise für einen angestrebten wirtschaftlichen Erfolg, z. B. den Betrieb eines Handelsgewerbes zwei Gesellschaftsformen annähernd gleichermaßen geeignet, dann ist es durchaus nicht mißbräuchlich, allein aus steuerrechtlichen Gründen einer der Formen den Vorzug zu geben. In diesen Fällen wird das Steuerrecht nur zum „Zünglein an der Waage", nachdem auch andere wirtschaftliche Überlegungen durchaus für die Wahl sprechen. Ganz anders liegt der Fall, wenn die Gestaltung angesichts des wirtschaftlichen Zweckes unverständlich erscheint und sie nur durch die Tatsache zu erklären ist, daß eine in der Form ungewöhnliche, unnötig komplizierte oder sinnlose Gestaltung den Tatbestand einer höheren Besteuerung vermeidet, die eigentlich nach dem wirtschaftlichen Gehalt der Gestaltung ausgelöst werden müßte. Wenn wirtschaftliche Überlegungen die gewählte Gestaltungsform von vornherein ausschließen würden und die Entscheidung für sie nur durch Steuervorteile erklärbar sind, die über das Verbot jeg-

---

[33] BVerfGE 9, 237 (249 f.); 13, 290 (310); BFHE 66, 250 (255 f.) = BStBl. III 1958, 97 (99); BFHE 90, 485 (488) = BStBl. II 1968, 145 (147); *Blencke*, Gestaltungsfreiheit, S. 210; *Klein / Orlopp*, AO § 42 Anm. 4 a; *Tipke*, Steuerrecht, § 8 Ziff. 6.2 b, ee; *Tipke / Kruse*, AO § 42 Anm. 14 m. w. N. zur Rechtsprechung.

licher Rechtsfortbildung im Steuerrecht erreichbar sind, dann liegt ein Mißbrauch vor. Damit sind Gestaltungen, die gemessen am beabsichtigten Zweck wirtschaftlich überflüssig, sinnlos, umständlich oder auch ungewöhnlich sind, Indizen für eine Steuerumgehung[34].

Das schließt nicht aus, daß beispielsweise ungewöhnliche Gestaltungen wirtschaftlich durchaus sinnvoll sein können. So falsch ist indessen die Rechtsprechung des Bundesfinanzhofes[35] nicht, auch ungewöhnliche Gestaltungen[36] zum Indiz von Steuermißbrauch zu nehmen. Welche Gestaltung danach noch letztlich angemessen ist, kann nur eine Einzelfallentscheidung sein. Wo wirtschaftliche oder sonstige Gründe die Gestaltungsform rechtfertigen, muß ein Gestaltungsmißbrauch ausscheiden[37].

3. *Mißbrauchsabsicht*

Nach herrschender Ansicht[38] enthält § 42 AO das ungeschriebene subjektive Tatbestandsmerkmal der Mißbrauchsabsicht. Nach Tipke / Kruse[39] ist das Tatbestandsmerkmal Mißbrauch als zweckgerichtete Handlung zu verstehen. Wer aus Rechtsunkenntnis, Unerfahrenheit oder Ungeschicklichkeit eine unangemessene Rechtsgestaltung wähle, werde nicht von § 42 AO erfaßt. Das wird teilweise bestritten[40]. Ein Anhaltspunkt gegen die Mißbrauchsabsicht als ungeschriebenes Tatbestandsmerkmal des § 42 AO mag die Überlegung dienen, daß eine vorsätzliche Steuerumgehung schon nach Art. 20 Abs. 3 GG unbeachtlich ist[41]. Denn aus dem rechtsstaatlichen Gebot der Rechtssicherheit war abgeleitet worden, daß jedenfalls der keinen Anspruch auf Vertrauensschutz und damit auf eine wortgetreue Auslegung der Steuergesetze hat, der dieses Vertrauen nicht verdient. Versucht deshalb ein Steuerpflichtiger bewußt Steuergesetze zu umgehen, so bedarf es nicht der Mißbrauchsklausel, die zivilrechtliche Regelung steuerrechtlich nicht anzuerkennen. Da der Steuerpflichtige keinen Vertrauensschutz genießt,

---

34 BFHE 66, 250 (255 f.) = BStBl. III 1958, 97 (99).

35 BFHE 120, 116 (118) = BStBl. II 1977, 263 (264).

36 BFHE 57, 748 (753 f.) = BStBl. III 1953, 284 (286); BFHE 61, 509 (510) = BStBl. III 1955, 395 f.; BFHE 70, 299 (303) = BStBl. III 1960, 111 (112 f.); BFHE 71, 706 (709) = BStBl. III 1960, 513 (514).

37 BFHE 120, 126 (129) = BStBl. II 1977, 268.

38 BFHE 80, 539 (544) = BStBl. III 1964, 667 (669); BFHE 86, 396 (400) = BStBl. III 1966, 509 (510); BFHE 102, 207 (213) = BStBl. II 1971, 597 (599) m. w. N. zur Rechtsprechung; *Blencke*, Gestaltungsmißbrauch, S. 213; *Klein / Orlopp*, AO § 42 Anm. 4; *Spanner* in Hübschmann / Hepp / Spitaler, AO § 6 StAnpG Rdnr. 33 ff.

39 AO § 42 Rdnr. 17.

40 *Paulick*, Steuerrecht, § 16 IV Rdnr. 281; w. N. bei *Spanner* in Hübschmann / Hepp / Spitaler, RAO § 6 StAnpG Rdnr. 35.

41 s. o. § 6 C II 3.

kann er sich auch nicht auf ein benachteiligendes Rechtsfortbildungsverbot berufen. Wenn mithin § 42 AO das zusätzliche ungeschriebene Tatbestandsmerkmal der Mißbrauchsabsicht enthielte, dann träfe es keine weitergehende Aussage als das verfassungsrechtliche Gebot der Rechtssicherheit. § 42 AO wäre damit überflüssig. Aus diesem Grunde liegt es nahe, § 42 AO eine eigenständige Bedeutung zuzuerkennen und eine Steuerumgehung schon bei objektivem Mißbrauch anzunehmen.

Der Begriff des Mißbrauchs verlangt dem Wortlaut nach nicht zwingend ein finales Handeln. Mißbrauchen kann auch verstanden werden als ein Gestalten, durch das ein objektives Mißverhältnis zwischen dem angestrebten Erfolg und der gewählten rechtlichen Form entsteht. Diese Auslegung entspricht auch dem Zweckgedanken der Mißbrauchsklausel. § 42 AO soll keine Bestrafung für eine unbillige Gesinnungshaltung sein, sondern objektiv die Besteuerung nach dem Zweck der Steuergesetze sicherstellen. Das zeigt sich auch daran, daß der Mißbrauch nicht strafbar ist. Ist damit eine zivilrechtliche Gestaltung objektiv wirtschaftlich überflüssig, sinnlos, unangemessen oder auch ungewöhnlich in dem aufgezeigten Sinne, dann entspricht das dem Zweck des § 42 AO, die Besteuerung den wirtschaftlichen Verhältnissen anzupassen.

Schließlich spricht auch der Wortlaut des § 42 AO in seiner neuen Fassung gegen ein subjektives Tatbestandsmerkmal der Mißbrauchsabsicht. Wenn der Gesetzgeber eine Mißbrauchsabsicht für die Verwirklichung des Tatbestandes der Steuerumgehung will, dann muß er dieses durch den Gesetzestext deutlich machen. Das gilt zumal hier schon deshalb, weil der Gesetzgeber um die Kontroverse über die Mißbrauchsabsicht als ungeschriebenes Tatbestandsmerkmal wissen mußte. Der Hinweis in dem Regierungsentwurf, daß eine Änderung des Rechtszustandes durch die Novellierung nicht herbeigeführt werden sollte, kann nicht ausreichen. Allein entscheidend ist der im Wortlaut des Gesetzes erkennbare Wille des Gesetzgebers. Damit ist die Mißbrauchsabsicht als subjektives, ungeschriebenes Tatbestandsmerkmal abzulehnen.

Die Frage nach der Mißbrauchsabsicht in § 42 AO mag zwar rechtlich erheblich sein, ist aber aus tatsächlichen Gründen kaum wichtig. Der subjektive Tatbestand der Mißbrauchsabsicht bringt bei der Anwendung des § 42 AO kaum eine zusätzliche Erschwernis. In dem Maße, wie Indizien für einen objektiven Mißbrauch sprechen (Unangemessenheit, Sinnlosigkeit, Ungewöhnlichkeit), in dem Maße wird auch im allgemeinen nach den Grundsätzen der Lebenserfahrung eine Mißbrauchsabsicht angenommen werden können.

4. *Zusammenfassung*

Eine zutreffende Zusammenfassung der Anwendung des § 42 AO enthält der Formulierungsvorschlag von Tipke / Kruse[42]:

„Bewirkt der Steuerpflichtige einen wirtschaftlichen Vorgang oder Zustand, den das Gesetz seinem Zweck nach erfassen will, so wird dieser Vorgang oder Zustand auch dann besteuert, wenn er deshalb nicht mehr vom möglichen Wortsinn des Gesetzes erfaßt wird, weil der Steuerpflichtige sich statt der vom Gesetz vorausgesetzten angemessenen einer unangemessenen rechtlichen Gestaltung bedient hat."

Die Angemessenheit der Gestaltung ist an den vernünftigen Gründen für die Auswahl der Gestaltungsform zu messen. Hierzu sind die wirtschaftlichen Endabsichten der Regelung zu bestimmen. Sind die Gestaltungen mit Rücksicht auf den wirtschaftlichen Endzweck unsinnig oder ungewöhnlich, so kann das ein Indiz für einen Gestaltungsmißbrauch sein. Der wirtschaftlich unsinnige oder ungewöhnliche Weg muß die Entstehung eines Steueranspruches ganz oder teilweise verhindern, der bei einer gewöhnlichen Gestaltung entstanden wäre. Es muß dann dem Steuerpflichtigen überlassen bleiben, außersteuerrechtliche Gründe für die Ungewöhnlichkeit des Weges darzulegen oder den wirtschaftlichen Sinn der gewählten Gestaltungsform aufzudecken.

D. Mißbräuchliche Gestaltungen unter Angehörigen im besonderen

Die Finanzverwaltung und die Finanzrechtsprechung hatten bisher keine Notwendigkeit gesehen, bzw. es vermieden, sich mit dem Auslegungsmaßstab des § 42 AO für Gestaltungsversuche zwischen Angehörigen zu befassen. Das müßte sich ändern, wenn die oben abgelehnte Rechtsprechung zur wirtschaftlichen Betrachtungsweise[43] und zur Ernsthaftigkeit von Verträgen[44] aufgegeben würde. Nach aller Erfahrung müßten die Angehörigen damit rechnen, bei der Auslegung des § 42 AO besonders harten Maßstäben unterworfen zu werden. Der Wortlaut des § 42 AO rechtfertigt aber zu Lasten weder der Angehörigen noch aller interessenverbundenen Personen eine einseitig benachteiligende Auslegung. Soweit allein die Angehörigen im Rahmen des § 42 AO einer besonders strengen Prüfung unterzogen werden sollten, läge hierin ein Verstoß gegen Art. 6 Abs. 1 GG[45]. Das gilt sowohl für eine einseitige Auslegung der Tatbestände des § 42 AO als auch für eine einseitige Tatsachenvermutung, bei Angehörigen bestehe nach der Lebenserfahrung „prima facie" der Verdacht der Steuerumgehung.

---

[42] AO § 42 Rdnr. 8.

[43] s. o. §§ 6, 9 C II 1.

[44] s. o. §§ 7, 9 C II 2.

[45] s. o. § 4.

Auch eine einseitige Auslegung des § 42 AO allgemein für alle interessenverbundenen Personen ist durch den Wortlaut der Vorschrift nicht gedeckt. Eine einseitige Auslegung wäre damit ein Verstoß gegen Art. 20 Abs. 3 GG[46].

Nach alledem bliebe der Finanzverwaltung und der Finanzrechtsprechung allenfalls die Möglichkeit, nach den Grundsätzen der allgemeinen Lebenserfahrung von der tatsächlichen Vermutung auszugehen, Verträge zwischen interessenverbundenen Personen seien regelmäßig mißbräuchlich. Indessen ist es fraglich, ob der fehlende Interessengegensatz tatsächlich als ein Indiz für Steuermißbrauch verwendet werden darf.

Zweifel an einer derartigen Lebenserfahrung müssen aus der Tatsache herrühren, daß zu unterscheiden ist zwischen der unbestreitbar größeren Gefahr einer Steuerumgehung bei interessenverbundenen Personen und der Frage, ob nach der Lebenserfahrung davon ausgegangen werden kann, daß Verträge zwischen interessenverbundenen Personen regelmäßig mißbräuchlich sind. Die abstrakte, leichtere Möglichkeit zu Steuermißbrauch kann nicht ausreichen, um nach der Lebenserfahrung allgemein von einem Steuermißbrauch zwischen interessenverbundenen Personen auszugehen. Diese Frage hatte sich schon entsprechend bei der Behandlung von Verträgen zwischen Angehörigen als Scheingeschäfte gestellt[47]. Gerade bei Verträgen zwischen Angehörigen ist es zweifelhaft, ob eine typisierende Annahme eines Mißbrauchs gerechtfertigt ist. Es sind bei Angehörigen im Gegensatz zu anderen interessenverbundenen Personen schon Bedenken angebracht, ob die erste Typisierung überhaupt richtig ist, daß zwischen Angehörigen in der überwiegenden Zahl der Fälle tatsächlich kein materieller Interessengegensatz besteht. Auch wenn der grundsätzliche Tatbestand der familiären Interessenverbundenheit nicht unbedingt als Legende[48] bezeichnet werden kann, so gibt es doch eine Reihe guter Gründe, die in einer beachtlichen Anzahl von Fällen gegen eine Parallelität der Interessen innerhalb der Familie sprechen. Die Erfahrung zeigt, daß gerade Familienunternehmen wegen der persönlichen Verbundenheit sehr viel häufiger als rein wirtschaftliche Zusammenschlüsse von tiefgreifenden Meinungsverschiedenheiten belastet werden. Auch ist es das Schicksal jedes Familienunternehmens, in der zweiten oder dritten Generation durch den Zuwachs an Familienmitgliedern, immer mehr mit gegensätzlichen Interessen behelligt zu werden. Doch schon zwischen der ersten und zweiten Generation kann der Generationskonflikt unabsehbare Zentrifugalkräfte entstehen lassen. Kann schon

---

[46] s. o. § 6.

[47] s. o. § 7 B II 5.

[48] *Beinert*, Übertragung von Einkunftsquellen, S. 141 (143 f.).

deshalb zwischen Angehörigen nicht in dieser Allgemeinheit von einer gleichgerichteten Interessenlage ausgegangen werden, dann sind sicherlich eine Vielzahl von Verträgen zwischen den interessenverbundenen Angehörigen steuerrechtlich unbedenklich. Demnach würde eine tatsächliche Vermutung, nach der Lebenseerfahrung seien Verträge zwischen interessenabhängigen Personen mißbräuchlich, gerade für Angehörige falsch sein. Weder die Finanzverwaltung noch die Finanzgerichte können an der Tatsache vorbei, daß Verträge zwischen Fremden in der Regel nicht mißbräuchlich sind, zu ihren Gunsten also durchaus von einer positiven Vermutung ausgegangen werden kann, daß aber für Angehörige eine umgekehrt negative Vermutung den Grundsätzen der Lebenserfahrung widerspricht. Für Angehörige besteht allein die erhöhte Gefahr des Mißbrauchs, weder aber eine Vermutung für oder gegen die Mißbräuchlichkeit von Verträgen zwischen Angehörigen. Ein Beispiel dafür, wie in der Besteuerungspraxis der Unterschied zwischen einer erhöhten Gefahr des Steuermißbrauchs und der allgemeinen Vermutung des Steuermißbrauchs verwischt wird, zeigt eine Entscheidung des Finanzgerichts Düsseldorf[49]. Da heißt es noch in den Urteilsgründen, für Verträge zwischen Femden gelte nach der Lebenserfahrung die Vermutung für einen steuerrechtlich beachtlichen Vertragsschluß, was von Verträgen zwischen Angehörigen nicht gesagt werden könne. Obwohl in den Urteilsgründen keine negative Vermutung zu Lasten der Angehörigen aufgestellt wurde, erscheint im Leitsatz die Aussage, es bestehe eine Vermutung gegen die steuerrechtliche Beachtlichkeit von Verträgen zwischen Angehörigen. Eine derartige Vermutung zu Lasten aller interessenverbundenen Personen könnte allein der Gesetzgeber aufstellen. Zwar ginge diese gesetzliche Vermutung des Steuermißbrauchs an den Tatsachen vorbei, doch könnte die Vermutung das erforderliche, geeignete und angemessene Mittel sein, der Gefahr der Steuerumgehung zu begegnen. Nur der Gesetzgeber darf kraft seiner normativen Gewalt derartige gesetzliche Vermutungen abweichend von den Tatsachen aus Gründen unabdingbarer Praktikabilität zur Erfüllung des Gesetzeszweckes aufstellen.

Da der Gesetzgeber bislang von einer besonderen Vermutung zu Lasten aller interessenverbundenen Personen noch keinen Gebrauch gemacht hat, bleiben der Finanzverwaltung und der Finanzrechtsprechung allein wegen der unbestreitbar erhöhten Gefahr der Steuerumgehung die rechtlich nicht faßbaren Möglichkeiten, Verträge zwischen interessenverbundenen Personen besonders „aufmerksam" auf einen Steuermißbrauch hin zu überprüfen. Das darf aber keinesfalls dazu führen, daß die Angehörigen zur steuerrechtlichen Beachtung

---

[49] Senate in Köln, EFG 1979, 113, Rev. eingelegt.

ihrer Verträge stets einen gegen sie gerichteten Beweis des ersten Anscheins der Umgehung widerlegen müßten. Für Verträge zwischen Angehörigen kann kein rechtlich unterschiedlicher Maßstab im Vergleich zu Verträgen zwischen Fremden gelten. Allein eine gemessen am wirtschaftlich bezweckten Enderfolg unsinnige oder ungewöhnliche Gestaltung kann ein Indiz für einen Steuermißbrauch sein. In den wirtschaftlichen Zweckerwägungen sind auch familiäre Gesichtspunkte zu berücksichtigen. Auch § 42 AO rechtfertigt damit weder eine Sonderbehandlung von Angehörigen noch von interessenverbundenen Personen allgemein.

§ 10 Zurechnung von Vermögensgegenständen

A. Problemstellung

In vielen Fällen dienen Verträge zwischen Angehörigen dazu, Vermögengegenstände beispielsweise vom reichen Vater auf die weniger begüterte Ehefrau oder die Kinder zu übertragen. Das kann ungeachtet der steuerrechtlichen Folgen vielerlei andere Gründe haben. Zu denken ist etwa an die Erwägung, dem bedachten Angehörigen zu seiner Persönlichkeitsentwicklung eine materiell möglichst unabhängige Position einzuräumen. Der Zuwendende kann auch daran denken, innerhalb der gesetzlichen Möglichkeiten des Bürgerlichen Gesetzbuches (§§ 2315, 2325 BGB) zum Vorteil des Bedachten den Pflichtteilsanspruch des Erben zu schmälern. Namentlich in Familienunternehmen wird der verantwortungsvolle Inhaber vorsorglich und unter Beachtung der gesetzlichen Anfechtungsmöglichkeiten der Konkursordnung und des Anfechtungsgesetzes Teile seines Vermögens auf Angehörige übertragen wollen. Es wäre aus der individuellen Sicht des vermögenden Familienmitgliedes unverantwortlich, das gesamte Vermögen in seiner Hand dem hohen Risiko des Vermögensverfalles auszusetzen und die Verarmung der Familie zu riskieren. Auch das unternehmerische Ziel der Unternehmenskontinuität über mehrere Generationen hinweg läßt es für den Altunternehmer geraten sein, frühzeitig und sorgfältig abgestuft betrieblich gebundenes Vermögen (vom Darlehen zum partiarischen Darlehen bis zur Gesellschafterstellung mit voller Haftung) auf die nachfolgende Generation zu übertragen.

In den meisten Fällen muß sich aber der Zuwendende bei diesen Formen der Vermögensübertragungen davor hüten, zu frühzeitig durch diese Übertragungen jeglichen Einfluß auf das Unternehmen zu verlieren. So wird häufig nur unter Einschränkungen oder unter Auflagen verfügt. Deshalb sind auch durchaus Verträge üblich, in denen beispielsweise der Unternehmer seinen Kindern Grundstücke zu Eigentum überträgt mit der Auflage, ihm diese unmittelbar langfristig für die betriebliche Nutzung zurückzuvermieten. Gleichermaßen wird die causa dieser Vermögensverfügungen häufig mit weitgehenden Widerrufsrechten verbunden. Zu dieser Art von Verträgen gehört auch die schon beschriebene Möglichkeit[1], die Verpflichtung aus der Schenkung von Geldbeträgen in ein Vereinbarungsdarlehn umzuwandeln, wobei das Darlehn dem Schenker auf Lebenszeit, ungesichert, unter Ausschluß der Abtretbarkeit zur Verfügung gestellt wird und die Schenkung obendrein mit ungewöhnlichen Widerrufsrechten versehen ist. Gleichermaßen üblich ist die Zurückbehaltung eines Nießbrauchsrechts am übertragenen Gegenstand, eine ganz besondere Variante ist die auf nur kurze Zeit befristete Einräumung eines Nießbrauchsrechtes an Wertpapieren.

An dieser Stelle kann es nicht die Frage sein, welchem Angehörigen die aus einem derart übertragenen Vermögen fließenden Einkünfte zugerechnet werden[1]. In diesem Zusammenhang kann es allein um die Frage gehen, welchem Angehörigen, dem Zuwendenden oder dem Bedachten, die übertragenen Wirtschaftsgüter steuerrechtlich zuzurechnen sind. Das hat sowohl Auswirkungen auf die Vermögensteuer als auch auf die Einkommensteuer und möglicherweise auf die Gewerbesteuer. Soweit es sich bei den übertragenen Vermögensgegenständen um Wirtschaftsgüter des Betriebsvermögens handeln kann, wird es namentlich für die Einkommensbesteuerung interessant, wer das Wirtschaftsgut zu aktivieren hat (§ 4 Abs. 1 EStG) und wem entsprechend die Abschreibungen (§§ 7 ff. EStG) zustehen. § 39 AO enthält eine allgemein geltende Regelung für die Zurechnung der Wirtschaftsgüter.

B. Maßgeblichkeit der zivilrechtlichen Eigentumsordnung (§ 39 Abs. 1 AO)

Nach § 39 Abs. 1 AO sind Wirtschaftsgüter regelmäßig dem Eigentümer, in Ausnahmefällen (§ 39 Abs. 2 AO) dem sog. wirtschaftlichen Eigentümer zuzurechnen.

I. Umfang des Eigentumsbegriffes

Der Begriff Eigentum in § 39 Abs. 1 AO deutet auf die Maßgeblichkeit der zivilrechtlichen Eigentumsordnung für die steuerrechtliche Zuordnung von Wirtschaftsgütern hin. Die vorbehaltlose Anlehnung des Steuergesetzgebers an den zivilrechtlichen Eigentumsbegriff des § 903 BGB läßt den Schluß zu, die Zivilrechtsordnung sei hier bewußt zur Grundlage der Besteuerung gewählt worden. Diese Ansicht wird

[1] s. o. vor § 7.

durch den Sinnzusammenhang der beiden Absätze des § 39 AO bestärkt. Eine Abweichung von dem Eigentumsbegriff und die Hervorkehrung wirtschaftlicher Zuordnungsgesichtspunkte in § 39 Abs. 2 AO ist nur als Gegensatz zur grundsätzlichen, zivilrechtlichen Zuordnung nach § 39 Abs. 1 AO sinnvoll. Doch es verbleiben Zweifel an der Maßgeblichkeit des zivilrechtlichen Eigentumsbegriffes.

Im allgemeinen Sprachgebrauch wird dem Begriff Eigentum eine sehr unterschiedliche, einheitlich nicht festlegbare Bedeutung zugemessen. Auch als rechtstechnischer Begriff erscheint das Eigentum in anderen Gesetzen außerhalb der Zivilrechtsordnung mit abweichender Bedeutung, Erstreckt sich beispielsweise das Eigentum nach § 903 BGB nur auf Sachen, so umfaßt das Eigentum nach Art. 14 GG auch subjektive Vermögensrechte[2]. Noch weiter geht das Steuerrecht. Wirtschaftsgüter, die nach § 39 Abs. 1 AO dem Eigentümer zugerechnet werden, sind nach noch herrschender Meinung[3] nicht nur Gegenstände (Sachen und Rechte) des Zivilrechts. Zu ihnen gehören auch tatsächliche Zustände, Möglichkeiten und Vorteile, die erkennbar einen selbständigen Wert haben.

Demnach ist der Begriff Eigentum nach § 39 Abs. 1 AO umfassender als nach dem Bürgerlichen Gesetzbuch oder dem Grundgesetz. Mißverständlich ist die These von Tipke / Kruse[4], das Tatbestandsmerkmal Eigentum in § 39 Abs. 1 AG sei unjuristisch, es sei wirtschaftlich zu verstehen. Offenbar soll mit dem Hinweis auf eine unjuristische Terminologie auf einen allgemeinen Sprachgebrauch des Begriffes Eigentum abweichend von der rechtstechnischen Bedeutung hingewiesen werden. Indessen ist eine wirtschaftliche Betrachtungsweise in Abs. 1 des § 39 AO fehl am Platze. Sie ist in § 39 Abs. 2 AO als Ausnahme zur Maßgeblichkeit des Zivilrechts ausdrücklich für die Zuordnung von Wirtschaftsgütern normiert. Demnach verbietet schon die Systematik des Gesetzes eine wirtschaftliche Auslegung des Tatbestandsmerkmales Eigentum in § 39 Abs. 1 AO. Ein von wirtschaftlichen Gesichtspunkten bestimmter abweichender allgemeiner Sprachgebrauch ist damit, sofern er für das Eigentum überhaupt bestehen sollte, für die Auslegung des § 39 Abs. 1 AO unerheblich.

Der Unterschied des Eigentumsbegriffes nach dem Steuerrecht und dem bürgerlichen Recht liegt damit allein in der erweiterten Geltung

---

[2] BVerfGE 31, 229 (239); 31, 248 (250 f.); 36, 281 (290); RGZ 107, 370 (375); BGHZ 27, 69 (73) st. Rspr.; *v. Mangoldt / Klein,* GG Art. 14 Anm. III 1 b.

[3] h. M. BFHE 82, 459 (461) = BStBl. III 1965, 414; „... die sich ein Kaufmann etwas kosten läßt, also einer selbständigen Bewertung zugänglich sind"; *Herrmann / Heuer,* EStG § 4 Rdnr. 1, 9 m. w. N.; kritisch *Littmann,* EStG §§ 4, 5 Anm. 327 ff.; zuletzt umfassende Erörterung der unterschiedlichen Standpunkte: *Söffing* und *Woerner,* JbFfSt. 1978/79, S. 199 ff., 228 ff.

[4] AO § 39 Rdnr. 1.

für Wirtschaftsgüter. Mangels gegensätzlicher Anhaltspunkte im Wortlaut des § 39 AO ist hingegen die in § 903 BGB enthaltene Inhaltsbeschreibung des Eigentums auch für das Steuerrecht verbindlich.

II. Inhalt des zivilrechtlichen Eigentumsbegriffes

Ist für die Zurechnung von Wirtschaftsgütern demnach allgemein die zivilrechtliche Eigentumslage entscheidend, so fragt es sich gleichwohl, inwieweit Angehörige durch vertragliche Bestimmungen bei der Übertragung von Vermögensgegenständen die Eigentumsrechte aushöhlen können, damit diese überhaupt noch nach § 39 Abs. 1 AO zugerechnet werden können.

Nach § 903 BGB ist zivilrechtlicher Eigentümer eines Wirtschaftsgutes, wer mit der Sache nach Belieben verfahren und andere von jeder Einwirkung ausschließen kann, soweit nicht das Gesetz oder Rechte Dritter entgegenstehen. Nach dem Willen des Gesetzgebers soll durch diese Formulierung weniger eine Definition des Begriffsinhaltes des Eigentums gegeben werden[5].

§ 903 soll vielmehr den wesentlichen Inhalt der dem Eigentümer zustehenden Rechte erfassen. Das Eigentum gibt unbeschränkte Einwirkungsbefugnisse (positiver Kern) und das Recht, Dritte auszuschließen (negativer Kern)[6]. Als derart umfassende Befugnis ist das Eigentum einfacher nach den Rechten Dritter auszuloten, die diese nach § 903 an dem Wirtschaftsgut noch haben können, ohne die zivilrechtlichen Eigentumsverhältnisse zu verändern.

Der Eigentümer kann durch schuldrechtliche Verpflichtungen oder durch Abspaltung dinglicher Rechte seine Herrschaftsposition weitgehend beschneiden. Seine Stellung als Eigentümer verliert er erst mit der Übertragung des formellen Eigentums (§§ 929 ff., 873, 925 BGB). Wegen dieses formellen Eigentumsbegriffes nach § 903 BGB, der inhaltlich bis zur Bedeutungslosigkeit beschnitten werden kann, ist schon das Zivilrecht dazu übergegangen, in engen Ausnahmefällen[7] bestimmte Eigentümerrechte im Konkurs oder in der Einzelzwangsvollstreckung nicht dem formellen, sondern dem „wirtschaftlichen Eigentümer“ zu gewähren. Das Steuerrecht enthält für Abweichungen vom formellen Eigentumsbegriff die spezielle Vorschrift des § 39 Abs. 2 AO. Es erübrigt sich damit schon in § 39 Abs. 1 AO von dem streng-formalen Eigentumsbegriff abzugehen und schon hierin die Rechtsprechung der Zivilgerichte zur ausnahmsweisen wirtschaftlichen Zurechnung zu

---

[5] *Mugdan*, Materialien III, S. 145.

[6] *Baur*, Sachenrecht, § 24 I; *H. Westermann*, Sachenrecht, § 28 I 2; *Wolff / Raiser*, Sachenrecht, § 51 II.

[7] s. o. § 6 A II 2.

übernehmen. § 39 Abs. 1 AO verlangt als Regelfall, Sachen dem Eigentümer, Rechte und Forderungen dem Gläubiger, immaterielle Wirtschaftsgüter dem Berechtigten, Verbindlichkeiten dem Schuldner zuzurechnen[8]. § 39 Abs. 1 AO macht die Zurechnung von Wirtschaftsgütern allein von den Eigentumsverhältnissen abhängig. Unerheblich ist demnach, wie das Eigentum erworben wurde, unter welchen Bedingungen übertragen wurde, welche schuldrechtliche Vereinbarung der Verfügung zugrunde lag (causa), welche schuldrechtlichen Folgeverpflichtungen eingegangen wurden. Insbesondere kommt es nicht auf einen Verwandschaftsgrad der vertragsschließenden Parteien an.

C. Wirtschaftlicher Eigentumsbegriff (§ 39 Abs. 2 Nr. 1 Satz 1 AO)

Wirtschaftsgüter sind nach § 39 Abs. 2 AO ausnahmsweise nicht dem zivilrechtlichen Eigentümer, sondern einem Dritten zuzuordnen. Die Vorschrift löst § 11 StAnpG ab. In der Gesetzesbegründung heißt es hierzu[9]: Die Neufassung des § 39 enthalte keine sachliche Änderung gegenüber dem Begriff des wirtschaftlichen Eigentums in § 11 StAnpG. Der neue Gesetzeswortlaut sei vielmehr nur an die seit dem „Leasing-Urteil" des Bundesfinanzhofes[10] bestehende ständige Rechtsprechung zum wirtschaftlichen Eigentum angepaßt worden. Tatsächlich enthält § 39 Abs. 2 AO als allgemeinverbindliche Regelung fast wortgetreu den die Entscheidungsgründe des Leasing-Urteils im wesentlichen tragenden Satz[11]:

Wirtschaftsgüter seien stets dem zuzuordnen, der „... im Regelfall, d. h. in dem für die Situation typischen Fall, den rechtlichen Eigentümer für dauernd von der Einwirkung auf das Wirtschaftsgut wirtschaftlich ausschließen kann ...".

Ob der Gesetzgeber sein erklärtes Ziel erreicht hat, die bestehende Rechtsprechung zu kodifizieren, ist nicht an seiner erklärten Absicht zu messen. Ausschlaggebend ist die Auslegung des Gesetzeswortlautes nach den oben gewonnenen Maßstäben[12].

Nach der Ausnahmevorschrift des § 39 Abs. 2 Nr. 1 Satz 1 AO sind Wirtschaftsgüter einem anderen als dem Eigentümer zuzuordnen, wenn dieser Inhaber der tatsächlichen Sachherrschaft ist. Die Auslegung des Begriffes tatsächliche Sachherrschaft wird durch die Legaldefinition im

---

[8] *Tipke / Kruse*, AO § 39 Rdnr. 10.

[9] BT.-Drs. VII/4292, S. 19; vgl. auch Einführungserlaß zur AO 1977, BStBl. I 1976, 575 (582).

[10] BFHE 97, 466 = BStBl. II 1970, 264.

[11] BFHE 97, 466 (483) = BStBl. II 1970, 264 (271).

[12] s. o. 3. Teil.

Nebensatz vorgeschrieben. Inhaber der tatsächlichen Sachherrschaft ist, wer den Eigentümer im Regelfall für die gewöhnliche Nutzungsdauer von der Einwirkung auf das Wirtschaftsgut wirtschaftlich ausschließt. Die Legaldefinition selbst ist auslegungsbedürftig.

Von Einwirkungen auf das Wirtschaftsgut wirtschaftlich ausgeschlossen ist der Eigentümer, der entweder keine Rechte zur Einwirkung auf das Wirtschaftsgut hat oder solche Rechte aus tatsächlichen Gründen nicht durchsetzen kann. Im ersten Fall ist dem Eigentümer von seiner ursprünglich umfassenden Rechtsstellung nach § 903 BGB allein die formale äußere Hülle geblieben. Im zweiten Fall stehen dem Eigentümer zwar inhaltlich die vollen Eigentumsrechte zu, deren Durchsetzung erweist sich aber als unmöglich (Diebstahl oder Belegenheit des Wirtschaftsgutes in einem Land ohne Rechtsschutz).

I. Wertgedanke als Zurechnungsmaßstab

Mit dieser Auslegung des § 39 Abs. 2 Nr. 1 Satz 1 AO ist für die praktische Anwendung der Vorschrift wenig gewonnen. Offen bleibt die Frage nach einer klaren Grenze zwischen der Maßgeblichkeit der zivilrechtlichen Eigentumsordnung nach § 39 Abs. 1 AO und der Ausnahmevorschrift des § 39 Abs. 2 AO.

1. Merkwürdigkeit der Tatbestandsbildung

Der Wortlaut der § 39 Abs. 2 Nr. 1 Satz 1 AO gibt auf den ersten Blick zu Rätseln Anlaß. Das Tatbestandsmerkmal der gewöhnlichen Nutzungsdauer eines Wirtschaftsgutes legt die Vermutung nahe, eine von der zivilrechtlichen Eigentumsordnung abweichende Zurechnung von Wirtschaftsgütern nach wirtschaftlichen Gesichtspunkten komme nur für abnutzbare Wirtschaftsgüter in Frage. Doch das weitere Tatbestandsmerkmal „im Regelfall“ verdeutlicht, daß § 39 Abs. 2 Nr. 1 Satz 1 AO eine beispielhafte Formulierung ist. Sie erlaubt, auch nicht abnutzbare Wirtschaftsgüter (Immobilien oder bestimmte immaterielle Wirtschaftsgüter) zu erfassen. Der wenig glückliche Wortlaut des § 39 Abs. 2 Nr. 1 Satz 1 AO ist eine Folge der sklavischen Anlehnung des Gesetzestextes an den Wortlaut des „Leasing-Urteils“. Gegenstand dieser Entscheidung war die Zurechnung eines abnutzbaren Wirtschaftsgutes. Offenbar fehlte dem Gesetzgeber der Mut zu einer selbständigen, der Aufgabe eines Gesetzestextes entsprechenden allgemeinen Tatbestandsbildung, mit der die bestehende Rechtsprechung kodifiziert werden konnte. § 39 Abs. 2 Nr. 1 Satz 1 AO enthält damit eine beispielhafte Formulierung über die wirtschaftliche Zuordnung von Wirtschaftsgütern. Der in diesem Beispiel liegende allgemein-verbindliche Sinngehalt ist aufzudecken.

2. *Wortsinn und Gesetzeszweck*

§ 39 Abs. 2 Nr. 1 Satz 1 AO legt nahe, die Zurechnung von Wirtschaftsgütern nach dem Wert der Rechte zu bestimmen, die verschiedene Personen an dem Wirtschaftsgut innehaben. Die Bedeutung des Eigentumsbegriffes liegt in erster Linie in der Wertschätzung, die den Eigentümerrechten im Wirtschaftsverkehr zugemessen wird. Kann ein Eigentümer seine Rechte aus tatsächlichen Gründen nicht durchsetzen oder hat er sich der wesentlichen wertbildenden Rechte an dem Eigentum auf Dauer begeben, dann wird das Eigentum zur wertlosen Hülle. Nichts anderes enthält der Wortlaut des § 39 Abs. 2 Nr. 1 Satz 1 AO.

Stehen dem Eigentümer eines abnutzbaren Wirtschaftsgutes Einwirkungsrechte erst nach Ablauf der gewöhnlichen Nutzungsdauer zu, dann sind diese Rechte wirtschaftlich wertlos. Das entspricht der in § 39 Abs. 2 Nr. 1 Satz 1 AO ausdrücklich normierten wirtschaftlichen Betrachtungsweise: „... von Einwirkungen wirtschaftlich ausschließt."

Im Wirtschaftsleben wird stets der als wahrer Eigentümer angesehen, der Inhaber der an dem Wirtschaftsgut wesentlichen, weil wertvollsten Rechten ist. Um einem Mißverständnis vorzubeugen: Wenn oben[13] die wirtschaftliche Betrachtungsweise kritisiert wurde, dann galt das nur dem Mythos dieser Betrachtungsweise als nicht kodifizierte besondere Auslegungsregel des Steuerrechts. Hingegen steht es dem Gesetzgeber im Rahmen der notwendigen Bestimmtheit von allgemein-verbindlichen Normen naturgemäß frei, wirtschaftliche Gesichtspunkte als Besteuerungsmerkmale über die Steuergesetze einzuführen. Das ist durch § 39 Abs. 2 Nr. 1 Satz 1 AO geschehen. Damit sind Wirtschaftsgüter nach der im Wirtschaftsverkehr maßgebenden Wertschätzung zuzuordnen.

Das kommt den Ausführungen Seeligers[14] zum wirtschaftlichen Eigentum nahe. Fast wörtlich übernahm der Bundesfinanzhof[15] den Kernsatz aus Seeligers Untersuchung zum wirtschaftlichen Eigentum[16]. Als maßgebender, die Entscheidung tragender Satz wurde diese Formulierung wiederum Vorlage der Kodifizierung des § 39 Abs. 2 Nr. 1 Satz 1 AO. Es ist wenig verständlich, warum dann der Gesetzgeber nicht den ergänzenden Zusatz aus Seeligers Untersuchung[17] übernommen hat:

„Der nach bürgerlichem Recht Berechtigte ist dann wirtschaftlich von der Einwirkung ausgeschlossen, wenn ihm kein oder nur ein praktisch bedeutungsloser Herausgabeanspruch zusteht oder wenn er das Wirtschaftsgut herauszugeben verpflichtet ist."

[13] § 6 A II 1, 2.

[14] Wirtschaftliches Eigentum, passim.

[15] BFHE 97, 466 (483) = BStBl. II 1970, 264 (271).

[16] Wirtschaftliches Eigentum, S. 89.

[17] Wirtschaftliches Eigentum, S. 90.

Dieser Formulierungsvorschlag unterstreicht die Bedeutung der wertbildenden Rechte an einem Wirtschaftsgut als maßgebender Anhaltspunkt der Zuordnung. Unklar bleibt, von welchem Punkt an der Wert der dem Eigentümer verbleibenden Rechte so unbedeutend ist, daß das Wirtschaftsgut nach wirtschaftlichen Gesichtspunkten einem Dritten zugeordnet werden kann.

II. Relative Wertlosigkeit der Eigentümerrechte

1. Relativität des Wertmaßstabes

Nicht jede Wertminderung der Eigentümerrechte führt zu einer wirtschaftlichen Zuordnung des Wirtschaftsgutes. Verpachtete Wirtschaftsgüter werden beispielsweise auch im Steuerrecht weiterhin dem Eigentümer zugerechnet, obwohl die Eigentümerrechte wirtschaftlich mit dem Pachtvertrag — wenn auch nur schuldrechtlich — belastet sind. Der Sinngehalt der beispielhaften Formulierung des § 39 Abs. 2 Nr. 1 Satz 1 AO verlangt zwingend die Wertlosigkeit der Eigentümerrechte im wirtschaftlichen Sinn und nicht nur eine Wertminderung. Die Hervorkehrung der Wertlosigkeit als eine wirtschaftliche Wertlosigkeit schließt aus, die geforderte Wertlosigkeit als absolute Größe zu sehen. Im Wirtschaftsverkehr entscheidend ist die relative Bedeutungslosigkeit des Herausgabeanspruches des Eigentümers gemessen an dem Wert der vollen Eigentumrechte an dem Wirtschaftsgut.

2. Maßzahlen für relative Wertlosigkeit

Die Relativierung erschwert, die Abgrenzung zwischen § 39 Abs. 1 und 2 AO klar festzulegen. Es drängt sich an dieser Stelle auf, feste Zahlen für eine relative Wertlosigkeit zu suchen. Eine solche Entscheidung ist zweischneidig. So wie sie dem Verlangen der Praxis nach Rechtssicherheit entsprechen würde, so sehr würde jede Grenze als willkürliche Entscheidung bekämpft werden. Ein deutliches Beispiel ist die berühmte 15-Prozentgrenze für die Gewinnbeteiligung im Familiengesellschaften[18].

Eine nähere Eingrenzung des Wendepunktes der Zurechnung hat schon die Auslegung des Wortsinnes des § 39 Abs. 2 Nr. 1 Satz 1 AO aufgezeigt. Betont wird nicht eine etwaige Minderung, sondern eine Wertlosigkeit der Eigentümerrechte. Es reicht demnach nicht aus, die Anwendbarkeit der Ausnahmevorschrift an einer erheblichen Wertminderung zu messen. Die Wertminderung muß einer Wertlosigkeit wirtschaftlich gleichstehen. Den Versuch einer genaueren Grenzziehung

---

[18] BFHE 106, 504 (Gr.S. 4/71) = BStBl. II 1973, 5; *Halmburger*, Familienunternehmen, S. 191 ff. m. w. N., S. 193 Fn. 71; *Mittelbach*, Inf. 1975, 409; *Priester*, DB 1977, 224 m. w. N.; *L. Schmidt*, StKR 1977, 66 (91 ff.).

enthält das Schreiben des Bundesministers der Finanzen[19]. Aus ihm kann als relative Grenze der Wertlosigkeit 10 % vom ursprünglichen Wert des Wirtschaftsgutes abgeleitet werden. Die enge Fassung des § 39 Abs. 2 Nr. 1 Satz 1 AO: „... für die gewöhnliche Nutzungsdauer wirtschaftlich ausschließt ...“ zeigt, daß diese 10-Prozent-Grenze nicht nach oben überschritten werden sollte. Im übrigen muß es eine Wertung des Einzelfalles bleiben, ob geringere Restwerte noch die Zurechnung des § 39 Abs. 1 AO nach formell-zivilrechtlichem Eigentum rechtfertigen. Vernünftigerweise wird im Regelfall nach wirtschaftlichen Gesichtspunkten im Bereich unter 10 % von einem relativ bedeutenden Restwert nicht mehr gesprochen werden können. Die Entscheidung über die Zurechnung ist damit für die Grenzfälle in den Bereich tatsächlicher Wertungen verschoben. Hier eine wertende Entscheidung zu treffen ist die Aufgabe der Finanzverwaltung und der Finanzgerichte. Die Rechte des zivilrechtlichen Eigentümers sind zu bewerten und nach den tatsächlichen, sprich wirtschaftlichen Erwägungen zuzuordnen. Ein pauschaler Hinweis auf die wirtschaftliche Betrachtungsweise ist indessen nicht geeignet, die Zuordnung nach § 39 Abs. 2 AO zu begründen. Die Zuordnung nach wirtschaftlichen Gesichtspunkten bedarf als Ausnahmefall zur Maßgeblichkeit des Zivilrechts einer eingehenden Rechtfertigung. Diese Grundlagen der Zurechnung von Wirtschaftsgütern gelten allgemein. Es kann keinen Unterschied ausmachen, ob die den Wert der Eigentumsrechte an einem Wirtschaftsgut mindernden Rechte eines Dritten einem Angehörigen oder einem Fremden zustehen.

§ 11 Verfahrensrechtliche Vorschriften

Sind nach alledem die materiell-rechtlichen Vorschriften der Abgabenordnung nicht geeignet, eine steuerrechtliche Sonderbehandlung der Verträge zwischen Angehörigen zu begründen, dann bleiben allein die verfahrensrechtlichen Vorschriften, die noch eine Sonderbehandlung rechtfertigen könnten.

Die steuerrechtliche Behandlung der Verträge zwischen Angehörigen ist zu einem großen Teil ein Beweisproblem. Die Interessenverbundenheit zwischen den Angehörigen eröffnet in besonderer Weise zwei Möglichkeiten, Steuerzahlungen auszuweichen. Es kann der Vertragsschluß nur vorgegeben werden (Scheingeschäft), es kann eine mißbräuchliche Gestaltungsform gewählt werden (Steuerumgehung). Obwohl beide Möglichkeiten annähernd gleichwertig sind, stützt sich die

[19] BStBl. I 1971, 264 ff.; kritisch: *Knapp*, DB 1971, 685 ff.

Besteuerungspraxis in erster Linie auf den Nachweis der „Ernsthaftigkeit“. Die Ernsthaftigkeitsprüfung kann zwei Grundlagen haben: Es könnte damit allein auf die materiell-rechtlichen Voraussetzungen des Scheingeschäftes nach § 41 Abs. 2 AO abgestellt werden; es kann aber auch das Problem des Nachweises der Besteuerungsgrundlagen angesprochen sein. Gerade die Rechtsprechung des Bundesfinanzhofes zur „Ernsthaftigkeit“ gibt zu Zweifeln Anlaß, ob mit dem als ungenau bezeichneten Begriff der „Ernsthaftigkeit“[1] nicht weniger das materiellrechtliche Problem des Scheingeschäftes als vielmehr in ebenso verdeckter Form die Beweisproblematik gemeint ist. Auffällig ist jedenfalls die Akzentverschiebung in der Besteuerungspraxis, nach der Umgehungsgeschäfte nie, nicht ernsthafte Geschäfte häufig angenommen werden. Haben die Angehörigen ihre allgemein-vertraglichen Beziehungen nachgewiesen, dann werden diese Verträge meistens auch steuerrechtlich anerkannt, obwohl dann erst noch die materiell-rechtlichen Voraussetzungen des Scheingeschäftes oder der Steuerumgehung geprüft werden müßten. Wer die Hürde des Nachweises der Besteuerungsgrundlagen überwunden hat, den Abschluß und den tatsächlichen Vollzug des Vertrages nachzuweisen, der hat kaum noch etwas zu befürchten. Damit wird dieser Nachweis zum ausschlaggebenden Gesichtspunkt. Die verfahrensrechtlichen Vorschriften zum Nachweis der Besteuerungsgrundlagen sind deshalb auf die Frage zu überprüfen, inwieweit die Abgabenordnung eine verfahrensrechtliche Sonderbehandlung von Verträgen zwischen Angehörigen oder allgemein zwischen allen interessenverbundenen Personen erlauben.

A. Grundlagen des Besteuerungsverfahrens

Für das Steuerverfahrensrecht gilt der Grundsatz der Amtsermittlung (§ 88 AO, § 76 FGO). Daraus ergibt sich, daß es im Besteuerungsverfahren eine subjektive Beweislast (Beweisführungslast) nicht gibt. Nach dem Untersuchungsgrundsatz haben die Steuerbehörden und die Steuergerichte von sich aus bis zur Grenze des Zumutbaren den gesamten Besteuerungssachverhalt aufzuklären und auch die für die Beteiligten günstigen Umstände zu berücksichtigen (§ 88 Abs. 2 AO). Hierbei treffen den Steuerpflichtigen eine Reihe von Mitwirkungspflichten (§§ 90 ff. AO), deren Umfang sich nach den Umständen des einzelnen Falles richtet (§ 90 Abs. 1 Satz 3 AO). Erfüllt er diese Mitwirkungspflichten nicht, kann der Steuerpflichtige durch ein abgestuftes Zwangssystem (§§ 328 ff. AO) zur Auskunft und zur anderweitigen Mitwirkung angehalten werden, oder die Besteuerungsbehörde kann sich auf andere Weise (Augenschein, Auskunft Dritter) die erforderlichen Erkenntnisse verschaffen.

---

[1] s. o. § 7 B II.

Ist der Sachverhalt nicht aufklärbar, ist nach den Grundsätzen der objektiven Beweislast zu entscheiden. Damit wird der Entscheidungsvorgang umschrieben, wer in diesem Fall die Nachteile aus dem „non liquet" zu tragen hat. Hier stehen zwei Vorschriften in einem scheinbaren Gegensatz. Nach § 38 AO entstehen Steuerfolgen nur, wenn die gesetzlichen Tatbestandsvoraussetzungen erfüllt sind. Das könnte den Schluß zulassen, daß Steuerfolgen nicht ausgesprochen werden können, wenn ein Sachverhalt nicht feststellbar ist. Dem ist § 162 AO gegenüberzustellen. Nach dieser Vorschrift kann die Finanzbehörde die Besteuerungsgrundlagen schätzen, wenn diese nicht ermittelt werden können.

B. Objektive Beweislast und Schätzung

I. Ansichten der Rechtsprechung und des Schrifttums

Der Bundesfinanzhof[2] vertritt in ständiger Rechtsprechung die Auffassung, bei Unaufklärbarkeit des Sachverhaltes sei nach den Regeln der objektiven Beweislast (Beweisfeststellungslast) zu entscheiden, zu wessen Lasten die Ungewißheit gehe. Insbesondere könne aus der Mitwirkungspflicht des Steuerpflichtigen nicht gefolgert werden, damit sei eine subjektive Beweislast ausdrücklich gesetzlich normiert[3]. Die Regeln der objektiven Beweislast ergäben sich aus dem Grundsatz der Tatbestandsmäßigkeit im Steuerrecht. Eine Rechtsnorm könne nur angewandt werden, wenn feststehe, daß die tatsächlichen Voraussetzungen, an welche die Rechtsnorm bestimmte Rechtsfolgen knüpft, vorliegen. Die Tatumstände seien in freier Beweiswürdigung festzustellen. Könne gleichwohl der Sachverhalt nicht aufgeklärt werden, gelte für das Besteuerungsverfahren und den Steuerprozeß im allgemeinen folgendes: Der Steuergläubiger habe die objektive Beweislast für diejenigen Tatsachen zu tragen, die den Steueranspruch begründen. Der Steuerpflichtige hingegen müsse die Tatsachen beweisen, die eine Steuerbefreiung oder eine Steuerermäßigung begründen oder den Steueranspruch aufheben oder einschränken.

Das Schrifttum folgt dieser Ansicht[4]. Doch diese Einigkeit im grundsätzlichen zum Wesen der objektiven Beweislast begründet nur scheinbar eine Übereinstimmung in der verfahrensrechtlichen Frage der Fest-

---

2 BFHE 119, 164 (166) = BStBl. II 1976, 562 (563); BFHE 124, 508 (511) = BStBl. II 1978, 338 (339); weitere Nachweise bei: *Hübschmann / Hepp / Spitaler*, AO, § 88 Rdnr. 134.

3 BFHE 120, 229 (232 f.) = BStBl. II 1976, 767 (768 f.).

4 *Fenn*, Mitarbeit, S. 361 f.; *Klein / Orlopp*, AO § 88 Anm. 2; *Tipke / Kruse*, AO § 88 Rdnr. 10; *Wacke*, Beweislast der Familienunternehmen, S. 2 ff. mit umfangreichen Nachweisen zu Grundsatzfragen; *v. Wallis* in Hübschmann / Hepp / Spitaler, AO § 88 Rdnr. 134.

stellung der Besteuerungsgrundlagen. Es besteht Uneinigkeit darüber, wann für das Besteuerungsverfahren ein Sachverhalt als feststehend erachtet werden kann. Diese Uneinigkeit begründet sich auf ein unterschiedliches Verständnis des Schätzungsgebotes des § 162 AO.

Der Reichsfinanzhof[5] hat wiederholt die Ansicht vertreten, daß die Besteuerungsgrundlagen geschätzt werden könnten, wenn der Sachverhalt nicht vollends aufklärbar ist. Mit diesem Verständnis der gesetzlichen Schätzungsmöglichkeit (§ 162 AO, früher § 217 AO) hatte der Reichsfinanzhof der Finanzverwaltung ein profiskalisches Hilfsmittel der Besteuerung verschafft. Nach allgemeinen verfahrensrechtlichen Grundsätzen wird ein Sachverhalt nur als festehend beachtet, wenn er mit an Sicherheit grenzender Wahrscheinlichkeit vorliegt. Eine Schätzung im Sinne des Reichsfinanzhofes erlaubte auch bei einem geringeren Grad der Wahrscheinlichkeit einen steuerbaren Sachverhalt als feststehend zu erachten.

Der Ansicht des Reichsfinanzhofes ist eine jüngere Entscheidung des Bundesfinanzhofes[6] entgegenzuhalten. Ohne überhaupt auf die Rechtsprechung des Reichsfinanzhofes einzugehen, hat es der Bundesfinanzhof für unzulässig erklärt, wegen fehlender Möglichkeit einer eindeutigen Sachaufklärung zum Nachteil eines Arbeitnehmers schätzungsweise zu unterstellen, er sei in der von ihm angegebenen beschäftigungslosen Zeit einer Tätigkeit nachgegangen und habe entsprechend geschätzte Einkünfte erzielt. Damit spricht der Bundesfinanzhof das Verbot aus, einen Steuertatbestand, der nicht mit Sicherheit feststellbar ist, durch eine Schätzung als feststehend zu unterstellen.

Wie in der Rechtsprechung herrschen auch im Schrifttum Meinungsunterschiede zur Bedeutung der Schätzung im Steuerrecht. Von Wallis[7] scheint der Rechtsprechung des Reichsfinanzhofes zu folgen. Im gleichen Werk zur Abgabenordnung vertritt indessen Söhn[8] in Anlehnung an Tipke[9] die Auffassung, der Schätzung unterlägen nur quantitative Merkmale. Stehe beispielsweise fest, daß der Steuerpflichtige einen Gewerbebetrieb unterhalte, könne bei nicht hinreichender Sachverhaltsaufklärung die Höhe seiner gewerblichen Einkünfte geschätzt werden, auch wenn er keine Aufkünfte erkläre. Hingegen könne das Bestehen eines Gewerbebetriebes nicht im Wege der Schätzung unterstellt werden. Die Feststellung des Sachverhaltes, der den Tatbestand einer

---

[5] RStBl. 1937, 1088 m. w. N.

[6] BFHE 120, 229 (232 f.) = BStBl. II 1976, 767 (768).

[7] In *Hübschmann / Hepp / Spitaler,* AO § 162 Rdnr. 10 ff. m. w. N. zur Rspr. und zum Schrifttum.

[8] *Hübschmann / Hepp / Spitaler,* AO § 88 Rdnr. 79 ff.

[9] *Tipke / Kruse,* AO § 162 Rdnr. 2.

Steuerpflicht begründet, könne nicht geschätzt werden, sondern müsse nach den Grundsätzen der freien Beweiswürdigung ermittelt werden; notfalls trage bei einem „non liquet" derjenige die objektive Beweislast, zu dessen Gunsten sich die Feststellung des Sachverhaltes ausgewirkt hätte.

II. Eigene Stellungnahme

Die Frage nach den steuerrechtlichen Möglichkeiten der Schätzung des § 162 AO muß an der Bedeutung des Untersuchungsgrundsatzes des § 88 AO gemessen werden. Wenn die (schätzungsweise) Ermittlung der „Besteuerungsgrundlagen" des § 162 AO gleichzusetzen ist mit der Ermittlung des „Sachverhaltes" in § 88 AO, dann ist dem Reichsfinanzhof Recht zu geben, der steuerbare Sachverhalt könnte dem Grunde und der Höhe nach geschätzt werden. Doch schon der unterschiedliche Wortlaut beider Regelungen deutet auf einen unterschiedlichen Anwendungsbereich beider Normen hin. Es fragt sich insbesondere, ob es mit dem verfassungsrechtlichen Bekenntnis zum freiheitlichen Rechtsstaat vereinbar sein kann, der hoheitlichen Gewalt Eingriffsrechte auch dann zuzugestehen, wenn die Tatbestandsvoraussetzungen der Ermächtigungsnorm nicht feststellbar sind, sondern allenfalls Mutmaßungen angestellt werden können. Das erscheint angesichts des verfassungsrechtlichen Grundsatzes der Beschränktheit aller öffentlichen Gewalt zweifelhaft.

Die durch den unterschiedlichen Wortlaut der §§ 88 und 162 AO sich andeutenden Unterschiede werden durch den Sinn und Zweck der Schätzungsnorm bestätigt. Der Steuergesetzgeber hatte abzuwägen zwischen dem Anspruch des Fiskus auf möglichst ungeschmälerte Steuereinnahmen und dem Anspruch des Steuerpflichtigen auf einen möglichst weitgehenden Schutz seiner Privat- und Eigentumssphäre. Den Finanzbehörden wurde damit aufgegeben, den Besteuerungssachverhalt objektiv zu ermitteln. Den Steuerpflichtigen, in dessen Privatbereich diese Ermittlungen zu führen sind, mußten entsprechende Mitwirkungspflichten aufgegeben werden. Weigert sich der Steuerpflichtige zur Mithilfe oder kommt er ihr nur unvollständig nach, dann haben die Finanzbehörden die Möglichkeit, sich über Dritte oder durch Zwang gegenüber dem Steuerpflichtigen die Kenntnisse von dem zu besteuernden Sachverhalt zu verschaffen. Die Möglichkeit zur Schätzung ist das äußerste Mittel. Bei dieser Schätzung ist zwischen zwei Möglichkeiten zu unterscheiden: Die Finanzverwaltung kann nicht einmal den für eine Besteuerung dem Grunde nach notwendigen Sachverhalt mit an Sicherheit grenzender Wahrscheinlichkeit feststellen; im zweiten Fall hat die Finanzverwaltung zwar den Sachverhalt für eine Besteuerung dem Grunde nach ermittelt, ihr gelingt es aber nicht, beispielsweise die Höhe des steuerpflichtigen Einkommens zu ermitteln. Während im ersten Fall überhaupt Zweifel an einem steuerbaren Sachverhalt bestehen, liegt im zweiten Fall Gewißheit über die Steuerpflicht vor; nur ihre Höhe ist streitig. Im zweiten Fall muß es auch eingedenk des verfassungsrechtlichen Grundsatzes der Beschränktheit aller öffentlichen Gewalt erlaubt sein, die Besteuerungsgrundlagen zu schätzen. Durch die Feststellung des steuerbaren Sachverhaltes dem Grunde nach hat sich für die Finanzverwaltung das Steuerschuldverhältnis so weit „verdichtet", daß in diesem konkreten Fall eine zusätzlich belastende Maßnahme — die Schätzung — angemessen ist. Solange hingegen die Finanzverwaltung nicht einmal von einem steuerbaren Sachverhalt ausgehen kann, liegt keine Berechtigung vor, den Betroffenen steuerrechtlich in irgendeiner Weise zu belasten. Die der öffentlichen Gewalt durch die Verfassung auferlegte Zurückhaltung verbietet es, allein den bloßen Verdacht auf einen steuerbaren Sachverhalt ausreichen zu lassen, um endgültig eine Besteuerung durchzuführen. Die Finanzverwaltung ist in diesen Fällen allein darauf angewiesen, mit den Mitteln der Abgabenordnung den Sachverhalt weiter aufzuklären. Gelingt dieses nicht, dann ist dem besteuernden Staat jeder steuerrechtliche Eingriff verboten.

Diese Erkenntnis, daß § 162 AO nur eine Schätzung der Besteuerungsgrundlagen der Höhe nach erlaubt, muß auch für die Frage der steuerrechtlichen Behandlung von Verträgen zwischen Angehörigen gelten. Soweit die Verträge steuerrechtlich erheblich sind, können sie als Grundlage der Besteuerung nur berücksichtgit werden, soweit der Vertragsabschluß mit an Sicherheit grenzender Wahrscheinlichkeit feststeht. Ist dieser Nachweis nicht möglich, dann hat hieraus derjenige die Nachteile zu tragen, für den sich die vertragliche Beziehung als vorteilhaft erwiesen hätte.

Bei den steuerrechtlich problematischen Verträgen zwischen Angehörigen handelt es sich ausschließlich um solche Verträge, mit denen die Steuerlast des zuwendenden Steuerpflichtigen verringert und eine geringere Steuerpflicht des Bedachten begründet werden soll. Läßt sich der Abschluß eines solchen Vertrages nicht nachweisen, dann muß der Sachverhalt zugrunde gelegt werden, wie er ohne Vertragsabschluß bestanden hätte. Die Nachteile aus der Unaufklärbarkeit des Sachverhaltes tragen damit stets die Angehörigen. Das ist keine einseitige Schlechterstellung der Angehörigen, sondern die Folge des allgemein geltenden verfahrensrechtlichen Grundsatzes der objektiven Beweisfeststellungslast.

C. Umfang des erforderlichen Tatsachennachweises

Trotz einer unterschiedlos geltenden Beweislastregelung könnte die Abgabenordnung in § 88 Abs. 1 Satz 3 AO eine Ermächtigungsgrundlage für eine Sonderbehandlung der Verträge zwischen Angehörigen enthalten. § 88 Abs. 1 Satz 3 AO erlaubt der Finanzbehörde, Art und Umfang der Ermittlungen zur Feststellung des Sachverhaltes nach den Umständen des Einzelfalles selbst zu bestimmen. Darin könnte für die Finanzverwaltung die Möglichkeit liegen, innerhalb der Grenzen ihres Ermessens (§ 5 AO) zu Lasten der Angehörigen für den Nachweis eines Vertragsabschlusses zusätzliche Beweisanforderungen zu stellen. Eine derart einseitige Ermessensausübung zu Lasten der Angehörigen wegen des fehlenden Interessengegensatzes verstieße gegen Art. 6 Abs. 1 GG.

Fraglich indessen bleibt, ob die Finanzverwaltung allgemein für alle interessenverbundenen Personen zusätzliche Beweisanforderungen stellen kann. § 88 Abs. 1 Satz 3 AO ermächtigt die Finanzverwaltung, die Ermittlungen nach den Umständen des jeweiligen Einzelfalles anzupassen.

Bei der Auslegung des § 88 Abs. 1 Satz 3 AO sind drei Fragen streng zu trennen: der notwendige Umfang der Ermittlungstätigkeit, die Bewertung, ob die ermittelten Umstände mit an Sicherheit grenzender Wahrscheinlichkeit feststehen, der Schluß von den feststehenden Umständen auf das Bestehen eines allgemein-schuldrechtlichen Vertrages.

§ 88 Abs. 1 Satz 3 AO regelt nur die Frage, wie weit die Finanzbehörde zur Aufdeckung der Besteuerungsgrundlagen die Ermittlungstätigkeit treiben darf. Die äußerste Grenze hierzu zeigt die Abgabenordnung durch den abgestuften und abschließenden Katalog der Ermittlungshandlungen auf. Bis zu dieser äußersten Stufe kann die Finanzbehörde ermitteln, soweit nicht schon vorher die Besteuerungsgrundlagen mit an Sicherheit grenzender Wahrscheinlichkeit feststehen. Können die Besteuerungsgrundlagen nach Ausschöpfung aller gesetzlichen Mittel nicht mit an Sicherheit grenzender Wahrscheinlichkeit festgestellt werden, scheidet eine Besteuerung aus. Für die steuerrechtliche Behandlung von Verträgen zwischen interessenverbundenen Personen wird es zu einer ersten entscheidenden Frage, ob die Finanzverwaltung eine im Vergleich zu Verträgen zwischen Fremden weitergehende Sachverhaltsaufklärung betreiben darf, um mit der erforderlichen Sicherheit von feststehenden Tatsachen ausgehen zu können. Da die Finanzbehörde bei der Ermittlung der Tatsachen einen Beurteilungsspielraum hat, muß ihr wegen der erhöhten Gefahr von Scheingeschäften bei Verträgen zwischen interessenverbundenen Personen zugestanden werden, erst bei einem qualifizierteren Nachweis mit an

Sicherheit grenzender Wahrscheinlichkeit von den Tatsachen überzeugt zu sein. Ausschlaggebend ist letztlich die persönliche Überzeugung des veranlagenden Finanzbeamten, der zu Recht durch die erhöhte Gefahr eines Scheingeschäftes voreingenommen ist. Bei der Tatsachenfeststellung bleibt ein Beurteilungsspielraum, der nicht revisibel ist (§ 118 Abs. 2 FGO).

Indessen ist dieser Teil der Feststellung der Besteuerungsgrundlagen kein tatsächliches Problem der Besteuerungspraxis von Verträgen zwischen interessenverbundenen Personen. Selten ist streitig, ob die vom Steuerpflichtigen vorgetragenen Tatsachen auch der Wirklichkeit entsprechen. Die mündliche Absprache über eine vertragliche Mitarbeit wird nicht bestritten, die unregelmäßige Lohnzahlung steht fest, die Nichtbeachtung der gesetzlich vorgeschriebenen Vertragsform ist bekannt, unstreitig ist der Vertrag unklar formuliert oder hält einem Fremdvergleich nicht stand. Streitig hingegen ist, ob aus diesen feststehenden Tatsachen der Schluß gezogen werden darf, daß ein allgemein-schuldrechtliches Verhältnis weder gewollt ist noch tatsächlich besteht. Dieser Schluß von den feststehenden Umständen auf das Bestehen eines allgemein-schuldrechtlichen Vertrages ist eine Rechtsfrage, die Subsumtion. Sie wird durch § 88 Abs. 1 Satz 3 AO nicht berührt. Auch wenn die Auslegung von Willenserklärungen und die Feststellung des einvernehmlichen Willens zum Vertragsschluß im allgemeinen nicht als revisibel angesehen werden[10], so handelt es sich hierbei allein um eine Rechtsfrage[11]. Soweit allerdings dieser Schluß von feststehenden Tatsachen auf den Vertragsschluß durch allgemeine Sätze der Lebenserfahrung vollzogen wird, ist auch diese Bewertung revisibel[12]. Sätze der Lebenserfahrung gelten als immanente Bestandsteile der Rechtsordnung. Die Anwendung dieser Sätze der Lebenserfahrung ist als Rechtsfrage kein Problem mehr der Feststellung der Besteuerungsgrundlagen, wie sie in den verfahrensrechtlichen Vorschriften der Abgabenordnung geregelt sind. Es handelt sich vielmehr um die Subsumtion des feststehenden Sachverhaltes unter den Tatbestand des Scheingeschäftes oder des Umgehungsgeschäftes.

Die verfahrensrechtlichen Vorschriften sehen damit allein die Möglichkeit vor, bei Verträgen zwischen interessenverbundenen Personen in erweitertem Umfang Sachverhaltsermittlungen anzustellen, um mit an Sicherheit grenzender Wahrscheinlichkeit von den Tatsachen überzeugt zu sein, die einen Schluß auf eine vertragliche Absprache zulassen. Da diese Frage im Gegensatz zur rechtlichen Bewertung fast

---

[10] Statt vieler *Blomeyer*, ZPO § 104 III B c.

[11] *Larenz*, Methodenlehre, S. 296 f.

[12] BFHE 60, 141 = BStBl. III 1955, 55; RGZ 134, 237 (241 f.); BGH JR 1957, 62 st. Rspr.; *Blomeyer*, ZPO § 104 III 3 c; *Tipke / Kruse*, AO § 118 FGO Rdnr. 4.

nie streitig ist, enthalten auch die verfahrensrechtlichen Vorschriften im Ergebnis keine Möglichkeit, Verträge zwischen Angehörigen wegen des erhöhten Verdachtes von Schein- oder Umgehungsgeschäften besonderen Anforderungen zu unterwerfen. Es gelten für Verträge zwischen Angehörigen wie für Verträge zwischen interessenverbundenen Personen die allgemeinen verfahrensrechtlichen Bestimmungen über den Nachweis der Besteuerungsgrundlagen.

Die Abgabenordnung enthält damit weder materiellrechtliche noch verfahrensrechtliche Sondervorschriften für die steuerrechtliche Behandlung von Verträgen zwischen Angehörigen oder allgemein zwischen interessenverbundenen Personen.

5. TEIL

Schluß

§ 12 Zusammenfassung

A. Problemstellung

Allgemein-schuldrechtliche Verträge zwischen Angehörigen sind beliebige Gestaltungsmittel zur Steuerersparnis. Die Vertrags- und Gestaltungsfreiheit des Zivilrechts erlaubt den Angehörigen, ihre vermögensrechtlichen Verhältnisse aus unternehmerischer, familiärer, zivilrechtlicher und insbesondere steuerrechtlicher Sicht optimal zu gestalten. Vorzeitige Verfügungen unter Lebenden über einen Teil des Vermögens zugunsten von Angehörigen sind nicht nur geeignet, den bedachten Angehörigen eine wirtschaftlich unabhängige Stellung zu sichern, die Unternehmenskontinuität zu fördern und der Gefahr der Verarmung der gesamten Familie durch einen unternehmerischen Konkurs zu begegnen. Einen wesentlichen Vorteil solcher Verträge bieten unter anderem erhebliche Ersparnisse bei der Erbschafts- und Schenkungsteuer, Progressionsminderungen bei der Einkommenbesteuerung der Einkünfte aus dem übertragenen Vermögen sowie in eingeschränktem Maße die Verringerung der Gewerbe- und der Vermögensteuer.

Steuerersparende Verträge dieser Art stellen die Finanzverwaltung und die Finanzrechtsprechung vor ein Problem. Die Beziehungen zwischen Angehörigen werden häufig nicht von dem zwischen Fremden üblichen Interessengegensatz gekennzeichnet. Damit bergen die Verträge zwischen Angehörigen eine besondere doppelte Gefahr der Manipulation: Die Gefahr des Scheingeschäftes und die Gefahr des Umgehungsgeschäftes.

Der fehlende Interessengegensatz erlaubt in erhöhtem Maße, einverständlich den Abschluß von steuerersparenden Verträgen nur vorzugeben, obwohl tatsächlich weder der Vertrag gewollt ist noch tatsächlich vollzogen wird.

Zum anderen verlockt die fast grenzenlose zivilrechtliche Gestaltungsfreiheit die Angehörigen, ihre Verträge so abzufassen, daß die Grenzen des steuerrechtlichen Gestaltungsmißbrauches erreicht oder sogar überschritten werden.

Für die Besteuerung werden deshalb Verträge zwischen Angehörigen von der Finanzverwaltung und von den Finanzgerichten nur unter großer Zurückhaltung anerkannt. Verträge zwischen Fremden hingegen, denen wegen des natürlichen Interessengegensatzes das „in-einen-Topf-wirtschaftens" der Familienangehörigen in der Regel nicht möglich ist, werden ohne weitere Schwierigkeiten anerkannt.

Die steuerrechtliche Wirksamkeit von Verträgen zwischen Angehörigen wird in vielfacher Weise bezweifelt: An die Ernsthaftigkeit der Vereinbarungen werden besondere Anforderungen gestellt. Die Vertragsbestimmungen müssen in besonderer Weise klar und eindeutig sein; der tatsächliche Vollzug der Verträge muß nachgewiesen werden; schließlich müssen die Verträge einem Fremdvergleich standhalten — die Regelungen müssen wie zwischen Fremden üblich getroffen sein[1].

Die Untersuchung befaßt sich mit der Rechtmäßigkeit einer solchen einseitigen Belastung zum Nachteil der Angehörigen. Es scheinen sowohl das Grundrecht zum Schutz der Ehe und Familie (Art. 6 Abs. 1 GG) wie auch das Prinzip einer rechtsstaatlichen Besteuerung (Art. 20 Abs. 3 GG) verletzt zu sein. Die Untersuchung beschränkt sich auf die Grundlagen der Problematik: Die Verfassung, die Methodenlehre und die Abgabenordnung.

Die steuerrechtliche Sonderbehandlung von Verträgen zwischen Angehörigen beruht im wesentlichen auf zwei Grundaussagen: die besonderen Beziehungen zwischen den Angehörigen würden ein erhöhtes Mißtrauen gegenüber steuerersparenden Verträgen rechtfertigen. Das erlaube einen strengeren Maßstab bei der steuerrechtlichen Anerkennung der Verträge. Darüber hinaus sei das Steuerrecht nicht in jeder Hinsicht daran gebunden, die zivilrechtlichen Verträge auch steuerrechtlich anzuerkennen. Selbst wenn die Steuergesetze dem Wortlaut nach eine Beachtung der Vertragsabschlüsse verlangt, dann könnten die tatsächlichen wirtschaftlichen Umstände gerade bei Verträgen zwischen Angehörigen eine abweichende steuerrechtliche Beurteilung erfordern.

Die einseitige steuerrechtliche Benachteiligung der Angehörigen ist an Art. 6 Abs. 1 GG zu messen. Die Bindung des Steuerrechts an die zivilrechtlichen Gegebenheiten sind nach Art. 20 Abs. 3 GG und nach der juristischen Methodologie zu bestimmen. Nach den hieraus entwickelten Grundsätzen sind die Grenzen des Steuergesetzgebers, der Steuerverwaltung und der Steuerrechtsprechung zu ziehen. Die Ergebnisse der Untersuchung beider Problemkreise sind zu konkretisieren

---

[1] s. o. § 1.

auf die Anwendung der allgemein geltenden Vorschriften der Abgabenordnung über die Bedeutung der zivilrechtlichen Verhältnisse für das Steuerrecht[2].

B. Bedeutung des Art. 6 Abs. 1 GG für die steuerrechtliche Behandlung von Verträgen zwischen Angehörigen

I. Art. 6 Abs. 1 GG als wertentscheidende Grundsatznorm

Die Rechtsprechung des Bundesverfassungsgerichts zur Bedeutung des Art. 6 Abs. 1 GG für einseitig steuerrechtliche Belastungen der Angehörigen ist nicht einheitlich. Mit einer Reihe von stets wiederkehrenden Argumentationsformeln wird eine steuerrechtliche Benachteiligung der Angehörigen teils für zulässig, teils für unzulässig erachtet. Eine steuerrechtliche, wenn auch nur mittelbare Benachteiligung der Angehörigen durch eine einseitige Förderung der Ledigen wird mit der Ansicht begründet, der Steuergesetzgeber habe bei der Gewährung von Steuervergünstigungen einen erweiterten Gestaltungsfreiraum[3]. Art. 6 Abs. 1 GG sei erst verletzt, wenn die Ungleichbehandlung zu Lasten der Angehörigen den Gerechtigkeitsvorstellungen der Allgemeinheit widerstreite[4]. Insbesondere könne auch eine einseitig steuerrechtliche Benachteiligung der Angehörigen aus der Natur der Sache gerechtfertigt sein[5]. Jedenfalls sei es verfassungsrechtlich unbedenklich, die Angehörigen als besonders anfälliger Personenkreis für Steuerumgehungen typisierend besonderen Nachweispflichten zu unterwerfen[6].

Gegen die vom Bundesverfassungsgericht verwandten Argumentationsformeln bestehen Bedenken. Dem Steuergesetzgeber kann bei einer einseitigen Gewährung von Steuervergünstigungen für Ledige kein erweiterter Gestaltungsspielraum zustehen[7]. Es kann keinen Unterschied ausmachen, ob ein Steuerpflichtiger durch eine einseitige Förderung anderer Personen oder durch eine direkte Benachteiligung stärker belastet wird. Für den Steuergesetzgeber gelten einheitlich die gleichen Grenzen der Gestaltungsfreiheit.

Auch das Argument von der Gerechtigkeitsvorstellung der Allgemeinheit zur Rechtfertigung einer steuerrechtlichen Mehrbelastung der Angehörigen ist ungeeignet[8]. Nicht die Gerechtigkeitsvorstellungen der Allgemeinheit können bestimmen, welche Benachteiligungen die An-

---

[2] s. o. § 2.
[3] s. o. § 4 B II 1.
[4] s. o. § 4 B III.
[5] s. o. § 4 B IV 1.
[6] s. o. § 4 B V 1.
[7] s. o. § 4 B II 3.
[8] s. o. § 4 B III.

gehörigen noch hinzunehmen haben. Alleiniger Maßstab muß Art. 6 Abs. 1 GG bleiben. Nicht die Gerechtigkeitsvorstellungen der Allgemeinheit können die Bedeutung des Art. 6 Abs. 1 GG konkretisieren, sondern Art. 6 Abs. 1 GG ist die Konkretisierung des Verfassungsgesetzgebers der für die Allgemeinheit verbindlichen Wertvorstellungen dieses Staates.

Auch die Argumentation mit der „Natur der Sache" hält einer Überprüfung nicht stand. Steuerrechtliche Benachteiligungen zu Lasten der Angehörigen sind aus der Natur der Sache nur dann zu rechtfertigen, wenn die Gründe für die steuerrechtliche Benachteiligung untrennbar mit der Ehe oder der Familie verbunden sind[9]. Das auf den fehlenden Interessengegensatz zwischen den Angehörigen begründete besondere „steuerrechtliche Mißtrauen" ist nicht auf ein Wesensmerkmal der Ehe oder der Familie zurückzuführen. Der fehlende Interessengegensatz findet sich in gleicher Weise bei Verträgen zwischen Freunden oder in anderer Weise tatsächlich abhängigen Personen sowie bei vertraglichen Beziehungen zwischen konzerngebundenen Unternehmen und insbesondere in der Ein-Mann-GmbH. Der Interessengegensatz ist kein untrennbares Wesensmerkmal der Ehe und der Familie, sondern nur ein akzidentielles Merkmal. Eine steuerrechtliche Mehrbelastung, insbesondere ein besonderes „steuerrechtliches Mißtrauen", ist damit durch das Argument mit der Natur der Sache nicht zu begründen.

II. Art. 6 Abs. 1 GG und typisierende Benachteiligungen zu Lasten von Ehe und Familie

Als besonderer Gleichheitssatz verlangt Art. 6 Abs. 1 GG die Angehörigen als verfassungsrechtlich besonders geschützte Gruppe zu beachten[10]. Den Angehörigen gegenüber ist die Berechtigung einer Typisierung, jede Gleich- oder Ungleichbehandlung immer gesondert zu prüfen. Während der allgemeine Gleichheitssatz des Art. 3 Abs. 1 GG nur verbietet, wesentlich Gleiches willkürlich ungleich, wesentlich Ungleiches willkürlich gleich zu behandeln, prägt Art. 6 Abs. 1 GG als besondere Wertentscheidung den allgemeinen Gleichheitssatz und schränkt den weiten Ermessensspielraum ein[11]. Art. 6 Abs. 1 GG enthält gegenüber Art. 3 Abs. 1 GG eine Argumentationslaststeigerung. Art. 3 Abs. 1 GG läßt mit Ausnahme der recht seltenen Fälle der Willkür Ungleichbehandlungen zu; Art. 6 Abs. 1 GG verlangt umgekehrt eine besondere Begründung, warum auch die Angehörigen in die Gleichbehandlung einbezogen wurden oder warum eine Ungleichbehandlung der Angehörigen gerechtfertigt sein sollte.

---

[9] s. o. § 4 B IV 2.
[10] s. o. § 4 B V 3 a.
[11] s. o. § 4 B V 3 b.

Nach Art. 3 Abs. 1 GG ist der Zwang zu typisierenden Normen und zu praktikableren Regelungen abzuwägen gegen die Quantität und Qualität der Ungleichbehandlung. Je stärker und für je mehr Personen eine Regelung nachteilig wirkt, um so mehr treten die Sachargumente notwendiger Typisierung und Praktikabilität zurück[12]. Die Entscheidung kann nur im Einzelfall aus der Abwägung aller Faktoren getroffen werden. Insgesamt dürfen jedenfalls die einzelnen Sachgesichtspunkte einer zulässigen Typisierung eine bestimmte Reizschwelle nicht überschreiten. Die besondere Wertentscheidung des Art. 6 Abs. 1 GG verschiebt diese Reizschwelle zugunsten der Ehe und Familie[13]. Schon der Gesichtspunkt der Quantität verbietet es, einseitig zu Lasten von Ehe und Familie typisierende Steuernormen zur Eindämmung der Manipulationsgefahr zu erlassen[14]. Anknüpfungspunkt für eine derartig typisierende Regelung ist der fehlende Interessengegensatz zwischen Angehörigen. Es gibt eine große Anzahl anderer Personengruppen, die gleichermaßen durch den fehlenden Interessengegensatz die Möglichkeit zu Manipulationen wahrnehmen könnten. Diese große Zahl anderer interessenverbundener Personen schließt eine einseitig typisierende Belastung von Ehe und Familie schon unter dem Gesichtspunkt der Quantität der Ungleichbehandlung aus.

Dieses Ergebnis wird auch nicht durch den kumulativen Gesichtspunkt der notwendigen Praktikabilität einer jeden Regelung eingeschränkt[15]. Mit dem Bundesverfassungsgericht[16] ist davon auszugehen, daß Art. 6 Abs. 1 GG schlechthin jegliche Praktikabilitätserwägungen verbietet, die eine Benachteiligung von Ehe und Familie begründen sollen. Das Grundgesetz hat nicht den verwaltungstechnischen Gründen und den Praktikabilitätserwägungen einen besonderen Rang eingeräumt. Allein die Ehe und Familie genießen den besonderen verfassungsrechtlichen Schutz. Neben der hier überragenden Bedeutung des Gesichtspunktes der Quantität und dem verschwindenden Gewicht der Praktikabilität kann dem Merkmal der Qualität als weiterer kumulativer Prüfungspunkt Anbetracht der Wertentscheidung des Art. 6 Abs. 1 GG keine große Bedeutung mehr zukommen[17]. Das Bundesverfassungsgericht mißt jedoch gerade der unterschiedlichen Qualität der typisierenden Beeinträchtigung das entscheidende Gewicht zu. Unwiderlegbare Vermutungen des Steuermißbrauchs zu Lasten der Angehörigen, die sich letztlich in einem absoluten Verbot der steuerrecht-

[12] s. o. § 4 B V 3 c.
[13] s. o. § 4 B V 3 d.
[14] s. o. § 4 B V 3 d aa.
[15] s. o. § 4 B V 3 d bb.
[16] s. o. § 4 B V 1 b aa.
[17] s. o. § 4 B V 3 d cc.

lichen Anerkennung von Verträgen zwischen Angehörigen niederschlagen, seien ein zu schwerwiegender Eingriff und verstießen damit gegen Art. 6 Abs. 1 GG; steuerrechtliche Mißbrauchsnormen geringerer Qualität wie beispielsweise widerlegbare Vermutungen könnten hingegen niemals eine durch Art. 6 Abs. 1 GG verbotene Benachteiligung der Ehe und Familie enthalten[18].

Die verfassungsgerichtliche Rechtsprechung zu widerlegbaren Vermutungen beruht auf einer frühen „obiter dictum" Stellungnahme, die zwar stets wiederholt, aber nie begründet worden ist. Indessen ist diese Rechtsprechung heute die Grundlage der benachteiligenden Besteuerungspraxis gegenüber den Verträgen zwischen Angehörigen. Doch auch eine widerlegbare Vermutung enthält eine Benachteiligung von so erheblichem Gewicht, daß sie vor Art. 6 Abs. 1 GG nicht zu rechtfertigen ist[19]. Eine widerlegbare Vermutung zu Lasten der Angehörigen kann sich gerade für Angehörige faktisch zu der äußerst schwerwiegenden unwiderlegbaren Vermutung entwickeln. Der erhöhte Vertrauenstatbestand unter Angehörigen wird nicht selten der Grund dafür sein, Verträge nicht schriftlich abzufassen, auf fachliche Beratung zu verzichten und die notwendigen Formerfordernisse des Bürgerlichen Gesetzbuches zu übergehen. Angesichts der Wertentscheidung des Art. 6 Abs. 1 GG und der Quantität einer solchen Ungleichbehandlung ist auch eine widerlegbare Vermutung verfassungswidrig.

Dem Gesetzgeber verbietet Art. 6 Abs. 1 GG damit, einseitig typisierend zu Lasten der Angehörigen Mißbrauchsnormen zu schaffen. Art. 6 Abs. 1 GG zwingt hingegen den Gesetzgeber nicht, die Angehörigen von einer allgemein geltenden, verschärften Regelung für Personen ohne Interessengegensatz auszunehmen. Für die Anwendung der Steuergesetze ist die Wertentscheidung des Art. 6 Abs. 1 GG entsprechend zu beachten. Weder dürfen Gesetze einseitig zu Lasten der Angehörigen ausgelegt noch dürfen Ermessensentscheidungen einseitig getroffen werden. Gleichermaßen dürfen nicht einseitig zu Lasten von Ehe und Familie auf der Lebenserfahrung beruhende tatsächliche Vermutungen des Steuermißbrauchs aufgestellt werden.

C. Bindungswirkung des Art. 20 Abs. 3 GG

I. Problemstellung

Art. 6 Abs. 1 GG verbietet nur die einseitige Benachteiligung der Angehörigen. Nicht gegen Art. 6 Abs. 1 GG würde es verstoßen, die Angehörigen gemeinsam mit allen interessenverbundenen Personen

[18] s. o. § 4 B V 1 b bb.
[19] s. o. § 4 B V 3 d cc.

verschärften Bedingungen der steuerrechtlichen Anerkennung von Verträgen zu unterwerfen. Es wäre durchaus sachgerecht, wenn der Gesetzgeber zur Eindämmung der Manipulationsgefahr für Verträge zwischen Interessenabhängigen verschärfte Vorschriften erließe. Das ist bislang nur vereinzelt geschehen. Aus diesem Grunde sind die gesetzesanwendenden Gewalten versucht, die Steuergesetze trotz einheitlicher Geltung für interessenverbundene Personen einschränkend auszulegen. Es bietet sich an, im Wege der Analogie, der Restriktion oder notfalls sogar gegen den Wortlaut und Sinn des Gesetzes Verträge zwischen interessenverbundenen Personen nicht anzuerkennen — sei es über eine differenzierte Auslegung der allgemein geltenden Vorschriften über Scheingeschäfte (§ 41 Abs. 2 AO) oder über Umgehungsgeschäfte (§ 42 AO), sei es, daß schon die in den Einzelsteuergesetzen vorgeschriebene Maßgeblichkeit des Zivilrechts für die Ausnahmefälle wie Vertragsabschlüsse zwischen interessenverbundenen Personen aus „übergeordneten wirtschaftlichen Gründen" übergangen wird. Auf die Vorschriften der Abgabenordnung kommt es dann nicht mehr an[20].

II. Grundsätze der Rechtsanwendung[21]

Die Rechtmäßigkeit einer einseitigen Gesetzesauslegung zu Lasten von interessenverbundenen Personen ist an dem verfassungsrechtlichen Grundsatz der Gesetzmäßigkeit (Art, 20 Abs. 3 GG) sowie an den Grundsätzen der juristischen Methodenlehre zu messen.

Für das Steuerrecht hat lange Zeit die Auffassung bestanden, Steuergesetze seien nach der besonderen Lehre der wirtschaftlichen Betrachtungsweise auszulegen[22]. Das hat in der Vergangenheit immer wieder dazu geführt, bei der steuerrechtlichen Behandlung von Verträgen zwischen Angehörigen aus wirtschaftlichen Gesichtspunkten den Wortlaut des Steuergesetzes zu vernachlässigen oder sogar gegen ihn zu entscheiden. Indessen besteht heute Einigkeit darüber, daß es keine besondere Auslegungslehre des Steuerrechts geben kann und damit eine besondere wirtschaftliche Betrachtungsweise überflüssig ist[23].

Steuergesetze sind nach der allgemeinen juristischen Methodologie auszulegen[24]. Die klassische Methodologie verwendet eine Reihe von Auslegungsgesichtspunkten: Ein gesetzliches Tatbestandsmerkmal ist zunächst nach dem aus dem allgemeinen Sprachgebrauch zu entnehmenden Wortsinn, dann nach seinem Bedeutungszusammenhang im

---

[20] s. o. § 5 B.

[21] s. o. § 6.

[22] s. o. § 6 A II 1.

[23] s. o. § 6 A II 2.

[24] s. o. § 6 A III 1.

Gesetz, dann nach der erkennbaren Zwecksetzung des Gesetzgebers und schließlich hilfsweise nach der historischen, nicht im Gesetz erkennbaren Regelungsabsicht des Gesetzgebers auszulegen. Bei dieser Auslegung sind drei Stufen zu unterscheiden. Die Auslegung kann bei dem möglichen Wortsinn des gesetzlichen Tatbestandsmerkmals enden (Gesetzesauslegung intra legem), sie kann über den möglichen Wortsinn des Gesetzes hinaus dem erkennbaren Zweck des Gesetzgebers folgen (lückenausfüllende, gesetzesimmanente Rechtsfortbildung [praeter legem] = Analogie, teleologische Reduktion) und schließlich können Rechtsfolgen entgegen dem Wortlaut und entgegen dem Sinn und Zweck des Gesetzes zur Wahrung der Gerechtigkeit im Einzelfall ausgesprochen werden (gesetzesübersteigende Rechtsfortbildung [contra legem]).

Nach der klassischen Methodologie verbietet der Vorrang des Gesetzes nur die dritte Stufe der Gesetzesanwendung, die Rechtsfortbildung gegen den Wortlaut und gegen den Sinn und Zweck des Gesetzes[25]. Die Lehre vom Vorbehalt des Gesetzes verbietet zwar weitergehend die Besteuerung „sine lege", läßt aber nicht den Schluß zu, daß darüber hinaus eine Besteuerung „praeter legem", mithin eine gesetzesimmanente Rechtsfortbildung (über die Grenzen des möglichen Wortsinns hinaus aber innerhalb des erkennbaren Gesetzeszweckes) verboten ist[26]. Das in der Lehre vom Vorbehalt des Gesetzes verkörperte Gebot, den gesetzgeberischen Willen zu beachten, verlangt vielmehr gerade auch dann noch diesen Willen zu achten, wenn er im Gesetzeswortlaut nur unvollkommen zum Ausdruck kommt, aber durch eine zweckgerichtete Auslegung erkennbar wird. Die Analogie und die Restriktion sind gerade die Mittel, um dem Willen des Gesetzgebers über die Schwierigkeiten der Tatbestandsbildung hinaus gerecht zu werden[27].

III. Rechtssicherheit und Rechtsfortbildung

Ein Verbot der Analogie und der Restriktion sind für das Steuerrecht aus dem verfassungsrechtlichen Prinzip der Rechtssicherheit abgeleitet worden[28]. Die Rechtssicherheit und das rechtsstaatliche Gebot des Vertrauensschutzes besagen, daß der gewaltunterworfene Bürger hoheitliche Eingriffe durch die Verwaltung nur in dem Umfang zu dulden hat, wie es der Gesetzgeber aufgrund eines formellen Gesetzes erkennbar erlaubt hat. Dieses hierdurch angesprochene Primat des Gesetzgebers ist begrenzt. Art. 20 Abs. 3 GG verlangt nicht nur eine

---

[25] s. o. § 6 A IV.
[26] s. o. § 6 B III.
[27] s. o. § 6 B III 2 b.
[28] s. o. § 6 C.

Bindung an das Gesetz, sondern auch an das Recht. Die doppelte Bindung an Gesetz und Recht erlaubt der Finanzverwaltung und der Finanzrechtsprechung, aus Gründen der materiellen Einzelfallgerechtigkeit von der formellen Gesetzestreue abzuweichen. In diesen Fällen ist nicht nur eine Rechtsfortbildung „praeter legem", sondern auch eine Rechtsfortbildung „contra legem" möglich. Zur entscheidenden Frage wird damit, in welchem Umfang das Prinzip der Rechtssicherheit eine beschränkte Gesetzesauslegung innerhalb der Grenzen des möglichen Wortsinnes eines Gesetzes vorschreibt und inwieweit das Gebot der materiellen Gerechtigkeit eine rechtsfortbildende Anwendung der Steuergesetze erlaubt.

Das Rechtssetzungsmonopol des Gesetzgebers verlangt eine Vorrangstellung der formellen Rechtssicherheit[29]. Der Steuerpflichtige ist indessen in seinem Anspruch auf eine aus dem Gesetz ableitbare Berechenbarkeit seiner Steuerbelastung dann nicht geschützt, wenn er persönlich diesen Anspruch verwirkt hat[30]. Das wäre der Fall bei einer mißbräuchlichen Vertragsgestaltung zur Umgehung der Steuerpflicht. Abgesehen von diesem Fall gibt es eine Reihe guter Gründe, das Vertrauen des Steuerpflichtigen in das Gesetz durch ein steuerrechtliches Analogie- und Restriktionsverbot zu schützen. Die Analogie und die Restriktion enthalten einen Grad an Unberechenbarkeit, der nicht mehr zumutbar ist.

Die Rechtslage für den Steuerpflichtigen ist gekennzeichnet durch ein schier unentwirrbares und auch in Einzelfragen unverständliches System von Steuergesetzen[31]. Hinzu kommt, daß selbst einzelne Vorschriften innerhalb der Steuergesetze durch ihre Unbestimmtheit den Steuerpflichtigen häufig genug vor unlösbare Probleme stellen, die selbst ein Fachmann nicht beherrscht. Für diese, im öffentlichen Recht allgemein zu beobachtende Erscheinung wurde schon das Schlagwort von dem Versagen des Gesetzgebers geprägt.

Die so entstandene Rechtsunsicherheit wird im Steuerrecht durch ein verwirrendes Neben- und Übereinander von weiteren Durchführungsverordnungen, Richtlinien, Erlassen und Rundverfügungen verstärkt. Auch die Rechtsprechung der Finanzgerichte ist wenig geeignet, den Gesamteindruck von der herrschenden Rechtsunsicherheit im Steuerrecht zu beseitigen. Das bestehende Maß an Rechtsunsicherheit im Steuerrecht verbietet es, durch die Erlaubnis einer gesetzesimmanenten Rechtsfortbildung, durch eine Analogie oder eine Restriktion die Unberechenbarkeit der Besteuerung weiter zu verstärken.

---

29 s. o. § 6 C II 1, 2.

30 s. o. § 6 C II 3.

31 s. o. § 6 C III 3.

Erträglich wird das Verbot jeglicher Rechtsfortbildung im Steuerrecht durch die Tatsache, daß die Abgabenordnung in § 42 AO bei Gestaltungsmißbrauch eine vom Wortlaut des Steuergesetzes abweichende Beurteilung zuläßt, was einer eingeschränkten Möglichkeit zur Rechtfortbildung gleichkommt[32].

Nach alledem ist es der Finanzverwaltung und der Finanzrechtsprechung untersagt, Verträge zwischen interessenverbundenen Personen abweichend vom Wortlaut der Steuergesetze deshalb nicht zu beachten, weil angeblich aus Gründen materieller Gerechtigkeit eine analoge oder restriktive Anwendung des Gesetzes geboten sei. Eine solche Rechtsfortbildung kann nur bei Gestaltungsmißbrauch in Frage kommen.

D. Grundaussagen der Abgabenordnung zur steuerrechtlichen Behandlung von Verträgen zwischen Angehörigen

Die Abgabenordnung enthält keine Sondervorschriften für die steuerrechtliche Behandlung von Verträgen zwischen Angehörigen. Indessen enthält sie eine Reihe von allgemeinen Vorschriften zur Bedeutung von zivilrechtlichen Verträgen für das Steuerrecht.

I. Scheingeschäfte, Scheinhandlungen, verdeckte Geschäfte

Nach § 41 Abs. 2 AO sind Scheingeschäfte und Scheinhandlungen für die Besteuerung unerheblich. Es gilt das verdeckte Geschäft. Die Finanzverwaltung und die Finanzrechtsprechung tendieren dahin, viele Verträge zwischen Angehörigen als Scheingeschäfte nicht anzuerkennen. Der für ein Scheingeschäft notwendige subjektive Tatbestand, das erklärte Rechtsgeschäft in Wahrheit nicht zu wollen, wird aus einer Reihe von Indizien gefolgert: Die zivilrechtliche Unwirksamkeit, fehlende Klarheit oder Eindeutigkeit, für einen Vertrag mit Fremden ungewöhnliche Vertragsbestimmungen sowie Zweifel am tatsächlichen Vollzug des Vertrages seien verläßliche Anhaltspunkte für den fehlenden Willen zum Vertrag[33].

Jedes dieser Indizien beruht auf einer einseitigen, mithin falschen Lebenserfahrung der Finanzverwaltung und der Finanzgerichte. Es gibt keinen Satz der Lebenserfahrung, daß unwirksame Verträge zwischen Angehörigen in Wahrheit nicht gewollt sind[34]. Die zivilrechtliche Unwirksamkeit geht in den weitaus meisten Fällen auf fehlende Kenntnis der Formerfordernisse für bestimmte Verträge des Bürgerlichen Gesetzbuches zurück. Gerade bei Scheingeschäften hingegen werden

---

[32] s. o. § 6 C III 3 c.

[33] s. o. § 7 B I.

[34] s. o. § 7 B II 1.

die Beteiligten mit äußerster Sorgfalt den äußeren Anschein eines wirksamen Vertragsschlusses vorzugeben versuchen und gerade deshalb werden sie die Wirksamkeitsvoraussetzungen beachten.

Aus dem gleichen Grund sind auch die fehlende Klarheit und Eindeutigkeit eines Vertrages kein Indiz für ein Scheingeschäft[35]. Darüber hinaus sind zivilrechtlich unklare und mehrdeutige Verträge nach den Regeln des Bürgerlichen Gesetzbuches (§§ 133, 157, 242 BGB) auszulegen. Derartig unklare Verträge sind ein allgemeines Problem der Zivilrechtspflege. Weder ist dieses Problem bei Verträgen zwischen Angehörigen besonders akut noch läßt es den Schluß auf ein Scheingeschäft zu. Läßt sich im übrigen kein eindeutiger Sinngehalt des Vertrages erkennen, dann ist der Vertrag schon zivilrechtlich wegen fehlender Willensübereinstimmung nichtig.

Untauglich ist auch der Fremdvergleich für die Bestimmung eines Scheingeschäftes[36]. Gerade Angehörige werden, wenn sie ernsthaft ein Geschäft abschließen wollen, die vertraglichen Gestaltungen mit Rücksicht auf die familiären Beziehungen auswählen. Ein Vertrag wie unter Fremden wäre nach der Lebenserfahrung ungewöhnlich. Die Abgabenordnung verbietet jedenfalls nicht Verträge „familiär" auszugestalten. Allenfalls Vorschriften der Einzelsteuergesetze, z. B. der Begriff der Betriebsausgaben zu § 4 Abs. 4 EStG, können dann noch die Nichtbeachtung „fimiliärer" Verträge begründen.

Letztlich ist auch der fehlende tatsächliche Vollzug des Vertrages, insbesondere aber nur der teilweise Vertragsvollzug kein Indiz für ein Scheingeschäft[37]. Es kann eine Reihe von wirtschaftlichen Gründen geben, den Vollzug eines ernsthaft gewollten Rechtsgeschäftes hinauszuschieben oder vorübergehend auszusetzen. Beispielsweise liegt es durchaus nahe, daß für kurze Zeit wegen der finanziellen Anspannung des Unternehmens Gehälter nur gekürzt ausgezahlt werden können.

Insgesamt ist die Rechtsprechung des Bundesfinanzhofes zu den Scheingeschäften zwischen Angehörigen ungeeignet, um die steuerrechtliche Nichtanerkennung von Verträgen zwischen Angehörigen zu begründen.

II. Unwirksame Rechtsgeschäfte

Nach § 41 Abs. 1 AO sind zivilrechtlich unwirksame, aber tatsächlich vollzogene Verträge steuerrechtlich zu beachten. Die Finanzverwaltung und die Finanzrechtsprechung wenden diese Vorschrift auf unwirksame Verträge zwischen Angehörigen nicht an[38]. Das ist nicht zuletzt

---

35 s. o. § 7 B II 2.

36 s. o. § 7 B II 3.

37 s. o. § 7 B II 4.

eine Folge der Behandlung der Verträge zwischen Angehörigen als Scheingeschäfte.

Die restriktive Anwendung des § 41 Abs. 1 AO verstößt gegen das Verbot der Rechtsfortbildung im Steuerrecht[39]. Selbst der Steuergesetzgeber hat bei der Änderung des Erbschaft- und Schenkungsteuergesetzes zu erkennen gegeben, daß er von einer allgemeinen Geltung des § 41 Abs. 1 AO auch für Verträge zwischen Angehörigen ausgegangen ist.

III. Steuerumgehung

Der richtige Ansatzpunkt für eine steuerrechtliche Kontrolle von Verträgen zwischen Angehörigen ist die Mißbrauchsklausel des § 42 AO[40]. Die Auslegung des Tatbestandes des § 42 AO bereitet Schwierigkeiten. § 42 AO versagt solchen zivilrechtlichen Gestaltungen die steuerrechtliche Anerkennung, die gemessen am wirtschaftlichen Endzweck des Vertrages unüblich oder ungewöhnlich sind und letztlich nur dadurch erklärbar sind, daß Steuerpflichten entgegen der Zwecksetzung der Steuergesetze vermieden werden sollten[41]. Die Finanzrechtsprechung hat sich erstaunlicherweise nur in seltenen Fällen bei der steuerrechtlichen Überprüfung von Verträgen zwischen Angehörigen auf die Mißbrauchsklausel gestützt, obwohl mit der Sonderbehandlung dieser Verträge der Steuermißbrauch verhindert werden soll. Da die Rechtsprechung der Finanzgerichte zu den Scheingeschäften und den unwirksamen Geschäften nicht haltbar ist, werden sich zukünftige Entscheidungen verstärkt auf § 42 AO stützen müssen. Hierbei wird das Merkmal des fehlenden Interessengegensatzes nicht dazu führen dürfen, Verträge zwischen Angehörigen oder anderen interessenverbundenen Personen erhöhten Anforderungen über eine einseitig verschärfte Auslegung des § 42 AO auszusetzen[42]. Zwar besteht bei Verträgen zwischen Angehörigen oder interessenverbundenen Personen eine erhöhte Gefahr der Steuerumgehung. Damit kann aber nicht davon ausgegangen werden, daß Verträge zwischen interessenabhängigen Personen stets mißbräuchlich sind. Bei der Beurteilung von Verträgen zwischen interessenverbundenen Personen wird deshalb wie bei Verträgen zwischen Fremden ganz allgemein darauf abzustellen sein, ob die vertragliche Gestaltung gemessen am bezweckten wirtschaftlichen Erfolg unter Berücksichtigung des Sinngehaltes der Steuergesetze noch sinnvoll, angemessen und damit vertretbar ist.

---

[38] s. o. § 8 A.

[39] s. o. § 8 C.

[40] s. o. § 9.

[41] s. o. § 9 C III.

[42] s. o. § 9 D.

IV. Zurechnung von Vermögensgegenständen

Die Zurechnung von Vermögengegenständen spielt bei der Besteuerung von Vertragsgestaltungen zwischen Angehörigen eine erhebliche Rolle (z. B. Afa, Verwendungen auf die Sache).

Nach § 39 Abs. 1 AO sind grundsätzlich Wirtschaftsgüter dem zivilrechtlichen Eigentümer zuzurechnen[43]. Ausnahmsweise können die Wirtschaftsgüter nach wirtschaftlichen Gesichtspunkten zugeordnet werden (§ 39 Abs. 2 Nr. 1 Satz 1 AO)[44]. Nach dieser Legaldefinition sind Wirtschaftsgüter dann abweichend von der zivilrechtlichen Eigentumsordnung zuzurechnen, wenn ein anderer den Eigentümer im Regelfall für die gewöhnliche Nutzungsdauer von der Einwirkung auf das Wirtschaftsgut wirtschaftlich ausschließen kann.

Ausschlaggebend ist damit, wem an einem Wirtschaftsgut die wesentlichen wertbildenden Rechte zustehen. Eine abweichende Zuordnung von der zivilrechtlichen Eigentumsordnung erlaubt § 39 Abs. 2 Nr. 1 Satz 1 AO jedoch nur dann, wenn die dem Eigentümer verbleibenden Rechte wirtschaftlich wertlos sind. Eine solche nach wirtschaftlichen Gesichtspunkten zu beurteilende Wertlosigkeit ist an dem Wert des Wirtschaftsgutes zu messen. Eine wirtschaftliche Wertlosigkeit zur abweichenden steuerrechtlichen Zurechnung wird etwa dann anzunehmen sein, wenn der dem Eigentümer verbleibende Wert weniger als 10 v. H. des Wirtschaftsgutes ausmacht[45]. Aus diesem Grunde wird bei Verträgen zwischen Angehörigen eine ausnahmsweise Zurechnung von Wirtschaftsgütern nach wirtschaftlichen Gesichtspunkten nur in seltenen Fällen in Frage kommen.

V. Steuerverfahrensrecht[46]

Neben den materiell-rechtlichen Vorschriften der Abgabenordnung können die verfahrensrechtlichen Vorschriften für die steuerrechtliche Behandlung von Verträgen zwischen Angehörigen eine erhebliche Bedeutung haben. Auch die gesetzlichen Vorschriften des Steuerverfahrensrechts enthalten keine Sonderbestimmungen für die steuerrechtliche Behandlung von Verträgen zwischen Angehörigen. § 88 Abs. 1 Satz 3 AO enthält für die Finanzverwaltung allein die Ermächtigung, den Umfang der Ermittlung der Besteuerungsgrundlagen den Umständen anzupassen. Damit ist es der Finanzverwaltung nicht verwehrt, bei Verträgen zwischen interessenabhängigen Personen wegen der erhöhten Mißbrauchsgefahr zusätzliche Nachweise für die Feststellung

---

[43] s. o. § 10 B.

[44] s. o. § 10 C.

[45] s. o. § 10 C II.

[46] s. o. § 11.

der Besteuerungsgrundlagen zu verlangen. Schließlich müssen die Besteuerungsgrundlagen mit an Sicherheit grenzender Wahrscheinlichkeit feststehen. Solange der Vertragsabschluß zwischen den interessenverbundenen Personen nicht feststeht, kann er der Besteuerung nicht zugrunde gelegt werden. Den Nachteil hieraus tragen nach den Grundsätzen der objektiven Beweisfeststellungslast diejenigen, die aus dem Nachweis der Verträge einen Vorteil hätten, mithin die Angehörigen oder allgemein die interessenverbundenen Personen[47].

Indessen kommt es bei Verträgen zwischen Angehörigen fast nie zu Meinungsverschiedenheiten über die Feststellung von Tatsachen. Streitig ist im allgemeinen nur, ob aus der feststehenden Tatsache der rechtliche Schluß zulässig ist, daß ein Scheinvertrag vorliegt oder eine mißbräuchliche Gestaltung gewählt wurde. Diese rechtliche Bewertung, die Subsumtion, ist eine Auslegung der materiell-rechtlichen Vorschriften. Sie ist in den verfahrensrechtlichen Vorschriften nicht geregelt. Ebenfalls keine verfahrensrechtliche Frage des Beweises von Tatsachen ist es, ob Grundsätze der allgemeinen Lebenserfahrung für oder gegen den ernsthaften Vertragsabschluß sprechen.

Nach der Lebenserfahrung kann nicht davon ausgegangen werden, daß Verträge zwischen Angehörigen im allgemeinen Scheingeschäfte oder Umgehungsgeschäfte sind. Es besteht allein eine erhöhte Gefahr, daß diese Verträge zum Schein abgeschlossen wurden oder mißbräuchlich sind.

Weder die Finanzverwaltung noch die Finanzrechtsprechung können die erhöhte Manipulationsgefahr zum Anlaß nehmen, die allgemein geltenden Gesetze einseitig zu Lasten der Angehörigen oder allgemein zu Lasten aller interessenverbundenen Personen auszulegen. Weder die materiell-rechtlichen noch die verfahrensrechtlichen Vorschriften der Abgabenordnung enthalten eine Ermächtigungsgrundlage zu einer Sonderbehandlung. Allein der Gesetzgeber kann die erhöhte Manipulationsgefahr durch spezielle gesetzliche Normen zu Lasten aller interessenverbundenen Personen eindäummen. Solange dieses noch nicht geschehen, haben die Finanzverwaltung und die Finanzrechtsprechung die Verträge zwischen Angehörigen so wie die Verträge zwischen Fremden zu behandeln. Etwas anderes kann sich danach nur noch aus einer besonderen Ermächtigung eines Einzelsteuergesetzes ergeben.

---

[47] s. o. § 11 A.

Schrifttumsverzeichnis

Ahrend, Peter: Die Versorgung der Unternehmer und der ihnen nahestehenden Personen unter der Geltung des Betriebsrentengesetzes, JbFfSt 1976/77, 64.

Bachof, Otto: Anm. zu BVerfGE 6, 55, in JZ 1957, 272 (273).

Ball, Kurt: Steuerrecht und Privatrecht, Mannheim u. a. 1924.

Baur, Fritz: Lehrbuch des Sachenrechts, 10. Aufl., München 1978.

Beinert, Jörg: Rechtstatsächliche Aspekte der Übertragung von Einkunftsquellen, in: Tipke, Übertragung von Einkunftsquellen, Köln 1978, S. 141.

Beisse, Heinrich: Grenzen der Gesetzesauslegung im Steuerrecht, DStR 1976, 176.

Beker, Manfred: Steuerrecht und Wirtschaftsordnung, Baden-Baden 1978.

Bettermann / Nipperdey / Scheuner: Die Grundrechte, Bd. IV/1, 2. Aufl., Berlin 1972.

Blencke, Hans: Gestaltungsfreiheit im Steuerrecht und ihre Grenzen, Herne, 3. Aufl. 1974.

— Steuerlicher Gestaltungsmißbrauch, NWB Fach 2, S. 3095.

Blomeyer, Arwed: Zivilprozeßrecht, Vollstreckungsrecht, Berlin 1975.

Blümich / Falk: Einkommensteuergesetz, Kommentar, München, Stand: Mai 1978.

Böckenförde, Ernst-Wolfgang: Grundrechtstheorie und Grundrechtsinterpretation, NJW 1974, 1529.

— Die Methoden der Verfassungsinterpretation — Bestandsaufnahme und Kritik — NJW 1976, 2089.

Böttcher, Conrad: Zum Steuer- und Wirtschaftsrecht der Familienunternehmen, StbJb. 1973/74, 117.

— Zum Steuer- und Wirtschaftsrecht der Familienunternehmen, StbJb. 1975/76, 115.

Bonner Kommentar: Kommentar zum Bonner Grundgesetz, Hamburg, Stand: Dezember 1978.

Bopp, Gerhard: Verfassungsrechtlich gebotener Umfang staatlicher Entlastung von der Unterhaltsverpflichtung gegenüber Kindern, FR 1977, 157.

— Entscheidung des Bundesverfassungsgerichts zur Berücksichtigung der Unterhaltsleistung verheirateter, aber getrennt lebender, geschiedener und unverheirateter Eltern beim Kinderlastenausgleich, DStR 1977, 495.

— Verfassungsmäßigkeit rückwirkender steuerlicher Regelungen, DStR 1977, 619.

Brinkmann, Karl: Grundrechtskommentar zum Grundgesetz, Bonn 1968.

Bruhns, Hans-Jürgen: Faktische Betrachtungsweise und Organhaftung, JZ 1958, 461.

Bühler, Ottmar / *Strickrodt*, Georg: Steuerrecht, Bd. I, 1. u. 2. Halbband, 3. Aufl., Wiesbaden 1959 f.

Crezelius, Georg: Erbschafts- und Schenkungsteuer in zivilrechtlicher Sicht, Herne 1979.

Denninger, Erhard: Freiheitsordnung — Wertordnung — Pflichtordnung, JZ 1975, 545.

Dölle, Hans: Familienrecht, Darstellung des deutschen Familienrechts mit rechtsvergleichenden Hinweisen, Karlsruhe 1964 f.

Dreier, Ralf: Zum Begriff der „Natur der Sache", Berlin 1965.

Ebeling, Jürgen: Maßnahmen zur Erhaltung des privaten und betrieblichen Familienvermögens unter Berücksichtigung der Steuerreform, JbFfSt 1975/75, 163.

Engisch, Karl: Einführung in das juristische Denken, 5. Aufl., Stuttgart 1971.

Erman, Walter: Handkommentar zum Bürgerlichen Gesetzbuch, 6. Aufl., Münster 1975.

Esser, Carl-Heinrich: Die Entwicklung des Verhältnisses vom Steuerrecht-Privatrecht unter besonderer Berücksichtigung der sogenannten „wirtschaftlichen Betrachtungsweise", Diss. Würzburg 1966.

Esser, Josef: Vorverständnis und Methodenwahl in der Rechtsfindung, 2. Aufl., Frankfurt 1972.

Felix, Günther: Steuerrecht und Verwaltungsrecht, in: Festschrift für Armin Spitaler, Köln 1958, S. 135.

Felix, Günther / *Heinemann*, Ernst Peter: Aktuelle Bibliographie zum deutschen Steuerrecht 1930 - 1945, Frankfurt 1957.

Fenn, Herbert: Die Mitarbeit in den Diensten von Familienangehörigen — Grenzbereich des Familien-, Arbeits-, Steuer- und Sozialversicherungsrechts —, Bad Homburg 1970.

Flume, Werner: Zum 50jährigen Bestehen einer selbständigen höchstrichterlichen Steuerrechtsprechung, DB 1968, 1865.

— Die Steuerrechtsprechung zur Gewinnverteilung in Familien-Personengesellschaften und die Legitimität der Rechtsprechung, StbJb. 1976/77, 43.

Forsthoff, Ernst: Zur Problematik der Verfassungsauslegung, Stuttgart 1961.

Frowein, Jochen: Rechtsetzungsbefugnisse der Exekutive, DÖV 1977, 555.

Fuß, Ernst-Werner: Normenkontrolle und Gleichheitssatz, JZ 1962, 566, 595, 737.

Gadamer, Hans-Georg: Wahrheit und Methode, 3. Aufl., Tübingen 1972.

Gassner, Wolfgang: Interpretation und Anwendung der Steuergesetze, Wien 1972.

— Die steuerliche Anerkennung der Gewinnverteilung bei Familien-Personengesellschaften, in: Ruppe, Familienverträge und Individualbesteuerung, Wien 1976, S. 247.

Gernhuber, Joachim: Lehrbuch des Familienrechts, 2. Aufl., München 1971.

Goerlich, Helmut: Wertordnung und Grundgesetz, Baden-Baden 1973.

Goetz-Dornbach, Eike: Die Bedeutung und Funktion der „wirtschaftlichen Betrachtungsweise" in der höchstrichterlichen Rechtsprechung, DStR 1977, 3.

Grabenhorst, Achim: Anm. zu BFHE 65, 482 = BStBl. III 1957, 419 und BFHE 66, 658 = BStBl. III 1958, 254, in: NJW 1959, 1296.

von Groll, Rüdiger: Mehr Methode — Eine Antwort auf die Misere der Steuerrechtsprechung, StuW 1977, 197.

Häberle, Peter: Die Wesensgehaltsgarantie des Art. 19 Abs. 2 GG, 2. Aufl., Karlsruhe 1972.

Halmburger, Hans Peter: Familienunternehmen, Bielefeld 1976.

Hamann, Andreas / *Lenz,* Helmut: Das Grundgesetz für die Bundesrepublik Deutschland vom 23. 5. 1949, 3. Aufl., Neuwied 1969.

Heidegger, Martin: Sein und Zeit, 12. Aufl., Tübingen 1972.

Hensel, Georg: Zur Dogmatik des Begriffs „Steuerumgehung", in: Festgabe für Zitelmann, München/Leipzig 1923, S. 217.

Herrmann, Carl / *Heuer,* Gerhard: Kommentar zur Einkommensteuer und Körperschaftsteuer, Köln, Stand: Juni 1978.

Hess, Dieter: Analogieverbot und Steuerrecht, Diss. Köln 1974.

Hesse, Konrad: Grundzüge des Verfassungsrechts der Bundesrepublik Deutschland, 10 Aufl., Karlsruhe 1977.

Hübschmann / Hepp / Spitaler: Kommentar zur Reichsabgabenordnung, Köln, Stand: November 1976.

— Kommentar zur Abgabenordnung und Finanzgerichtsordnung, Köln, Stand: Oktober 1978.

Isensee, Josef: Verfassungsgarantie ethischer Grundwerte und gesellschaftlicher Konsens, NJW 1974, 454.

Jesch, Dietrich: Gesetz und Verwaltung, Tübingen 1961.

Kaufmann, Arthur: Durch Naturrecht und Rechtspositivismus zur juristischen Hermeneutik, JZ 1975, 337.

Kelsen, Hans: Das Problem der Gerechtigkeit, in: Kelsen, Reine Rechtslehre, 2. Aufl., Wien 1967, 357.

Kirchhoff, Paul: Das Hervorbringen von Normen und sonstigem Recht durch Finanzbehörden, StuW 1975, 357.

— Rechtsquellen und Grundgesetz, in: Bundesverfassungsgericht und Grundgesetz, Festgabe aus Anlaß des 25jährigen Bestehens des Bundesverfassungsgerichts, Bd. II, Tübingen 1976, S. 50.

— Verwalten durch „mittelbares Einwirken", Köln u. a. 1977.

Kisker, Gunter: Neue Aspekte im Streit um den Vorbehalt des Gesetzes, NJW 1977, 1313.

Klein, Franz / *Orlopp,* Gerd: Abgabenordnung 1977, München 1977.

Klein, Friedrich: Der Beschluß des Bundesverfassungsgerichts zur Ehegattenbesteuerung in verfassungsrechtlicher Sicht, DÖV 1957, 567.

Knapp, Lotte: Problematischer Leasing-Erlaß, DB 1971, 685.

Knobbe-Keuk, Brigitte: Zur Besteuerung der Personengesellschaften, StKR 1975, 197.

Krause, Heinz: Die steuerliche Gewinnverteilung bei Familiengesellschaften, Diss. Köln 1962.

Krebs, Walter: Vorbehalt des Gesetzes und Grundrechte, Berlin 1975.

Kruse, Heinrich Wilhelm: Steuerdruck und Steuergerichte, NJW 1970, 2185.

— Steuerrecht I, Allgemeiner Teil, 3. Aufl., München 1973.

— Ende oder neuer Anfang der wirtschaftlichen Betrachtungsweise?, JbFfSt 1975/76, 35.

Kruse, Heinrich Wilhelm: Die steuerrechtliche Behandlung unwirksamer Verträge zwischen Familienangehörigen, JbFfSt 1977/78, 82.

— Besprechung von Wolfgang Maaßen, Privatrechtsbegriffe in den Tatbeständen des Steuerrechts, StuW 1978, 176.

Krollmann, Heinz / *Rinsche*, Franz-Josef: Unternehmer, Ehegatte, Familienunternehmen, 2. Aufl., Berlin u. a. 1976.

Kühn, Rolf / *Kutter*, Heinz: Abgabenordnung, Finanzgerichtsordnung, 10. Aufl., Stuttgart 1970.

Larenz, Karl: Methodenlehre der Rechtswissenschaft, 4. Aufl., Berlin u. a. 1979.

Leibholz, Gerhard: Die Gleichheit vor dem Gesetz, 2. Aufl., München 1959.

Leibholz, Gerhard / *Rinck*, Hans-Jürgen: Grundgesetz, Kommentar an Hand der Rechtsprechung des Bundesverfassungsgerichts, Köln, Stand: Oktober 1975.

Leingärtner, Wilhelm: Zur Liebhaberei im Einkommensteuerrecht, FR 1979, 105.

Littmann, Eberhard: Das Einkommensteuerrecht, 12. Aufl., München 1978.

Löwisch, Manfred: Verhandlungen des 50. Deutschen Juristentages, München 1974, D 1 (S. 43).

Lüderitz, Alexander: Empfiehlt es sich, Gründe und Folgen der Ehescheidung neu zu regeln?, Gutachten für den 48. Deutschen Juristentag 1970, Bd. I, B.

Maaßen, Wolfgang: Privatrechtsbegriffe in den Tatbeständen des Steuerrechts, Berlin 1977.

von Mangoldt, Hermann / *Klein*, Friedrich: Das Bonner Grundgesetz, Bd. 1, 2. Aufl., Berlin u. a. 1966.

Martens, Wolfgang: Grundrechte im Leistungsstaat, VVdStRL 30 (1971), 7.

Martin, Christa: Das geistige Ringen um die steuerliche Anerkennung von Arbeits- und Ehegesellschaftsverträgen zwischen Ehegatten, Diss. Köln 1965.

Maunz, Theodor: Deutsches Staatsrecht, 21. Aufl., München 1977.

Maunz / Dürig / Herzog: Grundgesetz, Kommentar, München, Loseblatt Stand: Januar 1978.

Mayer, Otto: Deutsches Verwaltungsrecht I, 3. Aufl., München 1924.

Meilicke, Heinz: Entgeltliche und unentgeltliche Rechtsgeschäfte zwischen Familienmitgliedern in zivilrechtlicher und steuerrechtlicher Sicht, StbJb 1976/77, 289.

Mittelbach, Rolf: Familienunternehmen im Steuerrecht, 2. Aufl., Ludwigshafen 1973.

— Gewinnverteilungsabreden und deren Änderung bei Familiengesellschaften, Inf. 1975, 409.

von Münch, Ingo: Grundgesetz: Kommentar, Frankfurt 1974.

Mugdan, Benno: Die gesamten Materialien zum Bürgerlichen Gesetzbuch für das Deutsche Reich, Bände III, IV, Berlin 1899.

Ossenbühl, Fritz: Die Interpretation der Grundrechte in der Rechtsprechung des Bundesverfassungsgerichts, NJW 1977, 2100.

Palandt: Bürgerliches Gesetzbuch, 38. Aufl., München 1979.

Paulick, Heinz: Von der wirtschaftlichen zur rechtlichen Betrachtungsweise in der höchstrichterlichen Steuerrechtsprechung, DB 1968, 1867.

— Anm. zu BFHE 92, 474 = BStBl. II 1968, 671 in StRK Anm., § 5 Abs. 3 - 5 StAnpG R 4.

— Lehrbuch des allgemeinen Steuerrechts, 4. Aufl., Köln 1977.

— Die Unterbeteiligung in Steuer und Recht, StKR 1974, 129.

— Das Steuerrecht als Teil der Gesamtrechtsordnung und die Rechtsprechung des Bundesfinanzhofes, DStR 1975, 564.

Papier, Hans-Jürgen: Die finanzrechtlichen Gesetzesvorbehalte und das grundgesetzliche Demokratieprinzip, Berlin 1973.

— Die Stellung der Verwaltungsgerichtsbarkeit im demokratischen Rechtsstaat, Berlin 1979.

Pawlowski, Hans-Martin: Abschied von der „wirtschaftlichen Betrachtungsweise" im Steuerrecht?, BB 1977, 253.

Plassmann, Norbert: Die Wirklichkeit der Richter, JZ 1977, 587.

Priester, Hans-Joachim: Gilt die Rechtsprechung zur Gewinnverteilung bei Familienpersonengesellschaften auch für eine GmbH?, DB 1977, 224.

Radbruch, Gustav: Einführung in die Rechtswissenschaft, 11. Aufl., Stuttgart 1964.

Ramm, Thilo: Grundgesetz und Eherecht, Tübingen 1972.

Rebe, Bernd: Der Wandel des Mißbrauchsbegriffs als Ausdruck veränderten Rechtsdenkens, JA 1977, 6.

Redeker, Konrad: Legitimation und Grenzen richterlicher Rechtsetzung, NJW 1972, 409.

Rittner, Fritz: Die sogenannte wirtschaftliche Betrachtungsweise in der Rechtsprechung des BGH, Karlsruhe 1975.

Roellecke, Gerd: Prinzipien der Verfassungsinterpretation in Bundesverfassungsgericht und Gesetz, in: Festgabe aus Anlaß des 25jährigen Bestehens des Bundesverfassungsgerichts, Band II, Tübingen 1976, S. 22.

Rönitz, Dieter: Die Anwendbarkeit des § 41 Abs. 1 Satz 2 AO 1977 bei Rechtsbeziehungen zwischen nahen Angehörigen, FR 1977, 512.

Rosenbaum, Dirk: Familienrechtliche Beziehungen im Einkommensteuerrecht, Diss. Freiburg 1976.

Rottleuther, Hubert: Rechtswissenschaft als Sozialwissenschaft, Frankfurt 1973.

— Richterliches Handeln: Zur Kritik der juristischen Dogmatik, Frankfurt 1973.

Rüssmann, Helmut: Zur Einführung: Die Begründung von Werturteilen, JuS 1975, 353.

Rupp, Hans-Heinrich: Art. 3 GG als Maßstab verfassungsrechtlicher Gesetzeskontrolle, in: Festgabe aus Anlaß des 25jährigen Bestehens des Bundesverfassungsgerichts, Band II, Tübingen 1976, S. 364.

Ruppe, Hans-Georg: Möglichkeit und Grenzen der Übertragung von Einkunftsquellen von Eltern auf Kinder, in: Tipke, Übertragung von Einkunftsquellen im Steuerrecht, S. 7.

Schmidt, Ludwig: Aktuelle Fragen aus dem Ertragssteuerrecht der Personengesellschaften, insbesondere aber Familien-Personengesellschaften, JbFfSt 1973/74, 173.

Schmidt, Ludwig: Gewinnverteilung und Familienpersonengesellschaften, FR 1974, 484, 519.

— Väter und Söhne, StbJb 1975/76, 149.

— Angemessene Gewinnverteilung der Personengesellschaften, StKR 1977, 66.

Schmidt, Reiner: Natur der Sache und Gleichheitssatz, JZ 1967, 402.

Schmidt-Bleibtreu, Bruno / *Klein,* Franz: Kommentar zum Grundgesetz, 4. Aufl., Neuwied u. a. 1977.

— Steuerrecht unter Verfassungskontrolle, 2. Aufl., Herne u. a. 1972.

Schneider, Hans-Henning: Arbeitsverhältnis und familienrechtliches Beschäftigungsverhältnis zwischen Ehegatten, Diss. Göttingen 1967.

Schuhmann, Helmut: Vertragsgestaltung — Gestaltungsmißbrauch, BB 1970, 1493.

— Die wirtschaftliche Betrachtungsweise und die AO 1977, StLex II, Sachgebiet 2, AO 77 §§ 3 - 15, S. 3.

Seeliger, Gerhard: Der Begriff des wirtschaftlichen Eigentums, Stuttgart 1962.

Seißer, Peter: Das Verhältnis des allgemeinen Gleichheitssatzes (Art. 3 Abs. 1 GG) zu besonderen Gleichheitssätzen, Diss. Würzburg 1969.

Selmer, Peter: Der Vorbehalt des Gesetzes, JuS 1968, 489.

Söffing, Günther: Zum Begriff Wirtschaftsgut, JbFfSt 1978/79, 199.

Spanner, Hans: Organisationsgewalt und Organisationsrecht, DÖV 1957, 641.

— Zum Verhältnis des Steuerrechts zum bürgerlichen Recht, in: Festschrift für Gerhard Wacke, Köln 1972, S. 181.

— Auslegungsgrundsätze in der jüngeren Rechtsprechung des Bundesfinanzhofs, DStZ-A 1975, 407.

Soergel / Siebert: Bürgerliches Gesetzbuch, 10. Aufl., Stuttgart 1967 ff.

Teichmann, Arndt: Gestaltungsfreiheit in Gesellschaftsverträgen, München 1970.

— Die wirtschaftliche Betrachtungsweise in der Rechtsprechung des Bundesgerichtshofes, Berlin 1973.

Tiedtke, Klaus: Unentgeltliche Beteiligung eines Kindes als stiller Gesellschafter, DB 1977, 1064.

Tipke, Klaus: Zur Methode der steuerrechtlichen Negation von Familien-Personengesellschaften, StuW 1972, 55.

— Über die Grenzen der Auslegung und der Analogie, behandelt am Beispiel der „Entstrickung", StuW 1972, 264.

— Das Steuerrecht in der Rechtsordnung, JZ 1975, 558.

— Die Steuergesetzgebung in der BRD aus der Sicht des Steuerrechtswissenschaftlers, StuW 1976, 293.

— Übertragung von Einkaufsquellen, StuW 1977, 293.

— Steuerrecht — Ein systematischer Grundriß —, 5. Aufl., Köln 1978.

Tipke, Klaus / *Kruse,* Heinrich-Wilhelm: Reichsabgabenordnung, Köln, Stand: März 1976.

— Abgabenordnung, Finanzgerichtsordnung, Köln, Stand: Januar 1978.

Vogel, Klaus: Gesetzgeber und Verwaltung, VVdStRL 24 (1966), S. 125.

— Verfassungsgericht und Steuern, JbFfSt 1970/71, 49.

— Die Besonderheit des Steuerrechts, DStZ-A 1977, 5.

Wacke, Gerhard: Die Erstattung von Gutachten durch den Bundesfinanzhof mit einer vergleichenden Betrachtung der Gutachtertätigkeit der anderen Gerichte, AÖR 83 (1958), S. 309.

— Die Beweislast der Familienunternehmen in Steuersachen, München u. a. 1966.

von Wallis, Hugo: Zur Situation der Finanzgerichtsbarkeit, JbFfSt 1975/76, 13.

Weber, Harald: Grundgesetz, Gesellschaftsrecht und die Besteuerung der selbständigen Unternehmen, Frankfurt 1971.

Wörner, Lothar: Korreferat zum Referat Dr. Söffing (siehe ebenda), JbFfSt 1978/79, 228.

Westermann, Harry: Sachenrecht, 5. Aufl., Karlsruhe 1966.

Wolff, Hans-J. / *Bachof*, Otto: Verwaltungsrecht I, 9. Aufl., München 1974.

Wolff, Martin / *Raiser*, Ludwig: Sachenrecht, Tübingen 1957.

Kolibri 360 GmbH
Ferdinand-Jühlke-Straße 7
99095 Erfurt, Deutschland
produktsicherheit@kolibri360.de

Druck:
CPI Druckdienstleistungen GmbH
im Auftrag der
Kolibri 360 GmbH
Ferdinand-Jühlke-Str. 7
99095 Erfurt